KB179243

민간중국

민간중국

21세기 중국인의 조각보

조문영 · 장정아 · 왕위에핑 · 박우 · 공원국 · 이현정 · 김기호
김유익 · 김미란 · 윤종석 · 김도담 · 문경연 · 박형진 지음

조문영 엮음

책과함께

차례

일러두기
본문에 실린 사진 중 별도의 출처 표시가 없는 경우는 저자가 촬영하여 제공한 것이다.

중국 민(民)의 조각을 덧대다

─── 조문영 ───

1996년 1월 처음 중국 땅을 밟았을 때 구이린桂林을 찾았다. 구이린은 중국 소수민족 중 하나인 좡족壯族이 모여 사는 광시좡족자치구의 대표적인 관광 명소다. 지역의 필수 여행 코스인 리장漓江을 돌아보기 위해 유람선을 탔는데, 당시 유람선은 규정상 내국인용과 외국인용이 따로 구분되어 있었다. 유럽과 이스라엘에서 온 백인 여행객들 틈에 끼어 20위안 지폐 뒷면에 그려진 산수풍경을 찾던 중 '검은 떼'가 배를 향해 몰려오는 게 보였다. 유람선이 가까이 다가갔을 때 드러난 것은 사람의 무리였다. 좡족인들이 기념품이나 특산물을 담은 바구니를 등에 메고 강 한가운데까지 헤엄쳐 온 것이다. 몇몇 여성은 아기를 등에 업은 채 가쁜 숨을 내쉬고 있었다. 몇 푼이라도 더 받겠다고 위험을 감수하는 이들이나, 이 '장관'을 담겠다고 연신 카메라 버튼을 누르는 백인 여행자들이나 당황스럽기는 매한가지였다. 사회주의 혁명에 관한 책들을 훔쳐보다 설레는 마음으로 당도한 대륙에서 인류학 고전 민족지에 나올 법한 마주침을 경험하리라곤 상상하지 못했다.

개혁개방 이후 전면화된 시장경제가 평범한 원주민을 걸인처럼 만든 현실에 씁쓸해하며, 다음 날 인근 마을을 산책했다. 멀찍이 연기가 피어올라 호기심에 걸음을 재촉했다. 한 농가 안마당에서 주민들이 옹기종기 모여 점심을 먹고 있었다. 안 먹겠다고 칭얼대는 아기를 엄마가 어르고 있고, 옆에선 어른들이 사발을 코앞에 갖다댄 채 부지런히 젓가락을 움직였다. 그 틈 사이로 소년들이 먼지를 날리며 짓궂게 뛰어다녔다. 자세히 보니 리장에서 마주친 좡족인들이었다. 어제는 가장 남루한 얼굴로 나와 대면했던 이들이 오늘은 중국 어디에서나 볼 법한 가장 평범한 얼굴로 일상을 보내고 있었다.

'시장경제의 저류低流'와 '전통 농민' 사이, 중국의 '민民'은 어디에 있을까? 전자를 강조하면, 민은 국가와 시장 지배의 피해자, 피억압자의 형상으로 등장한다. 삶의 존엄을 위해 싸울 준비가 되어 있는 잠재적 투사로 낭만화되곤 한다. 후자에 주목하면, 민은 중국 어느 시대에나 존재하는 범속한 군상이다. 사회 정의에 무관심하고, 제 일가를 챙기는 데 급급한 인간으로 폄하되기 일쑤다. 하지만 20여 년 전 구이린에서 내가 만난 좡족인들처럼, 대다수 중국인의 삶은 전자도 후자도 아닌 그 접면接面에 놓여 있다. 인류학자 안나 칭이 "마찰friction"이라 부른, "거북하기도 위계적이기도 한, 불안정하기도 창의적이기도 한"(Tsing 2005: 4) 마주침이 개인, 가족, 지역의 주름진 삶 '접면'에서 매일매일 펼쳐진다.

이 책은 이 '접면'에 대한 탐색이다. 현대 중국은 급속한 경제 발전과 대국으로의 성장, 계획경제 시기에 구축된 각종 질서의 와해와 재편, 초국적 이동의 확산과 불평등의 심화가 맞물리면서 유례없는 변동을 겪어왔다. 변동은 가족, 민족, 계층, 젠더, 세대, 지역, 국경 등 다양한 층위를 가로지르면서 중층적인 위계와 갈등, 새로운 기회와 열망을 만들어냈다. 정치경제 시스템과 국제 정세의 변화가 짧은 시기에 휘몰아치는 동안 '국가', '사회주의', '시장경제'와 같은 화두를 일상에서 대면하는 순간들이 녹록했을 리 없다. 시위와 파업, 소요와 폭동 같은 날것의 저항도 많았지만, 급류를 타거나 피하면서 생존과 안전, 부를 도모하는 기술들이 얼기설기 엮이며 삶의 우발성과 탄력성을 보여주기도 했다. 이 난장亂場의 삶들을 이해하기 위해 위인의 서사를 동원하거나 지식인의 다림질에 기대는 대신, 현대 중국을 살고 버티고 만들어온 사람들의 삶을 본질적인 불완전함을 감수하고라도 두껍게 읽는 게 이 책의 기획이다.

◆ ◆ ◆

규모의 방대함과 인구의 다양성을 고려했을 때, '민간중국'을 들여다보는 것은 결국 조각보를 깁는 작업일 수밖에 없다. 대한민국의 96배에 달하는 면적에 14개국과 국경을 맞대고 있는 나라가 중국이다. 인구는 14억이 넘고, 공식적으로 56개 민족이 모여 사는 다민족 국가다. 한족을 제외한 55개 민족이 1억 명을 훨씬 넘는데도 '소수민족'이라 불리고, 이들

소수민족의 자치가 시행되는 지역이 나라 면적의 64퍼센트가 넘는다. 국경 너머 제 민족이 독립된 국민국가를 갖추고 있어 주류 민족인 한족과 불화를 빚기도 하지만, 어떤 소수민족은 이 영토적 긴장을 더 많은 자원을 활용할 기회로 삼기도 한다. 광활한 영토의 생태 환경도 고르지 않은 데다, 개혁개방 이후 사회주의 국가가 글로벌 자본과 시장경제 시스템을 특정 공간에 선별적으로 배치하다 보니 도시와 농촌 간, 지역 간 불평등도 극심해졌다. 더 나은 기회를 찾기 위한 이주가 농촌과 도시, 소도시와 대도시, 중국 영토 안팎에서 대규모로 진행되면서, 쑨거(2016: 22)가 황허의 진흙탕에 빗댄, "뒤틀리면서 움직이는 역사"가 매 순간 새롭게 쓰여왔다.

이렇게 다양하고, 때로 갈등하고, 부단히 이동 중인 사람들을 '중국인'으로 묶어내면서 '하나의 중국'을 신화화·현실화해냈다는 점에서 중국 국가의 힘을 과소평가할 수 없다. 한족을 넘어 소수민족을 포함한 전체 국민을 '중화민족'의 외연으로 확장하는 과제는 청말 이후 본격화된 관료와 지식인의 '국민화' 이데올로기 작업을 거쳐(조경란 2006), 신중국 성립 이후 현재까지 주도면밀하게 진행됐다. 수많은 민족 집단이 분산된 채 존재하다 "접촉, 혼합, 연결, 융합의 과정과 분열과 소멸의 과정을 동시에 거치"면서 '중화민족'이 "실체"로 등장하기까지(페이샤오퉁 2019: 159), 중국 국가는 (다른 국가와 마찬가지로) 교육, 미디어, 산업, 군사 등 제 방면에서 강력한 헤게모니와 물리적 폭력을 동시에 행사했다.

토지에서 개인의 몸에 이르기까지, '영토'에 대한 통치 역시 국가 주도형 사회 계획의 중요한 일부였다. 과거 유럽처럼 해외 식민지에 내부 모순을 전가하는 게 불가능한 상황에서 농촌을 원시적 축적에 따른 비용을 감내할 "저렴한 자연"으로 만들고(원톄쥔 2013; 무어 2020), 도농 이원구조를 제도화해서 도시와 농촌 주민 간 호적의 차이를 사회 신분의 차이로 만든 장본인이 중국 국가다. 이 농민의 '탈빈곤'을 시진핑 정권의 핵심 목표로 삼으면서 대대적인 빈곤 퇴치 사업을 벌이고, 민간 기업의 참여를 부추기면서 단기간에 극빈층 규모를 줄이는 데 앞장선 장본인 역시 중국 국가다. 신중국 성립 초기에 토지개혁과 혼인법을 동시에 추진함으로써 미혼녀, 이혼녀, 과부에게 자기 이름으로 토지를 소유할 권리를 부여한 주체(김미란 2009)도, 1970년대 말부터 최근까지 계획생육計劃生育 정책을 시행하여 여성의 몸에 대해 집요한 지배력을 행사한 주체도 중국 국가다. 민생과 민본을 강조하며 인민으로부터의 인정을 통치의 근간으로 삼지만(김광억 2017), 동시에 누가 '인민'의 자격을 갖는가를 가름하는 심판자도 중국 국가다(Cho 2013).

　당과 정부의 영향력이 막강하다 보니, 국가를 상위의 실체로 가정하면서 구심적 힘의 행사를 정당화하는(조문영 2019) 태도가 평범한 중국인들의 삶에서 관행이 된 지 오래다. '중국'을 '중국 국가'와 등치시키는 습관은 한국 기자나 베이징 시민이나 별반 다르지 않다. 그럼에도 민톈이 제 삶에서 어떤 '국가'를 만나는가, 어떻게 만나는가는 여전히 중요한 질문이다. 국가는 인생을 뒤흔들 강력한 정책으로 등장하기도 하지만, 길가 담벼락의 희미한 선전 구호나 공문의 의례적 문구처럼 "공유된 무관심"(한경구 2010: 29)으로 남을 때도 많다. 국가 지도자가 마을 사당의 위패나 가정집의 부적으로 등장하는가 하면, 급속한 개발 과정에서 이권을 둘러싼 이전투구가 심해지면서 지방 관리가 폭력배처럼 출현하는 사례도 빈번하다. '국가 대 사회'라는 구도를 가정하면서 그 대립을 논하는 서구의 시각도, 이를 비판하면서 민과 관의 조화를 강조하는 중국 주류 학계의 시각도 대립과 합일 너머의 세세한 주름을 살피기엔 너무나 매끄럽다. "패러다임은 더 이상 당연하지 않게 되는 순간 그 자신의 모습을 드러낸다"(스트래선 2019: 80)는 혜안을 떠올려봄직하다.

◆　◆　◆

이 책에는 지난 20년 사이 저자들이 중국에서의 현지조사나 장기 교류를 통해 만나온 다양한 개인, 가족, 지역 주민이 등장한다. 중국에서 작품을 팔 수 없는 회족 예술가, '주먹' 출신의 성공한 조선족 기업인, 관광지 개발에 따른 마을 이전에 반대하는 다이족 노인, 국영기업에서 일자리를 잃은 도시 노동자 가족, 도시에서 품팔이하는 농촌 출신 노동자, 한국 유학을 다녀온 중산층 연구원, 농촌 소도시의 여성 사업가, 대안학교 학부모와 NGO 종사자, 성중촌城中村의 외지인 세입자, 선전과 홍콩의 경계를 넘나들며 기회를 도모하는 촌민, 김치 공장을 운영하는 조선족 사업가, 대만에 거주하는 상하이 출신 대륙배우자를 '민간民間'이란 우산 아래 집결시켰다. 나이, 성별, 계층도, 출신지와 거주지도 천차만별이다.

'중화인민공화국 공민公民'이라는 분명한 국민 정체성 대신 '민'이라는 모호한 수사로 등장인물을 에두른 것은, 이들의 삶에서 '국가'가 현현하는 양태나, 이들이 '국가'와 마주하는 방식의 차이 혹은 '접면'이 현대 중국의 역동과 곤경을 들여다보는 데 중요하다고 봤기 때문이다.

각 글에서 '국가'는 고르게 등장하지 않는다. 제도적 지원이 도시에 비해 약했던 농촌(5장)이나 국외 이주가 활발한 소수민족 지역(2장)의 경우, 국가의 위상은 개인이 술회하는 인생 서사에서 도드라지지 않는다. 반면 개발에 따른 집단 이주(1장)나 철거(10장), 단위제 해체(4장)처럼 통치술의 변화가 지역의 사회문화적 연결망에 끼친 영향이 큰 사례에서는 국가와의 마찰이 명징하게 드러난다. 사회주의 국가가 자본에 의한 노동 착취를 용인할 때(8장), 감시와 통제가 예술가의 존엄을 뭉갤 때(3장), 이 마찰은 고통스러운 상흔을 남기기도 한다. 각자의 현장에서 국가에 대응하는 방식 또한 다양하다. 경제 발전 과정에서 안정된 지위와 부를 획득한 사람들은 공산당의 대변인 역할을 자처하는데(7장, 9장), 이들의 지지는 집요한 정치 선전의 결과라기보다 오랜 기간 축적된 사회주의 국가의 성취에 대한 집단적인 합의에 가깝다(6장). 반면 국가권력의 지배를 체험으로 감당하기 힘든 경우 다양한 생존전략이 등장한다. 국경지대 소수민족 마을의 노인들은 취약하긴 하나 여전히 작동 중인 민간의 권위를 활용하여 '민족'과 '국가'의 가치를 연결해내려 한다(1장). 사회주의 '인민'의 대표 계급으로 호명되었다가 시장경제 재편 과정에서 버림받은 도시 노동자는 가족 안에서 자원을 품앗이하며 살길을 도모한다(4장). 도시에서 불안정한 세입자로 살아가는 외지인들은 철거를 둘러싼 소문을 퍼나르면서 분노와 절박함을 공유하고 새로운 연결을 찾아낸다(10장). 삶을 도모하는 기술이 국경을 가로지를 때, '양안 관계', '사드 사태' 같은 국제정치의 어휘들은 평범한 사람들의 일상에 착지해 관계와 정동의 다발을 만들어낸다(11장, 12장). 덧붙여, 국가에 대한 '민'의 대응은 한 개인의 삶 내부에서 모순적인 지점을 드러내기도 하고, 시간이 지나면서 다양하게 변주되기도 한다.

이 책은 총 4부로 나뉜다. 1부에 소수민족에 관한 글을 먼저 배치했다. '소수'라는 명명의 주변성을 성찰하는 의도가 담겼다. 2부는 개혁개방 이후 다양한 배경의 사람들이 경험하고 만들어온 변화를 톺아본다. 거대전환에 대한 국가 서사와 때로 엇갈리고, 때로 합류하는 시선과 대응을 살필 수 있을 것이다. 3부는 개혁개방 과정에서 가장 현란한 변화를 보여준 남방 도시 선전深圳을 중심으로 민간의 역동과 곤경을 들여다본다. 마지막 4부는 중국과 대만, 중국과 한국을 가로지르면서 경계에서 민간을 읽는 글을 담았다. 독자의 관심사에 따라 여러 방향의 독서가 가능할 것이다.

◆　◆　◆

문화에 접근하는 방식은 시대에 따라, 저자의 관점이나 이론에 따라 편차를 보이지만, 확실히 특정 국가의 문화에서 '국민성'을 찾아내려는 시도는 국가 간 경쟁과 갈등이 심해질 때 돌출하는 것 같다. 2차 세계대전이 막바지에 다다를 무렵 인류학자 루스 베네딕트는 미국 국방성으로부터 적국인 일본 문화의 분석을 의뢰받았다. 타자에 대한 감수성이 뛰어났던 베네딕트는 다행히 일본에 대한 미국 사회의 편견을 걷어내고 《국화와 칼》이라는 고전을 남겼지만, 특정 국가에 고유한 '국민성'이 존재한다는 전제는 오늘날의 학계에서 설득력을 잃은 지 오래다. 시진핑 집권 이후 중국의 권위주의 통치에 대한 전 세계적 우려가 심화하는 지금, '국민성' 프로젝트가 부활하는 조짐이 보인다. 정치적으로든 문화적으로든 '중국'과 '중국인'을 간명하게 규정하고픈 욕구에 부응해 자극적인 제목의 서적이 쏟아지고 있다.

이 책은 그러한 욕구에는 온전히 화답할 수 없을 것이다. 하지만 홍콩 시위와 미·중 무역 갈등, 코로나19 사태 등 각종 뉴스를 통해 '중국'을 접하고 분노하면서도 정작 중국에서 살아가는 사람들의 생각, 감정, 행동을 깊이 들여다볼 기회가 없었던 독자들에게 의미 있는 질문거리를 제공할 것이다. 사회란 안과 밖의 경계가 뚜렷한 통일된 유기체가 아니라 복수의 세계들을 새롭게 연결해내는 움직임 그 자체다. 그런 면에서 사회를 궁극적으로 국가와 동일시하는 관점은 더 나은 삶을 향한 우리의 상상을 심각하게 제약한다. 이 책에 등장하는 다양한 '민'의 삶의 주름들을 따라가다 보면, 저자의 시선을 따라 혹은 그 시선을 거슬러 인물들의 정동과 실천을 읽다 보면 중국인 '타자'로부터 어느덧 자신의 모습을 돌아볼지도 모르겠다. 근대성의 폭력이 누적된 시공간에서 버티는 사이 '좋은 삶'의 기준을 부와 권력으로 축소해온, 전염병에서 기후 변화까지 모두를 사라지게 할 재난이 엄습하는 상황에서도 여전히 배타적인 국민·민족 정체성을 고집하는 모습 말이다. 혹은 여러 형태의 지배로부터 운신의 폭을 넓히기 위해 부단히 움직이면서 가족이든 단체든 초국적 네트워크든 제 둥지를 만들어내는 모습일 수도 있겠다. 예기치 않은 접점을 발견하는 즐거움이 공생을 위한 새로운 상상으로, 또 다른 사회를 향한 연결로 이어지길 바란다.

책을 만들기까지 많은 분의 도움을 받았다. 처음 책을 기획할 때부터 유쾌한 대화자가 되어주고 출판 전 과정에 힘을 실어주신 백영서 선생님, 차분하고 세심하게 출판 작업을 맡아주신 책과함께 류종필 대표님과 직원 분들, 든든한 조력자 역할을 해준 아모레퍼시픽재단에 감사드린다. 무엇보다 바쁜 와중에 한 권의 책을 위해 정성껏 새 글을 써주고, 편집자의 귀찮은 요구에도 친절함을 잃지 않은 저자들에게 고마움을 전한다. 이들의 현장 읽기와 글쓰기를 가능하게 해준 중국의 '민'들에게는 여전히 빚이 많다.

2020년 12월 10일
조문영

참고문헌

김광억, 2017, 《중국인의 일상세계》, 세창출판사.

김미란, 2009, 《현대 중국여성의 삶을 찾아서》, 소명출판.

메릴린 스트래선, 차은정 옮김, 2019, 《부분적인 연결들》, 오월의봄.

원톄쥔, 2013, 《백년의 급진》, 돌베개.

조경란, 2006, 〈현대 중국의 소수민족에 대한 '국민화' 이데올로기: 중화민족론을 중심으로〉, 《시대와 철학》 17(3), 65~85.

조문영, 2019, 〈'보편' 중국의 부상과 인류학의 국가중심성 비판〉, 《중국사회과학논총》 창간호, 93~128.

제이슨 W. 무어, 김효진 옮김, 2020, 《생명의 그물 속 자본주의》, 갈무리.

쑨거, 김항 옮김, 2016, 《중국의 체온》, 창비.

페이샤오퉁, 구문규 옮김, 2019, 〈중화민족의 다원일체 구조〉, 《세계화와 중국문화》, 다락원.

한경구, 2010, 〈왜 문화인가〉, 한국문화인류학회 편, 《처음 만나는 문화인류학》, 일조각.

Cho, Mun Young, 2013, *The Specter of "The People": Urban Poverty in Northeast China*, Ithaca: Cornell University Press.

Tsing, Anna Lowenhaupt, 2005, *Friction: An Ethnography of Global Connection*. Princeton: Princeton University Press.

1부

찬란한 소수

우리 민족의 땅을 떠날 수 없다 —
국경 지역 다이족 노인들의 목소리

장정아 · 왕위에핑

"우린 당신의 인민 아닌가?
당신 성姓은 우리와 같은 자오刀가 아니던가?"

– 촌장을 두 번 지낸 노인이 상급 정부에 민원을 제기하러 가서 한 말
(2017년 7월 23일 저자와의 인터뷰)

이 글은 2016년부터 중국 윈난성과 라오스 사이의 국경지대에 있는 다이족傣族 마을에서 일어난 이야기다. 이 마을에 걸쳐 있는 국경선은 계속 바뀌어 새로 그려졌고, 마을이 어느 행정단위에 속하는지도 계속 바뀌었다. 이제 110가구가 사는 이 마을은 몇 년 전부터 '중국의 매력적인 농촌마을'로 꼽히면서 개발 이야기가 나왔다. 주민들을 인근 마을로 이주시키고 이 마을을 관광지로 개발하자는 것이다.

마을 입구

　전통가옥을 불편해하는 청년들은 이주하는 데 대체로 찬성하지만, 노인들은 강하게 거부하고 있다. 이는 표면적으로는 전 세계 어디서나 볼 수 있는 노인 대 청년, 전통 대 현대, 개발·이전 반대와 찬성의 대립이기도 하다. 그러나 마을을 떠날 것인가를 둘러싸고 몇 년간 벌어진 이 대립은 마을과 민족이 어떤 의미인지, 왜 다른 마을로 옮겨가는 게 그리 단순한 일이 아닌지, 누가 마을을 보호하는 자인지, 정부의 통치는 정당한지에 대한 사람들의 생각이 터져 나오고 서로 부딪치는 자리이기도 하다. 이 글에서 우리는 가장 강하게 목소리를 내온 노인들의 이야기를 전할 것이다. 여기에 소개할 이야기들은 우리가 각자 또 여러 연구자와 함께 2016년부터 현지조사를 하면서 직접 인터뷰하고 들은 내용이다.

이 마을은 우리 민족을
지켜주는 곳

　　　　　　국경선 구석에 있어서 정치적 중심지에서 멀리 떨어져 있는 이 마을은 국경선과 행정단위가 계속 바뀌는 와중에도 마을 자체엔 큰 변화가 거의 없었다. 그런데 2013년에 "중국의 10대 매력 신농촌 마을"로 선정된 것이 문제의 발단이었다. 마을은 주목받기 시작했고, 보호해야 할 전통 마을로 유명해졌다. 그리고 이 마을이 속한 진鎭의 지방정부는 관광 개발로 이 마을을 보호하겠다고 나서면서, 본격적으로 관광 개발과 주민의 이전 문제가 대두되었다. 처음엔 통째로 이전하자는 안이 나왔고, 전통 마을은 그대로 남겨두어 관광 개발을 하자고 했다. 그리고 새로 이주할 집을 지으려면 정부의 지원만으로는 부족하기 때문에 마을 주민들이 각자 부담해야 했다.

　마을 노인들은 강하게 반대하기 시작했다. 수백 년 동안 조상 대대로 살아온 마을이 갑자기 관광을 위해 개발되는데 정작 마을의 주인인 주민들은 개발에 참여는커녕 갑자기 집을 옮겨가야 하고 심지어 새집 비용까지 부담하는 건 부당하다고 주장했다. 마을 사람들 모두 같은 의견이었던 건 아니다. 젊은이들은 현재 사는 전통가옥이 불편하고 특히 사생활이 거의 보장되지 않는다면서, 더 나은 환경에서 살 수 있다면 이주하는 게 괜찮다는 의견이 많았다. 이렇게 의견 대립은 점점 심해졌는데, 노인들이 반대하는 이유는 단지 '전통'에 대한 고집과 집착 때문만은 아니었다. 노인들은 마을 이전을 반대하는 과정에서 간부들에 대한 불만과 분노를 드러냈고, 상급 정부까지 찾아다니며 '통치의 정당성'에 대해 문제 제기를 했다.

"처음엔 일곱 가구로 시작했어. 그런데 마을에 불이 나서 다른 곳으로 이사 갔어. 거기서 몇 년 동안 농사를 지어도 먹을 게 많지가 않았어. 그래서 풍수지리에 밝은 분을 모셔다가 봐달라고 했더니 땅도 좁고 무덤과 가까워서 귀신한테 먹을 걸 빼앗긴대. 그래서 여기로 이사 온 거야. 풍수지리 보는 분이, 여긴 용 아홉 마리가 강으로 들어가고 공작새가 날개를 펼치고 백학이 알을 품는 곳이래. 여기로 이사 와서 처음에는 몇 년 동안 계속 여자애만 태어나고 남자애가 안 태어났어. 그래서 또 풍수지리 보는 분을 모셔왔는데 사찰 위치가 잘못되었대. 그 후 사찰을 지금의 위치로 옮기고 나서 아들이 많이 태어났고, 마을도 원래의 일곱 가구에서 100여 가구로 커졌어. 우리 다이족은 쉽게 이사 가면 안 돼. 이 자이신寨心(마을의 심장을 의미하는 상징물)을 옮기면 재난이 생겨."

노인들에게 마을의 위치는 그곳에 사는 민족의 운명과 떼어놓을 수 없는 것이다. 아무리 정부의 방침이라 하더라도 하루아침에 옮겨갈 수 있는 게 아니다. 노인들은 마을에서 공식적인 지위를 갖고 있지 않지만, 일상 속에서 다양한 방식으로 의견을 표출하며 여론에 영향을 미친다. 노인들은 집안에서나 사찰 앞에서, 그리고 일상 모임에서 꾸준히 반대 의

사를 밝혔지만, 마을 간부들은 정식 의견 수렴을 하면서 이들에게는 의견을 물어보지도 않았다. 이 때문에 마을 간부들에 대한 불신이 커진 노인들은 2018년 3월 상급 정부를 찾아가 민원을 제기했다. 억울한 일이 있을 때 이렇게 더 높은 기관을 직접 찾아가는 '상방上訪' 행위는 중국의 독특한 민원 제기 방식이다(조형진 2017).

마을을 떠날 수 없는 더 중요한 이유가 있다. 정부의 계획에 따르면, 마을 주민들을 근처로 이주시킨 후 다이족의 전통가옥들은 그대로 보존되어 관광업을 위해 개발된다. 그러나 노인들이 설명하는 다이족 전통에 따르면, 새집을 지었으면 원래 살던 집은 헐어야 한다. 그래야 조상신이 식구들을 따라 새집으로 들어갈 수 있다. 만일 옛집을 헐지 않으면 조상신이 그대로 남아 있어서 타인을 해칠 수도 있고, 새집에 들어가는 사람도 조상신의 보호를 받지 못해 재앙을 당할 수 있다. 마을 사람들의 관념 속에서 조상신은 상대적인 존재다. 즉 조상신은 아무나 보호하는 게 아니라 자기 집안 가족만 보호해준다. 자기 가족 외의 사람들에겐 해로운 존재다. 이런 믿음 때문에 살던 집을 헐고 수호신 조상을 옮기는 의례를 지내야만 한다. 새 마을에 들어가서도 정화의례를 해야 한다.

이런 전통적 믿음은 마을에서 단지 '관념'으로만 존재하는 것이 아니다. 마을의 실제 통치에서도 종교적 업무는 일상적 행정과 마찬가지로 중요한 부분이었고, 마을은 일상 행정과 종교 두 부분으로 나뉘어 이원적으로 관리됐다. 자이토우寨頭라는 종교 업무를 맡는 벼슬은 특별한 이유가 없으면 한 집안에서 세습되는데, 주로 자이신에 대한 제사를 지내

마을의 심장을 상징하는 자이신寨心

거나 조상에게 마을의 인구 변화나 관혼상제 등을 보고하는 일을 한다. 이런 종교 업무는 다이족 마을의 정치에서 중심 위치를 차지한 남성들이 주로 맡아왔다. 남성 노인들은 이제 공식적 지위도 없고 젊은이들과의 의견 차가 크고 역할 비중도 줄어들었지만, 여전히 그들의 목소리를 무시하고 일을 추진하기는 쉽지 않다. 노인들로서는 조상이 몇 번 이전한 끝에 400년 전부터 살아온 지금의 자리는 "우리 민족"을 지켜주는 곳이기에 떠날 수 없다.

"국민당이 다른 마을에선 사람들 막 잡아서 다른 마을까지 총알이나 그런 짐들 메고 가라고 하면서 막 때리고 밧줄로 묶어서 데리고 갔어. 그런데 우리 마을에선 안 그랬어. 우리 마을엔 들어와서도 우리 말을 잘 들었어. 왜 그랬는지는 몰라. 우리 마을에선 심한 욕도 안 했어. 우리 조상이랑 조상신이 힘이 세서 그렇다고, 땅이 좋아서 그렇다고들 했어. 우리 마을은 명당자리야."

흥미롭게도 노인들은 마을 간부의 통치 방식에 대해서는 끊임없이 문제를 제기하면서도, 공산당이나 국가에 대해서는 크게 비난하지 않았다.

"국가는 믿지만 마을 간부는 못 믿는다"

노인들은 이렇게 부당한 결정을 국가가 내렸을 리 없다고 반복해서 이야기했다. 국가는 믿지만 마을 간부는 믿을 수 없으니, 누가 이런 결정을 내렸는지 확인하기 위해 상급 단위의 지방정부를 찾아가기로 했다.

"60세 이상의 노인들이 모여서 회의를 했는데 ('진'의 상급이자 '시'의 하급 행정단위인) 현縣 정부에 가서 민원을 넣어보기로 했어. 이번 마을 이전을 누가 결정한 건지, 현 정부인지, 시 정부인지, 아니면 국가인지 물어봤더니 현 정부 공무원들이 자기들도 모른다는 거야. 조사해볼 테니 집에 가서 기다리래. 이건 틀림없이 개인 장사야. 우린 거기 갔다가 인민대표대회에도 갔어. 인민대표대회가 정부보다 크니까 정부가 말을 들어야 해. 만약 국가가 옮기라고 하는 거면 우리도 할 말이 없어. 우린 노인이지만 뭐가 중요한지 알아. 만일 이게 국가가 하는 사업이면 꼭 회의를 열어서 우리랑 상의하고 알려줬을 거야. 그런데 지금 그렇지가 않거든."

그러나 최초의 마을 이전 계획을 세울 때 현 정부와 진 정부 간부들이 조사하러 나왔었다는 사실을 현지조사 중에 확인할 수 있었다. 이들은 구체적인 계획을 세우는 과정에서 마을 주민들의 의견을 거의 수렴하지 않았고, 나중에도 노인들을 제외하고 의견 수렴을 하려 했다. 즉 마을 이전은 노인들이 생각하는 것처럼 개인 기업가들의 소관이 아니라 상급 지방정부에서 추진하는 것이었지만, 정보가 충분하지 않은 마을 주민들은 이를 정확히 알지 못했다. 특히 마을 간부들에 대한 불신이 깊어지면서 이런 생각은 확신으로 굳어졌다.

마을 간부에 대한 노인들의 불신과 분노는 무엇보다도 민족의 전통을 무시했다는 데서 비롯된다. 이 마을 다이족의 가장 큰 축제는 물 축제인데, 2018년 물 축제를 준비하면서 축제에 필요한 소와 돼지를 사기 위해 부촌장과 회계, 출납원出納이 함께 진 정부에 가서 국가 보조금을 달라고 요구하자 이미 돈을 찾아갔다는 답이 돌아왔다. 놀라서 서류를 확인해보니 본인들의 서명이 가짜로 작성되어 있었다. 촌장과 마을 당서기가 와서 찾아간 것이다.

"저 사람들이 돈을 다 써버려서 올해 물 축제 때 소를 한 마리도 못 잡고 불화살도 못 쐈어. 촌장이랑 진장鎭長이 한 편이고, 그 사람들 횡령도 많이 했어. 집도 여러 채 있고, 진에서 우리 마을 가옥 리모델링 보조금도 집마다 3천 위안씩 주게 되어 있는데 그것도 다 가져가버렸어. 우리 마을에 공산당원이 40~50명 되는데 이렇게 백성들 배신하는 건 두세 명뿐이야. 이 사람들이 혼자 다 결정하고 우리 산이랑 논이랑 다 팔아먹고 있어."

이렇게 전통을 무시할 뿐 아니라 횡령까지 한 간부들은 노인들이 보기에 지도자로서 정당성이 없다. 마을 재산을 가로채거나 돈을 횡령하는 일은 이번에 일어난 일은 아니었지만 오래전부터 있었다. 이번 마을 이전 사건을 계기로 노인들이 본격적으로 문제를 삼으면서 상급 정부에도 찾아가게 된 것이다. 간부들에 대한 불신이 팽배하다 보니, 이번 마을 이전 계획도 정부가 아니라 부패한 마을 간부들과 개인 기업가들이 마을 땅과 집을 차지하기 위해 벌인 소행으로 여겨졌다.

"마을 땅은 전부 노인들이 후손들에게 주려고 남겨둔 거야. 그런데 저 사람들이 산을 다 팔아먹었어. 차 공장도 팔았어. 결정할 때 공산당원 은 갔는데 농민들은 없었어. 회의할 때 되어서야 그러는 거야. 당원이 결정하면 되는 거고 농민은 결정권이 없다고 말야. 그건 군중을 배신 하는 거잖아."

간부들이 마을 땅을 불법으로 매매한다는 것은 한두 명이 아니라 많은 노인이 공통적으로 하는 이야기였다. 더구나 마을 이전을 둘러싸고 갈등이 심해지면서 노인들은 간부 선출 과정에 대해서도 강하게 문제를 제기하기 시작했다. 현재의 촌장이 투표로 선출될 때 분명히 표가 더 많은 사람이 있었는데 결과가 뒤바뀌었다는 것이다. 그렇게 정당성이 없는 간부들이 추진하는 일이기에 노인들은 믿을 수 없다. 국가라면 이렇게 일할 리가 없다.

물론 '국가라면 이렇게 일할 리가 없다'는 노인들의 말이 '진심'인지 아닌지는 아무도, 심지어 본인들 스스로도 알 수 없다. 노인들은 국가에 대한 믿음을 강조하며 또는 가장하며 그것에 기대어 마을 간부의 통치를 강하게 비판한다. 전통을 무시하고 마을의 공동 재산에 손을 대고 선출 과정도 불분명했던 마을 지도자들은 정당성이 없으므로 노인들이 신뢰하는 그 국가라면, 이런 지도자들이 벌이는 일을 승인해선 안 된다는 것이다. 사회주의 역사에서 체화된 계급 언어도 다시 등장했다.

"우리 노인들은 질서를 지켜. 우리 마을이 생긴 지 하루 이틀도 아니고 200년 됐어. 해방 전에 장제스가 통치할 때도 우리보고 딴 데 가라고 안 했어. 그러고는 마오쩌둥 주석이 다스리면서 날로 생활이 좋아졌어. 근데 이제 마을을 이전하라니 이건 자본주의야. 그 사람들이 우리 마을 차지하려고 그러는 거잖아? 그 사람들 다 자산계급(부르주아)이야. 우리는 무산계급(프롤레타리아)이지. 자산계급은 개인주의이고, 무산계급은 모두를 위해서 하는 거야. 마오 주석은 인민을 동원해서 일본이랑 싸웠어. 자산계급은 자기만 잘 먹고 잘사는데 우리 노인들은 자산계급 아냐. 우리는 무산계급이야."

"우리 노인의 권위는 정당하다"

이 마을에 현재의 행정제도가 만들어진 것은 1949년 중화인민공화국이 수립되고 1년 후인 1950년이다. 마을의 관리자는 촌장 1명과 부촌장 2명, 부녀주임, 회계, 출납원, 창고지기, 농과원 각 1명씩이다. 마을의 역대 촌장은 모두 중년 남성이었고, 친척 관계가 촌장 선거에 중요한 영향을 미쳤다.

마을의 공공업무 관리를 실제로 맡는 직책은 명확히 구분되지 않고 공동의 노동으로 이뤄지는 경우가 많다. 마을에 공산당원은 40여 명이고, 당 조직은 마을 행사에서도 중요한 단체다. 마을의 전통은 신중국의 공식 행정제도와 공존하며 마을의 주요 사항들을 결정하는 데 영향을 미친다. 예를 들어 마을 공동 재산이나 결혼 규정에 관해 나름의 향약을 갖추고 있다. 가령 호적이 이 마을에 없는 사람이 혼인 후 들어와 살게 되면 부담금을 내야 다른 주민들처럼 토지와 기타 혜택을 받을 수 있다. 이런 내용은 마을 주민대회에서 토론을 통해 통과된 후 집행되는 것으로, 주민들의 중요한 전통으로 여겨져왔다.

노인들은 식사를 마치고 모여 마을 일을 논의할 때 토론을 주도하는 식으로 여론을 이끌고 있다. 한때는 덕망이 높은 4명의 노인으로 구성된 '시사오라오반喜掃老班'이란 조직을 만들어 일상 업무를 처리하거나 주민 간 분쟁을 중재하기도 했다. 영향력이 컸던 한 노인이 촌장을 그만둔 후엔 이 시사오라오반 제도가 거의 제 역할을 하지 못하고 있지만, 노인들은 다양한 방식으로 마을 일에 비공식적으로 관여해왔다.

이들은 마을 이전 과정에 불만을 표출하면서, 마을이 예전에 비해 '단결'이 잘 안 된다는 이야기를 꾸준히 공개적으로 했다. 이 단결이란, 노인들이 수장 역할을 함으로써 마을에 문제가 덜 발생하고 원만하게 해결되던 상황을 가리킨다.

"옛날에 한 다이족 마을에 미인이 살았는데, 다른 지역에 사는 깡패 같은 남자가 부하를 데리고 총도 몇 자루 들고 거기까지 찾아왔어. 여자 마음을 어떻게 얻었는지 그 여자가 남자를 따라가겠다고 했어. 그랬더니 양쪽 마을에서 난리가 나고 서로 크게 싸웠어. 실마리가 안 풀리니까 글쎄 진鎭 전체를 다스리는 토사土司가 오솔길로 우리 마을에 사람을 보내서 해결해달라고 했어. 그래서 우리 마을 노인들이 모여서 상의하고는 열 몇 명이 갔지. 강가에 가니 그 깡패도 와 있었대. 그자가 총 들고 위협하니까 우리 마을 노인 한 명이 옷깃을 열면서 쏴보라고 소리쳤어. 깡패는 그 노인을 묶어서 3일 동안 감금했는데 셋째 날에 공산당 정부가 윈난성을 해방하기 시작한 거야. 공산당이 와서 그 깡패를 잡아갔는데 가는 길에 그놈이 독을 먹고 자살했어.
그런데 왜 당시 20여 가구밖에 없던 우리 마을에선 이렇게 할 수 있고 더 큰 다른 마을에선 못했을까? 우리 마을이 단결이 잘됐기 때문이야. 주변 지역에 싸움이 생기면 우리 마을 사람들이 다 가서 해결하고 그랬어. 지금은 아무도 안 가지. 회의에도 다들 안 오잖아. 민民을 위하지 않고 군중을 위하지 않으니까 그렇지. 그건 중국 어디서나 마찬가지야. '도道에 맞으면 도와주는 사람이 많고, 도에 어긋나면 도와주는 사람이 적다'는 옛말이 있잖아."

노인들이 마을 일을 실질적으로 관리하는 것은 아주 오래전부터 이어져온 전통이라고 한다. 이들은 마을 간부들과 의논하고 민원도 제기하는 것이 노인 정치의 전통을 보존하는 것이라 여긴다. 몇 년 전에도 문제가 있는 촌장을 노인들이 여론을 주도하여 해임시킨 사례가 있었다. 특히 노인들은 시사오라오반과 같은 노인 조직이야말로 마을의 안녕을 보장할 수 있는 힘이라고 여긴다.

비록 투표를 통해 선출되고 정부에서 임명받은 마을 간부들이 공식적 지위와 합법성을 갖고 있지만, 이들이 진정으로 마을을 위해 일하도록 만들 수 있는 건 노인들이라는 것이다. 더구나 이 마을에선 각 집안 사정과 노인의 의사에 따라 토지를 분배하는 전통이 남아 있으며, 노인을 모시고 사는 사람이 토지를 상속받는다. 마을에서 노인은 상징적으로만 중요한 존재가 아니라, 토지 같은 재산의 상속에서도 핵심적 지위를 차지하는 존재다. 이들은 비록 시대의 변화 속에서 점점 힘을 잃고 있지만, 자신들이 오랫동안 유지해온 권위의 정당성을 주장하며 목소리를 내고 있다.

"당신들과 달리
   우리는 깨끗하다"

노인들은 간부로 대표되는 정부 통치의 정당성에 대해 질의를 던지며, 그들의 '부패'를 자신들의, 그리고 다이족의 '깨끗함'과 대비시킨다. 이 깨끗함은 두 가지 면에서 이야기된다. 하나는 일에서의 청렴과 순수이고, 다른 하나는 깨끗한 공간의 의미다.

앞에서 보았듯 노인들은 간부들이 마을 주민의 돈이나 재산을 자주 횡령한다고 문제를 제기해왔다. 그에 비해 본인들은 진정으로 마을을 위해 사심 없이 일하기 때문에 주민들의 지지를 받고 있고, 주민들이 기꺼이 주려는 돈도 받지 않는다고 강조한다. 2018년 3월 상급 정부에 민원을 제기하러 갈 때도 많은 주민이 교통비를 모아서 주겠다고 했지만 이들은 극구 사양했다.

"우리 4명이 가기로 한 건 마을 회의에서 결정한 거야. 현에 민원 제기를 하러 가기로 결정하고서, 대대生産大隊에서 대주는 차비도 안 받았어. 우리 노인들은 인민을 위해 봉사해야 하니까 우리 돈으로 갔지. 그 자리에 60대 노인도 왔고 40대도 왔고 여자들도 많이 와서 다들 차비 대주려고 했지. 어떤 사람들은 우리가 간부들 고소한다고 걱정했어. 그래서 우리가 자세히 이야기해줬어. 마을 이전 사업이 국가가 하는 건지 개인이 하는 건지 모르겠으니까 물어보러 가는 거라고. (마을 자치기구인) 촌위원회에서 몇 명은 마을을 옮기려면 노인들에게 물어봐야 한다고 했어. 노인들이 전통을 계속 이어왔으니, 이렇게 하는 게 좋은지 안 좋은지 노인들에게 의견을 물어봐야 한다는 거지. 하지만 촌위원회 사람들이, 노인들 의견 필요 없고 자기들끼리 하면 된다고 했어. 이건 군중을 따르지 않고 자기들 맘대로 하는 거니까 우린 당연히 반대하지.

우리는 마을 돈 절대 안 쓴다고, 우리가 스스로 책임진다고 했어. 마을 여자들도 다 와서 '아이고, 우리가 돈 낼게요. 우리도 당신들 동의해요'라고 했지만, 우리는 받으면 절대 안 된다고 했어. 근데 마을에서 돼지 잡는 두 사람이 계속 차비가 얼마냐고 물어봐서 우리가 1인당 50위안이고 합치면 200위안이라고 했더니 자꾸 돈을 준대. 우린 마음만 받겠다고 했는데 끝까지 받으라고 해서 할 수 없이 그 돈만 받았어."

또한 노인들은 "우리 다이 민족"은 아무 곳에서나 살 수 있는 게 아니고 반드시 각종 의례를 통해 깨끗이 정화된 곳에서만 살 수 있다고 믿는다. 마을 간부들은 이런 관념을 무시하고 마을 이전을 추진했고 심지어 반대가 심해지자 일부만 이사 가면 된다고 했다. 노인들이 보기에 이렇게 일부만 이사를 가는 건 "커다란 재난"이다.

이 마을 다이족의 관념으로 보자면, 사람이 거주하는 세속적 공간은 청결한 공간이라 집터를 신중하게 골라야 하고 지속적인 정화의례도 중요하다. 아무 데나 집을 짓고 들어가 살면 되는 것이 아니고, 집터부터 노인들의 말을 들어가며 신중하게 골라야 하고 집을 지은 후에도 오랫동안 사람들이 살면서 귀신이 해를 끼치지 못하도록 계속 정화의례를 하며 깨끗한 공간으로 만들어야 한다.

"내가 지금 사는 이 집도 터 고를 때 노인들에게 봐달라고 했어. 좋으면 사서 집을 짓고 안 좋으면 못 살지. 여기 흙을 우리 누님이 다른 마을 할머니에게 가져가서 봐달라고 했어. 그 할머니도 다이족인데 풍수지리를 보는 분이야. 우리 마을에 한 번도 안 와봤는데도 볼 줄 알아. 그 할머니가 여기 집 짓고 싶어 하는 걸 안다고 운을 떼더니, 원래 그 땅에 학교가 있었다고 했대. 그것도 맞아. 그전에 여기 사찰이 있었던 것도 알더래. 한 번도 안 와봤는데 하는 말이 다 맞아. 우리가 위치도 안 가르쳐주고 흙만 보여줬는데 집터가 어딘지 알더래. 여기 땅 좋다고 사도 된다고 했어.

원래 집터 좋은지 보려면 쌀을 놔두는 건데 나는 쌀 안 놔뒀어. 예전에 내 사촌 여동생도 이 땅을 사고 싶어 했는데, 친척들이 와서 쌀 여덟 알을 두고 갔대. 이 땅이 좋으면 쌀이 흩어지지 않고 그대로 있는데, 다음 날 와서 보니까 쌀이 닭한테 모이를 줄 때처럼 흩어져 있더래. 내 생각에 만일 이 땅에 원래 주인이 있는데 다른 사람에게 안 주고 싶으면, 밤에 그 주인이 와서 쌀을 흐트러뜨리면 되잖아. 그래서 쌀이 흩어져 있었을 것 같아. 그건 내 생각이야. 그래서 나는 쌀 놔두지 않고, 흙을 가지고 그 할머니에게 봐달라고 한 거야. 좋다고 하니까 내가 이 집을 사기로 한 거야."

흙의 영혼과 사람의 영혼은 서로 맞아야 한다. 쌀을 놓아두는 것도 흙으로 점을 치는 것도 모두 땅을 지키는 신이 사람과 어울리는지 알아보려는 것이다. 만일 새로운 집터를 구하거나 마을의 새 터전을 구할 때는 더 복잡한 과정을 거쳐서 터를 알아봐야 하고, 터를 정한 후에도 각종 정화의례를 통해 사람이 살기 좋은 깨끗한 공간으로 만들어야 한다. 예를 들어 이 마을은 쌀 성장기와 수확기에 곡식의 신 할머니에게 반드시 제사를 지낸다. 쌀을 수확할 때도 제사를 지낸 후 곡창에 넣어야 사고가 안 나고 쌀도 아프지 않다.

"옛날엔 곡창 제사 안 지내면 쌀을 못 먹었어. 예전 사람들 말로는, 마오쩌둥 시기 (집단농장 체제인) 합작사合作社 때 신을 안 모셨더니 쌀이 안 좋았대. 이제 신을 모시니까 쌀이 좋아졌지. 곡창 신이 여자라서 곡창에 여자만 있어. 그래서 제사 지낼 때 여자는 못하고 남자들만 가서 해야 해."

이렇듯 사람들이 사는 마을은 영혼들도 하나하나 보살피고 챙기는 과정을 거쳐 영혼들과 공존하는 공간으로 만들어낸 곳이기에 쉽게 떠날 수 없다. 꼭 마을을 이전해야 한다면 스님들을 모셔다가 마을 터를 잘 봐야 한다. 좋은 집터를 구한다 해도 이 마을의 심장인 자이신과 입구를 옮겨가는 건 결코 간단한 일이 아니며, 잘못하면 마을과 민족에게 재난이 닥칠 수 있다.

마을 의례를 지내는 장소

변화 앞에서 흔들리는
민족이라는 이름

마을 이전을 둘러싸고 갈등이 커지면서 주민들의 의견은 갈라졌다. 젊은 사람 대다수는 이전에 동의했지만, 노인의 권위와 풍수지리를 완전히 무시하진 못해서 동의 의사를 강하게 표현하진 못했다. 간부들은 반대하는 노인들의 의견을 무시하고 젊은이들을 중심으로 이전을 추진하려 했다.

사태가 복잡해지면서 진 정부와 마을 간부들은 주민 전체가 이전한다는 기존 방안 대신 일부만 이전하는 방안을 제시했다. 이전에 동의하는 사람은 서명하면 되고, 반대하는 사람은 안 하면 된다는 것이다. 마을 주민들의 서로 다른 의견을 존중하는 듯 보였지만, 노인들은 일부만 이전하는 건 다이족 전통에서 큰일 나는 일이라며 마을 회의 때 목소리를 높였다.

주민들 : 이사 못 가. 못 가. 아무도 안 간다고. 안 가. 우리는 찬성 안 해. 우리 집은 다 안 가. 안 간다고.

노인 A : 가는 사람 있으면 다른 사람들도 같이 가야 하고, 안 가는 사람 있으면 다른 사람들도 가지 말아야 해. 마을에 한 사람이 남아도 나는 안 가. 가려면 다 같이 가야 한다고.

노인 B : 가고 싶어 하는 건 54세대니까 절반인데 우린 안 가고 싶어.

노인 C : 우리 다이족은 다른 민족과 달리 함께 살아. 누군 여기 살고 누군 저기 살고 그런 건 없어. 우리 다이족은 지금처럼 다 모여 살아. 무덤도 같이 있어. 죽으면 같이 묻어. 하니족 같은 다른 민족은 흩어서 살아도 괜찮아. 저 사람들은 가고 싶은 곳으로 가서 살 수 있어. 죽으면 여기저기 묻어도 되고.

노인 A : 우리는 죽어도 같이 묻어. 저 사람들은 안 그래. 그냥 묻고 싶은 곳에 묻어.

노인 C : 우리 다이족은, 우리 마을뿐 아니라 주州 전체가 다 그래. 사람 죽으면 산소가 다 같이 있어. 고대 선조들이 그렇게 해서 오늘날까지 전해 내려왔어. 우리 다이족은 원래 단결하거든. 다들 같이 있어.

주민 중 일부만 옮겨가는 것에 대해 노인들이 강하게 반발하는 이유는 단지 추상적 단어인 '단결'에만 있는 것은 아니다. 만일 집을 옮겨가면서 살던 집을 헐지 않고 놔두면, 더구나 몇 명이 마을에 남아서 살게 되면 어떤 재앙이 닥칠지 모른다고 이들은 믿는다.

"집을 옮기는데 사람은 떠나고 집은 안 헐면 주인에게도 안 좋고 집터에도 안 좋아. 수호신이 아직 집 안에 있거든. 여기 산 지 수백 년 되었는데 이사 가면 이 수호신이 더 이상 사람을 안 보살펴주잖아. 그러면 이 낡은 집에서 수호신도 사람처럼 반란을 일으켜. 사람들에게 피해를 입혀. 예전에 대로변에 화장실을 하나 지었는데 거기 원래 도로 짓는 사람이 살던 집이 있어. 밤에 불 켜면 아무것도 없어. 근데 잠만 자면 온 집이 울려. 냄비나 밥공기나 문이 다 쿵쾅거리더라고. 무서워서 못 살았어. 집은 반드시 헐어야 해. 여기 몇 명만 남아서 살면 아파. 다 같이 이사 가면서 우리 마을 심장인 자이신도 가고, 그렇게 다 같이 가면 괜찮아."

집터를 떠나면서 수호신을 옮기는 의례를 하지 않고 집도 헐지 않은 채 놔둔다면 신의 보복을 당하게 된다. 상급 정부와 마을 간부들이 일부만 이사를 가고 마을의 집들을 그대로 놔두자고 하는 건, 노인들이 보기에 마을과 민족에 닥쳐올 재앙을 전혀 고려하지 않는 행동이다.

최근에 마을 이전 결정이 보류되었다. 노인들의 의견이 받아들여진 결과는 아니다. 상급 정부인 진 정부 관원이 부패 문제로 교체되는 바람에 계획을 강행할 수 없게 된 것이다. 주민들은 일단 낡은 집들을 고쳐가며 원래 마을에서 계속 살게 되었다. 그러나 마을에 또 언제 어떤 변화가 갑자기 닥칠지 모른다. 이런 변화들을 계속 막아내기는 쉽지 않을 것이다. 정부와 마을 간부들이 청년층과 손잡고 계속 여론을 주도하는 반면, 노인들은 공식적으로 행정과 정치에 참여할 수 있는 통로가 없다. 다른 지역에 비해 이 마을에서 노인들의 영향력은 큰 편이지만, 시간이 가면서 이 영향력은 약해질 수밖에 없다. 시간은 노인들의 편이 아니다. 그렇지만 '민족'의 이름으로 내는 노인들의 목소리는 적어도 상당 기간은 쉽게 무시되기 어려울 것이다.

> "우리 민족은 나름의 관념과 풍습이 많아. 그런데 만일 함부로 이사 갔다가 사고 나고 사람들 계속 죽으면 어쩔 거야? 우리가 진, 현, 시 정부에 다 찾아가서, 우리 민족이 만일 당신들이 시키는 대로 이사하고 나서 문제가 생기면 당신들 정부 중 누가 책임질 텐가, 당신들이 책임져라! 이렇게 소리 질렀더니 함부로 못하더라."

노인들은 이 땅을 깨끗하게 지키며 민족의 운명을 지키고자 노력하고 있다. 우리는 2018년 7월 마을에서 이뤄진 헌전獻田(밭에 바치는) 의례를 참관할 수 있었다. 곡식의 신에게 벼가 잘 자라게 해달라고 기원하는 의례에서, 연기를 피워 올려 하늘의 신이 먹도록 하고, 꽃 모양의 직물을 꽂

곡식의 풍요를 빌며 밭에 바치는 헌전獻田 의례

아서 곡식의 신 할머니가 와서 먹게 한다. 동서남북에 꽂은 물건들은 사방의 귀신을 막아준다.

이런 종교적 의례는 마오쩌둥 시대의 합작사 시절엔 금지되었다. 공산당 체제는 그대로지만 이제 합작사는 사라졌고 의례는 부활했다. 이는 개혁개방 후 중국에서 전통적 관행이 되살아난 흐름과도 연결되지만, 국경 지역에 대한 국가 통치술의 일환으로 볼 수도 있다(안병우 외 2007; 안치영·장정아 2017; 邵媛媛 2015). 국가는 한편으로 이런 소수민족의 의례를 허용하면서, 다른 한편 행정관리와 조직을 강화하며 국경을 분명하게 만들고 국경지대 관리를 강화하고 있다. 2018년 현지조사 당시 마을에는

1부 | 찬란한 소수

마을 곳곳에 국기와 공산당기가 휘날리는 모습

집집마다 국기와 공산당 깃발이 놀라울 정도로 많이 꽂혀 있었다. 국가의 관리와 관여가 강해지는 국경지대 소수민족 마을에서 노인들의 권위와 영향력은 약해지고 있고(聶輝 2020), 마을은 언제 어떻게 이전되고 개발될지 모른다. 그러나 국가에 대한 믿음을 버리지 않은 채, 또는 표면적으로 강조하면서 노인들은 오늘도 하늘에 제사를 올리며 이 땅을 지키고 있다.

참고문헌

안병우 외, 2007, 《중국의 변강인식과 갈등》, 한신대학교 출판부.

안치영·장정아, 2017, 〈국경을 넘나드는 교역과 혼인: 중국 윈난 소수민족 촌락 사례를 중심으로〉, 《중앙사론》 46, 625~655.

조형진, 2017, 〈최근 신방의 변화와 중국의 정책 대응: 쓰촨성 동북 지역 사례를 중심으로〉, 《중앙사론》 46, 657~696.

聶輝, 2020, 《集體行動的邏輯》, 雲南大學 碩士學位論文.

邵媛媛, 2015, 〈中老邊境地區的文化多樣性, 跨境互動與文化傳承〉, 《楚雄師範學院學報》 第30卷 第1期.

◆ 이 글은 각자 또는 함께 한 여러 차례의 현지조사에 기반하고 있다. 현지조사 중 일부는 인천대학교 중국·화교문화연구소 인문한국연구사업의 일환으로 수행한 것이며, 류자오휘 劉朝暉·서후이聶輝·쉬솽페이徐雙飛·장뤄페이張若飛·안치영 등도 참여했다. 이 글의 사진은 모두 장정아가 현지조사 중에 촬영한 것이다.

용정, 도쿄, 상하이, 그리고 서울 ─
김형의 여정으로 돌아본 격변기 중국 사회

박우

김형이 서울에 오면
가장 보고 싶은 곳

2016년 8월, 녹음에 매미가 떼창을 하는 어느 여름날이었다. 오랜 지인인 중국의 김형이 위챗으로 문자를 보냈다. 중국 동포인 그는 내가 중국에 있을 때부터 알고 지내던 사람이다. 중국

◆ 이 책에서 중국어는 원음 표기를 원칙으로 한다. 다만 이 장에서는 중국의 조선족이자 재중 동포인 김형의 발음을 그대로 따르기 때문에 한자음으로 중국어를 표기했다.

에 현지조사를 갈 때마다 만나 삐걱거리며 굴러가는 중국 사회의 소리들을 얻어 듣곤 했다.

통화가 필요한데 편한 시간대를 알려달라고 한다. 마침 한가하고 노곤한 오후 3시인지라 내가 전화했다. 일주일 뒤 아내와 딸을 데리고 한국에 처음 오는데 갈 만한 곳과 꼭 가야 할 곳을 안내해달라고 했다. 2017년 사드 사태 이후부터 2020년 현재 코로나19 팬데믹까지 중국 관광객의 발길이 뜸해졌지만 그 이전까지만 해도 중국인들이 대규모로 한국을 방문했다. '어글리 차이니즈'가 종종 비판의 도마에 오르긴 했지만 명동, 을지로, 동대문, 제주도의 쇼핑몰, 백화점, 면세점은 큰손 왕서방의 등장으로 행복한 비명을 지르던 시절이었다.

베이징 사람들은 자금성에 가본 적이 없다는 말이 있듯이 서울에 사는 나도 서울의 관광지를 잘 몰랐다. 인터넷에서 검색해보니 중국 관광객 대상 여행상품은 크게 덕수궁-경복궁-종로-동대문 일대, 을지로-명동-남대문 일대, 홍대-신촌 일대, 롯데월드-코엑스 일대 등이었다. 간단하게 정리해서 문자를 보냈다. 그런데 뭔가 썩 만족스러워하지 않는 느낌이었다. 이번에는 김형이 나에게 전화를 걸어왔다.

"음… 다 좋은데 어… 그, 혹시 우미관 가볼 수 있을까?"

우미관? 어디서 많이 들어봤는데 긴가민가했다. 내가 다시 물었다.

"그게 뭐였죠?"

"아니 그 있잖아 김두한, 영화 〈장군의 아들〉."

아 맞다, 1990년대 초반 임권택 감독의 〈장군의 아들〉에서 김두한 패

거리가 상주하듯 다녔던 곳. 여기서 그치지 않았다. 김형은 종로경찰서, 청계천, 동대문과 종로의 경계지대, 혼마찌(명동) 등을 읊어댔다. 40대 초반의 김형은 "애국주먹"의 흔적이 궁금했고 첫 서울 여행 때 체험해보고 싶어 했다.

내가 잠깐 잊고 있었다. 김형은 어린 시절에 나름 협객을 꿈꾸던 사람이었다. 1990년대 김형처럼 연변에서 중2병을 앓던 이들에게 한국의 느와르는 정신적 보약이었다.

"네가 알려준 곳은 아마 아내와 아이가 좋아할 것 같다."

내가 멋모르고 쇼핑관광 코스를 알려주었으니 김형은 관심이 갈 리 만무했다.

'조반유리造反有理'의 시대, 그리고 무산주먹의 '무풍지대'

김형은 1978년생이다. 개혁개방의 원년에 길림성 용정에서 태어났다. 부모는 지극히 평범한 도시 노동자였고, 가정형편은 평균에 못 미치는 수준이었다. 김형은 쿨하게 부모님은 가방끈이 짧았고 자기 집은 남들보다 못살았다고 했다. 가정은 화목했지만 부모님은 김형의 교육이나 일상에 크게 관심을 두지 않았다. 그럴 여력이 없었을지도 모른다고 했다.

초등학교 5학년 즈음부터, 학교와 동네의 '형'들이 자신을 불러내는 일이 많아졌다. 그 형들과 어울려 무리 지어 다니는 것이 학교생활보다 재미있었다. 이들은 그들만의 '정의'에 불타 강호의 질서를 구축하고자 했다. 보통교육을 받은 사람에게 김형 같은 청소년은 불량이고 일진이었다. 그들은 오락실, 당구장 등을 전전하면서 돈이 있어 보이는 동년배의 돈을 빼앗았다.

김형이 소속되어 있는 무리에는 거의 조상님 급의 두목이 있었다. 두목은 1980년대에 30대였으니 1950년대 생이다. 학교도 거의 다니지 않고 동네에서 비슷한 또래의 마음 맞는 사람들끼리 모여서 시간을 때우기 일쑤였다. 덩치 크고 딱히 하는 일도 없이 얼쩡거리는 이들에게는 강가에서 건축용 모래를 퍼담는 일이나 건설 현장의 잡부 등이 안성맞춤이었다고 한다.

김형에 따르면 이 두목은 협객 중의 협객이요 상남자 중의 상남자였다. 두목의 젊은(어린) 시절 일이다. 1960년대 중반부터 1970년대 중반 사이가 되겠다. 두목이 한 일은 길거리를 다니다 집이 부자이고 돈 좀 있어 보이는 사람들을 삥 뜯어 부하들에게 나누어주는 것이었다. 부하들은 모두 그 지역에서 형편이 어려운 집안 출신이었다.

'조반유리'(모든 반란은 이유가 있다는 의미. 문화대혁명 시기 마오쩌둥 추종자들이 쓰던 말이다)의 시대, 건장한 체구의 젊은 주먹들이 자신의 질서를 부르주아적인 사람들에게 강요하는 것은 합법이었다. 연변의 문혁(문화대혁명)은 계급문제와 민족문제가 중첩되었기 때문에 사회적 갈등은 상상 이상으로 복잡하고 폭력적이었다(Park 2019; Park et al 2020). 사회가 혼란

문혁 구호가 새겨진 굴뚝. 화룡시에서 백두산 방향으로 가는 구간에 있다. "계급투쟁을 절대 잊지 말자"는 문구가 선명하다. 문혁이 종식된 지 40여 년이 지났음에도 여전히 남아 있다. (2015년 9월 17일 촬영)

할수록 이들을 이용하려는 정치세력은 많아진다. 주먹들은 어둠 속에만 숨어 있지 않고 양지로 나와 자신이 정치이고 정치가 자신인 듯 '정아일체政我一體'의 경지에서 굿판을 벌였다.

두목과 일당은 부유층을 괴롭히는 데 만족하지 않고 연변 문혁의 한가운데로 들어갔다. 이 프롤레타리아적인 주먹은 거시정치에 편승하여 쓸모가 많아졌고 세도 커졌다. 당시 연변에는 마오쩌둥의 조카 마오위안신

연길 신화서점 안내문. 한글(조선어)과 중국어로 표기되어 있다. 신화서점의 안내문인 만큼 한글 표기는 정확한 연변조선어 표기라고 볼 수 있다. (2016년 8월 촬영)

이 잠입하여 한족 민족주의를 고취하면서 중국 동포 엘리트들을 공격하고 있었는데, 설상가상으로 중국 동포 엘리트들은 이 두목 같은 중국 동포 건달의 물리적 공격도 감내해야 했다.

김형은 두목이 평등한 사회를 만드는 데 기여했다고 한다. 공부 잘하고 돈 좀 있다고 으스대던 "놈"들에겐 주먹이 법이고 힘이 질서라고 했다. 그리고 못 배운 사람을 무시하는 "놈"들에게는 그에 상응하는 응징이 빠질 수 없다고 했다.

"뭐 요즘 민주주의 나라들 봐라, 억울한 사람이 어디 한둘이냐?"

"문혁 이후 두목은 어떻게 됐어요?"

연변에서도 문혁에 대한 청산이 이루어졌다. 중국 동포 출신의 장군이었고 얼마 전 고인이 된 조남기가 상처투성이가 된 연변의 재건을 총괄했다. 조남기의 주도로 '연변조선족자치주 조례'가 제정되었고 문혁 시기 한족 극좌의 탄압을 받았던 중국 동포 엘리트들의 명예가 회복되었다. 파괴되었던 민족 언어의 사용이 회복되고 억압받았던 전통문화가 법의 보호를 받기 시작했다. 사회 동란을 부추긴 당사자들은 덩샤오핑 체제에서 처벌을 받았다.

두목은 사법 처벌은 면한 듯했다. 워낙 정치 엘리트들 중 문혁의 책임을 진 사람들이 많았기에 말단의 행동대원은 선처를 받기도 했다. 아니면 두목은 극좌 광란의 주전이라기보다 벤치였을 수도 있다. 체제가 급변할 때마다 꼭대기에 있는 '인싸'들은 제거하지만 말단의 민초는 훈육을 통해 신질서의 지지세력으로 만들지 않았던가?

"두목은 행불이 됐다."

1980년대 중반 두목과 그 무리의 핵심들은 어디론가 떠났다. 두목이 떠난 자리에 중간 관리자들과 말단 대원들이 전전긍긍하면서 조직을 새롭게 만들려고 했지만 역부족이었다.

격랑의 질서와 흔들리는 민초의 쓰임새

1980년대의 연변은 사회주의 계획경제와 시장경제가 공존하던 과도기였다. 계획경제 시기 노동의 양에 따라 지급

되었던 각종 배급표는 퇴장했고 화폐가 본격적으로 확대되었다. 이 시기는 또한 물물교환과 화폐교환이 공생하던 시기였다. 연변에는 작은 가내 두부공장이 많이 출현했다. 상인들이 매일 리어카에 두부를 싣고 주택가를 돌아다니며 팔았다. 지폐로 두부를 사거나 필요한 양의 대두로 교환할 수 있었다.

길거리 장터도 확대되고 상인도 증가했다. 인근 농촌에서 재배한 농산품을 마차나 우차에 싣고 도시에 모였다. 김장철이면 분주했다. 배추, 무 등의 김장용 채소가 장마당을 메워 농촌과 도시를 연결해주었다. 도시의 난방은 주로 석탄을 사용했다. 인근 탄광에서 캐낸 석탄이 그대로 마차나 우차 또는 트럭에 실려 도시에 운송되었다. 톤 단위로 팔렸다.

개혁개방의 연변 풍경 중 대표적인 것은 아마도 자영업자의 출현일 것이다. 이들을 개체호個體戶라고 부르기도 했다. 초기 자영업자는 사경제 부문의 성장에도 불구하고 여전히 멸시의 대상이었다. 사회에 깊숙이 남아 있는 마오주의적 계급이념 때문이었다. 사람들은 자영업자는 계급입장階級立場(다른 말로 계급 정체성)이 변덕스러운 소자산계급이기에 이해관계에 따라 부르주아지의 편에 설 수도 있다는 마오의 말을 되새기곤 했다. 하지만 전반적인 사회 분위기가 사경제 부문의 성장을 촉진하는 것이었기에 연변에는 개인식당, 개인병원, 개인상점 등이 신속하게 출현했다.

문혁의 동란 못지않게 사경제의 확장 역시 과도기적 사회 변동이었다. 전자가 무산주먹의 성장에 구조적 틈새를 만들었다면, 후자는 이 주먹들

연길공원 앞 빌딩. 100년이 넘은 연길공원은 유료 동물원에서 대중에게 개방한 공원으로 탈바꿈했다. 맞은 편에는 서비스업 간판으로 가득한 건물이 보인다. 연변의 주요 산업이 서비스업이라는 점을 감안하면 상징적인 건물 중 하나라고 볼 수 있다. (2015년 9월 29일 촬영)

에게 막연하지만 생존의 길을 터주지 않았을까? 무산자라고 해서 주먹을 마구 휘둘러도 되는 시대는 이미 지나갔으니 문혁의 잔재들은 어떻게 먹고살았을까?

두목이 떠난 조직은 여러 개로 흩어졌다. 이 조직뿐만 아니라 동시대를 살았던 여러 다른 조직들도 마찬가지였다. 조직들은 신사협정을 통해 각자 활동구역을 정했고 자신의 구역에서 성장하는 사영기업가를 보호한다는 명분으로 일정한 금액의 보호비를 갈취했다.

조직들은 때로는 일부러 상대방 구역에 가서 약속한 대로 사단을 일으

컸다. 그러면 그 구역의 "담당 조직"은 이내 괴롭힘을 당한 사람한테 가서 온정을 베풀고 그에 상응하는 경제적 이득을 챙겼다. 개체호들은 억울하지만 어쩔 수 없었다. 사회 변화가 하도 빨라 공권력조차 적응을 못했기 때문이다. 엄연히 위법행위였지만 국가 조직은 제도적 경직성 때문에 신생 사회조직과 사경제의 유착 고리를 끊을 수 없었다. 심지어 일부 지역의 공권력은 흥성하는 사경제와 그에 기생하는 구질서의 잔재들과 함께 경제개혁의 단맛(부패)을 보기까지 했다.

동네 형들과 어울리던 김형은 열다섯 살 되던 해(1992년)에 일수가방을 겨드랑이에 끼고 동료들과 함께 출근하기 시작했다. 위로 16세, 18세, 20세, 21세 되는 동료이자 형들이 있었다. 5인 1조로 다녔다. 우미관 얘기가 왜 나왔는지 조금은 그림이 그려졌다.

도시 치안 관련 법규가 정비되고 공안의 역할이 강화되자 보호비를 뜯어내기가 어려워졌다. 사기업가들은 국가에 세금을 내고 법의 보호를 받았다. 구질서의 마지막 배를 탄 김형은 혼탁해져가는 자신의 조직에서 딱히 할 일이 없었다. 나름 정의를 부르짖었던 김형 같은 민초들은 시장경제라는 밀물과 사회 치안이라는 썰물의 톱질 속에서 고달픔을 견뎌야 했다.

한류와 어설픈 낭만의 풍류

1990년대 연변에는 한국 문화가 홍수처럼

밀려들었다. 1988년 서울올림픽 이후 카세트테이프 노점상은 코리아나의 〈손에 손 잡고〉를 하루 종일 틀었다. 가판에는 한국 트로트 가수들의 테이프가 진열되어 있었고 간혹 가수들의 포스터도 걸려 있었다.

김형은 자신은 '가요 톱 텐' 세대라고 했다. 용정을 비롯해서 연변의 도시들에는 한국 대중가요를 전문적으로 다루는 상점들이 생겨났다. 일종의 음반 매장이었다. 김형은 자신이 다니는 중학교 인근의 매장에서 테이프를 샀다. 직수입한 원본 테이프는 30~50위안이어서 일반인들이 구입하기에 부담스러웠다. 누군가 한국에서 새 테이프가 발매되면 바로 복제품을 만들어 중국에 도매로 넘기거나 중국에서 아예 복제품을 대량으로 만들어 영세 판매상들에게 팔았다. 카세트테이프 가격은 6~7위안 정도였다. 음질은 거의 다 비슷한데 표지 및 가사가 컬러로 인쇄되어 있으면 7위안, 흑백이면 6위안이었다. 당시 중고등학생의 하루 용돈이 1~1.5위안 정도이던 시절이므로 싼 가격은 아니었다. 김형은 여럿이 공동으로 테이프 여러 개를 구입해 돌려가며 듣곤 했다.

학교 다니기도 싫고 고등학교는 가야 하고 동네 형들과 함께 출근도 해야 했다. 김형의 표현대로 꾸역꾸역 대충해서 고등학교에 가긴 했지만 지역에서 가장 안 좋은 학교에 입학했다.

김형은 한국 영화와 음악이 자신에게 용기를 줬다고 했다(아니 주먹생활한 사람이 용기가 없었다고?). 세상에 그런 음악도 있었나? 김형과 친구들은 서태지와 아이들의 〈교실 이데아〉를 듣고 철학적 깨우침을 얻었다. 땡땡이치기 위한 핑계 아니었냐는 나의 질문에 온화한 미소를 짓는다.

중학교와 고등학교는 매년 12월 9일에 축제를 열었다. 1935년 12월 9일, 베이징의 중학생들이 벌인 반일(애국)시위를 기리기 위해 중국의 중고등학교는 이날을 애국주의 교육의 날 중 하나로 지정하여 여러 가지 행사를 조직한다. 당시 한 반에 학생이 50명 정도, 중3이나 고3이면 재수하는 학생까지 포함해서 60명이 넘는 반도 있었다. 반마다 춤, 노래, 악기, 콩트 등을 준비했다. 예선을 거쳐 최종 선정되면 학교 대강당이나 시내 대극장에서 전교생이 모인 가운데 공연했다. 김형은 이런 일에 앞장섰다. 1980년대의 디스코 유행이 지난 연변은 한국식 댄스음악을 다음 주자로 선정했다. 연변 현지에서는 '현대무(舞)'라고 불렸다. 김형은 친구들과 함께 듀스의 〈나를 돌아봐〉, 〈굴레를 벗어나〉를 연거푸 추었다.

김형은 재미있는 에피소드를 들려줬다. 설 명절 또는 집안의 누군가 생일이면 중국 동포들은 친척들을 불러 큰 잔치를 벌인다. 1990년대는 1950~1960년대 베이비붐 세대가 주축이 된 시기여서 한 집에 모인 가족은 형제자매에 배우자와 자녀까지 합치면 적어도 15명 이상은 되었다. 식사가 끝나면 춤판과 노래판이 벌어졌다. 술기운에 연장자부터 한 곡씩 뽑았다. 남자들이 다 뽑고 나면 여자들이 뽑고, 그리고 아이 순으로 이어졌다. 김형은 아버지의 생신날에 '대형 사고'를 쳤다. 어른들은 숟가락으로 밥상을 두드리며 박자에 맞춰 트로트를 불렀고 분위기는 후끈 달아올랐다. 김형의 차례가 왔다. 부모님의 생신이라면 자녀가 클라이맥스를 장식해야 한다. 김형은 가장 자신 있는 곡을 뽑았다. "난 내 삶의 끝을 본 적이 있어. 내 가슴속은 갑갑해졌어. 내 삶을 막은 것은 나의 내일에 대한 두려움 반복됐던 기나긴…"(서태지와 아이들, 〈컴백홈〉) 어른들은 갑자기 무슨 장단을 두드려야 할지 몰랐다. 숟가락의 타성이 엇갈렸고, 김형의 아버지는 듣다 못해 "음…" 하더니 잔에 남은 술을 마셔버렸다. 어른들의 입장에서 김형은 어째 영 리듬도 없고 말인지 노래인지 모를 내용을 구시렁거렸으니 말이다. 그 뒤의 일은 김형도 기억하고 싶지 않다고 했다.

인생지사 세계화, 그리고 상하이탄

　　　　　　몇 년 전, 1990년대를 소환했던 〈토토가〉를 보고 김형은 울었다고 한다. 무엇에 기뻤고 무엇에 슬펐을까?

　고3을 마친 김형은 대학입시에 응시하지 않았다. 김형 말로는 공부를 못해서 시험을 쳐봤자 대학에 못 갈 게 뻔했기 때문이다.

　연변의 1990년대에는 그야말로 결혼생활이 지겨워 피우는 바람보다 출국 바람이 더 거셌다. 한국 진출은 다 아는 일이고, 사이판 가는 사람, 유럽 가는 사람, 멕시코를 경유하여 미국 가는 사람, 일본 가는 사람이 허다했다(Park 2020). 김형은 일본으로 갈 준비를 했다.

　1972년, 중국은 일본과 수교했다. 1945년까지 만주국을 세워 통치하고 내륙 중국의 상당 부분을 자신의 영향권 아래 두었던 일본은 패망 27년 뒤 중국과 외교관계를 복원했다. 수교 이후 일본의 구제국대학, 그러니까 국립대학교들은 중국 유학생을 유치하기 시작했다. 명문 사립대학교들도 뒤질세라 중국인 유학생을 유치했다. 일본으로 가는 유학생 행렬은 1980년대 말부터 큰 폭으로 증가하면서 1990년대에는 해외유학의 트렌드를 형성하기도 했다. 중국 동포 엘리트들도 이 시기에 본격적으로 일본에 진출했다. 현재의 재일 중국 동포(조선족) 엘리트 커뮤니티의 주축이 바로 이 시기에 유학했던 사람들이다.

1990년대 초까지 중국 동포의 제2외국어는 영어가 아닌 일본어였다. 중국의 한인 사회가 언어(발음)적으로 일본어와 친숙하고 오랫동안 일본과 '가까운' 관계였다는 등의 이유로 한족이 영어를 배울 때 중국 동포는 일본어를 배웠다. 그러다가 점차 중학교를 중심으로 일본어 수업이 줄어들고 영어 수업이 늘었다.

김형은 일본어를 배웠지만 유학에는 역부족이었다. 연길에서 일본어 어학연수를 1년 받은 뒤 1999년 유학 중개회사를 통해 도쿄 유학의 길에 올랐다. 어학연수를 1년 더 받은 후 필요한 시험을 모두 통과하고 한 사립대 학부에 입학했다.

김형은 연길과 도쿄에서 어학연수를 하는 동안 생각의 변화를 겪었다. 부질없고 의미 없던 과거의 일들이 주마등처럼 지나가면서 더 이상 이렇게 살면 안 되겠다는 다짐을 수도 없이 했다. 변화의 계기가 무엇인지 김형 자신도 잘 몰랐다. 그냥 날라리로 살던 모습이 한스럽고 부끄러웠다.

김형은 사고 한 번 없이 학부생활을 마쳤다. 식당 설거지 아르바이트를 시작으로 유학생이 할 수 있는 것은 모조리 했다. 등록금 일부는 장학금으로 충당했고 나머지 부분과 생활비는 일해서 벌었다. 자신도 꿈만 같다고 했다. 중국에서 공부하기 싫어서 공부만 빼고 다 했다는 김형이 도쿄의 한 사립대 학부를 나온 것이다. 교수들의 강의가 너무 재미있어 빠져들었다고 했다. 공부 환경이 바뀌고 생각이 바뀌자 자신도 몰랐던 뇌의 어느 한쪽이 활발하게 작동한 게 아닐까? 김형은 성적이 좋았고, 학교 명성도 좋아 도쿄에서 금방 취직했다. 2005년의 일이었다.

한 무역회사가 중국 관련 파트에 사람을 충원하던 중 김형이 운 좋게 기회를 잡았다. 김형은 회사 분위기에 잘 적응했다. 그리고 맨 밑바닥부터 발로 뛰면서 경험을 쌓았다. 크게 어려운 점은 없었다. 본인이 소싯적 밑바닥 인생을 살았으니 도쿄에서의 이런 경험은 상대적인 윗바닥이라고 너스레를 떨었다.

열심히 산 보람이랄까? 김형의 회사는 상하이에 중국법인을 설립했다. 김형은 2008년 부대표 자격으로 일본 생활을 마치고 상하이의 법인으로 옮겼다. 새로운 도전이 즐거웠다고 한다. 도쿄 본사 중국 부서에 있던 동료 3분의 1이 상하이로 옮겼기에 외롭지 않았다. 때는 마침 상하이시 정부가 외자 유치와 더불어 전문직 인재에 대한 호구 기준을 완화한 시기였다. 김형은 상하이 부임 직후 상하이 신분증을 발급받았다. '상하이 사람' 김형은 일본에서 모아둔 돈으로 신축 아파트를 샀다. 중국 일선 도시의 아파트 가격이 최근 몇 년 사이에 얼마나 뛰었는지는 모두가 아는 바다. 김형은 신분증을 나에게 보여주며 말했다.

"니 이게 뭔지 아나? 이게 바로 15억짜리 신분증이야, 15억짜리."

2016년 상하이의 와이탄으로 향하는 강변로, 멀리 푸둥이 보인다. 와이탄이 근대 상하이의 발전상을 보여
준다면 푸둥은 당대 상하이의 상전벽해를 보여준다.

이 장면은 영화 〈범죄와의 전쟁〉에서 최익현이 "니 이게 뭔지 아나 에?
이게 바로 10억짜리 전화번호부야, 10억짜리"라고 하는 대사와 싱크로
율이 200퍼센트였다.

그렇다. 김형은 상하이에 15억짜리 아파트를 보유한 일본계 회사 부
대표가 되었다. 그는 최소 상하이의 중산층이다.

그때는 틀리고
지금은 맞다

김형은 상하이에서 결혼했다. 연변 출신의

중국 동포 여성을 만났다. 연변에서 고등학교 다니고 상하이에서 대학을 졸업한 뒤 직장에 다니는 화이트칼라였다. 두 사람은 결혼 1년 뒤에 딸을 낳았다.

아버지가 된 김형은 "애가 태어나니 내가 예전에 부모님 속을 얼마나 태웠을까 상상이 간다"라고 했다.

김형 부부는 처음에는 맞벌이를 했다. 그런데 아이가 커가면서 누군가는 전문적으로 육아에 매달려야 했다. 고향에 있는 부모님이나 처가 부모님에게 도움을 요청하려고 했으나 여러모로 버거웠던 모양이다. 양가 부모는 모두 사회주의 시기 국가 부문에 고용되었던 노동자였기에 얼마 되지 않지만 연금을 받았다. 김형의 부모님은 그 연금으로 고향 용정을 떠나 연길에서 노후를 보내고 있었다. 김형은 연길이 최근 20년 사이에 현대적 도시로 변모해 제법 살기 좋은 곳이 되었다고 한다. 1990년대 초, UNDP(유엔개발계획)는 제2의 홍콩, 극동의 로테르담을 건설한다는 야심 찬 계획을 세우고 연변 지역을 대상으로 두만강유역개발사업Tumen River Area Development Programme을 추진했다. 이후 연변의 개발사업은 광역두만개발Greater Tumen Initiative 사업, 중국의 동북진흥개발 사업, 창지투(창춘시-지린시-투먼[연변])개발사업 등으로 확대 추진되었다(박우 2020).

중국 동포 사회에서 부모님이 손주를 봐주는 것은 전통을 돌아볼 때 "당연"한 일일 수도 있다. 하지만 부모님은 요즘 세대의 문물을 제대로 다룰 수 없으니 손주 보는 것은 오히려 아이의 교육에 방해가 된다고 생각하는 듯했다. 부모님은 컴퓨터의 '컴'자만 나와도 부담스러워했다. 그래

연길백화점. 연길의 상업 중심지 중 하나다. 백화점, 쇼핑몰, 지하상가가 몰려 있다. 정중앙의 건물은 연길백화점으로 연변의 유통 및 서비스업의 상징이기도 하다. (2016년 8월 13일 촬영)

서 양가 부모님은 손주를 돌봐주는 대신 손주에게 용돈을 두둑하게 주곤했다. 과거 대가족 시대에는 조부모가 손주를 돌봐주고 자식이 부모를 부양함으로써 가족 내의 수직적 '교환' 관계가 만들어졌다. 이 관계가 소위 '합리적' 가부장제의 한 측면이었다. 하지만 지금처럼 가족이 여러 곳에 흩어져 사는 상황에서는 자녀가 부모에게 생활비를 드리기보다 부모가 (손주를 돌보지 않는 대신) 용돈을 주는 새로운 관계가 만들어진 것이다.

김형의 아내는 결국 직장을 그만두고 전업주부가 되었다. 상하이 중산층 가정의 고학력 전업주부가 된 것이다. 남편의 소득으로 3인 가구가 생활하기에는 부족함이 없었다. 아이에게 좋은 것을 먹이고 좋은 옷을 입

연길 연집하烟集河. 연길의 도심 하천인 부르하통하로 이어지는 지류다. 하천 양쪽으로 중국 동포의 민족 특색을 살린 건물들이 서 있다. (2016년 8월 13일 촬영)

했다. 한국과 일본의 분유를 직수입했다. 옷도 한국이나 일본에서 친환경 소재로 만든 옷을 구입했다. 영어학원, 태권도학원, 발레학원을 끊었다. 김형의 아내는 오전 9시부터 오후 6시까지 딸의 매니저가 되어 상하이 시내를 누볐다.

"애한테 다 쏟아붓는다. 내 아이는 나처럼 자라면 안 되지."

아이가 곧 초등학교에 입학하게 된다. 학군을 정해야 하고 이사 준비를 해야 했다. 집값을 알아보고 학교를 고르는 일은 또 하나의 조용한 전쟁이었다.

"형은 동년배에 비해 성공하셨네요. 뿌듯하시겠어요."

"아니 뭐 성공까지는 아니고, 여기 조선족도 잘나가는 사람들 부지기수야. 내사 거저 해란강의 세치네지."

작은 미꾸라지를 연변에서는 세치네라고 부른다.

"지금이 옛날 그 두목 시절이면…."

"그러게 말이다. 나도 여기 농민공들 사는 거 보면 안타깝다. 거기다가 상하이에도 못사는 사람들이 막 반항하고 그런 일들이 많아. 그런데 어쩌겠나, 그때는 그때고 지금은 지금이고."

김형은 "전도된 계급"의 한 사례였다. 김형은 딸이 청소년기 자신의 전철을 밟지 않도록 최선을 다하는 중이었다. 김형이 존경해 마지않았던 두목의 주먹은 정의였지만 지금 기준으로는 철창행이다. 김형에게 자신이 누리는 현재의 삶은 분투와 정당한 노력의 결과였다.

우미관은 없고 터만 있었다. 비가 부슬부슬 내렸고 작은 가게에 들러 막걸리에 전을 먹었다.

"서울은 처음인데 이상하게 마음이 편하다."

"식후에 형이 가보고 싶다던 종로경찰서 근방으로 가시지요?"

"음… 근데 멀쩡한 사람이 제 발로 경찰서 가는 건 좀 그렇지 않아?"

"그럼 어디 다른데…."

"아니, 그래도 말은 했으니 가봐야지."

김형은 휴대전화를 꺼내 아내에게 전화를 한다.

"그것밖에 안 샀나? 좀 더 사지 그래. 애는 좋아하더나?"

김형은 2020년 설에 서울 여행 계획을 잡았다. 강원도 스키장을 예약해놓았다. 동해안으로 이동해 겨울 바다를 보면서 회를 먹고, 아내와 딸과 함께 불꽃놀이도 하려고 했다. 그런데 코로나19 팬데믹으로 모든 게 취소됐다. 다음을 기약할 수밖에 없다.

40대 초반의 남성, 부모에게는 자식이고 아내에게는 남편이고 딸에게는 아버지이고 처가에는 사위이고 회사에서는 부대표다. 고향에 있을 때는 밑바닥에서 살았고 바다 건너 도쿄에서는 학부를 다녔고 상하이에서는 젊은 중산층으로 살고 있다. 소싯적 그가 존경했던 사람은 주먹으로 정의를 구현하고 질서를 만드는 사람이었고, 현재 그는 자신이 이루어낸 것을 혹시 모를 또 다른 '주먹'들로부터 지켜야 한다. 그렇다. 김형에게 있어 가까운 그때는 틀리고 미래를 향한 지금은 맞다.

참고문헌

박우, 2020, 〈북중러 접경지 개발사업과 지역정체성의 변화: 연변을 중심으로〉, 《만주연구》 19, 19~62.

Park, Woo, 2019, "The Asianization of Northeast China: Segmented Integration of Local Authority and Yanbian Korean Autonomous Prefecture," *Journal of Asian Sociology* 48(3), 377~414.

Park, Woo, Robert Easthope, and Chang Kyung-Sup, 2020, "China's Ethnic Minority and Neoliberal Developmental Citizenship: Yanbian Koreans in Perspective," *Citizenship Studies* 24(7), 918~933.

Park, Woo, 2020, *Chaoxianzu Entrepreneurs in Korea: Searching for Citizenship in the Ethnic Homeland*, Abingdon and New York: Routledge.

나는 작품으로 반항한다—
어느 회족 예술가의 초상

공원국

종의 보존

　　20년 동안 한 해도 빠짐없이 중국의 서부를 오가고 체류하면서 내가 느낀 감정을 한마디로 정리하면 '종의 소멸'이다. 《여행하는 인문학자》(2012)를 쓰면서 신장위구르자치구와 티베트(시장자치구)에서 위구르, 준가르, 티베트 문화의 역사적인 소멸을 다루기도 했다. 고유한 사회적·생태적 환경에서 생성된 개별 문화들은, 집요한 정치적 기획과 막대한 생산력을 기반으로 밀려오는 자본주의의 물결 앞에서 하나씩 사라지고 있었다. 정치적 기획의 맨 꼭대기는 베이징에서 내려온 명령인데, 이것은 매우 긴 역사적 무게를 가지고 있다(퍼듀 2012).

오늘날 중국의 정치 담론에서 다수 민족(한족)의 팽창을 승인하는 여부는 애국을 평가하는 마지막 지표다. 중국의 서부(신장과 티베트)에서 자본주의화를 좁게 말하면 주요 생산수단인 토지를 획득하고, 특정한 형태로 규정하고 전환하는 것(구획, 용도 확정, 전용)이다. 그 과정에서 토지와 특수한 관계를 맺고 있던 현지 문화들은 사라진다. 최근의 언론 보도에서 다룬 대로, 신장에서 근래 수십만 명이 수용된 것으로 알려진 위구르인 노동교화소(흔히 말하는 수용소)는 더욱 빠르게 특정 문화를 소멸시키는 방법으로 도입된 것이다.

중국에서 인류학을 공부하기로 결심한 이래 나의 계획은 끝없이 벽에 부딪혔다. '신장 국경 내외의 목축민 비교연구'라는 주제를 들고 처음 베이징대학을 찾아갔을 때, 면담 교수는 그 주제를 단칼에 거절했다. 칭화대학교는 받아들이는 조건으로 주제의 수정을 제안했다. 상하이 푸단대학교의 교수는 본인이 소수민족이었고 연구 주제의 수정을 요구하지 않았기에 나는 상하이에서 공부를 시작했다. 그러나 2017년 신장에서 예비조사를 시작하면서, 그제야 베이징 인사들의 '현실주의'를 인정하게 되었다. 소수민족 지구에서 인류학 조사는 나의 순진한 상상 속에서나 가능했다. 여러 관공서를 돌아다니며 설득해봤지만 결국 결정권은 국경수비대(보국대)의 손에 있었고, 그들은 외부 관찰자를 원하지 않았다. 그리하여 나는 서서히 중국 변경에서 중앙아시아로 몰리다, 연구 대상을 중앙아시아로 완전히 바꿀 수밖에 없었다.

덕분에 '종의 소멸'에 대한 관심은 더욱 커졌는데, 그때 나의 연구 여정 속으로 들어온 친구가 꽤 알려진 사진가이자 신예 화가인 마다훙馬大宏 (가명)이다. 그는 내가 중국에서 연구할 수 없으리라는 것을 알았고, 나는 그가 중국에서 작품을 팔 수 없음을 알았다. 우리는 서로를 '실패자'라 부르면서, 고비마다 만남을 이어갔다. 그 사이 나는 개인적인 '종 보존' 목록에 자연스레 그를 두게 되었다. 상하이라는 거대 도시 속 몇 평 남은 갈라파고스에서 그가 생존을 위해 자신의 생태계를 조성하는 모습을 목격했기 때문이다.

인류학적으로 보아, 언제부터 텍스트에 의존하는 학문이 인간 사회에 적극적으로 영향을 미쳤을까? 문자의 역사가 1만 년이 안 되는 것을 감안하면 극히 현대적인 현상임이 분명하다. 대부분의 분과 학문은 텍스트라는 짐을 끌고 다니기에, 현재의 구체적인 대상을 다루는 데 민첩하지 않다. 어떤 현상이 일어나고 분과 학문이 그것을 미처 분석하기도 전에 다른 현상이 겹쳐진다. 문화대혁명(이하 문혁)이 끝나고, 소위 '개혁개방'의 시기가 도래해 막 이전 시대를 분석하기 시작하자마자, 문혁을 꼭 닮은 사회운동 '옌다'(옌리다지嚴厲打擊: '엄격하게 때려잡는다'는 뜻. 1983년에 시작된 풍속정화운동. 즉결심판이 기승을 부려, 남녀혼거 등의 풍속 문제로 수많은 사람들이 투옥되고 즉결처벌을 받았다)가 개혁개방의 흐름 안에서 일어난다. 그리고 개혁개방과 집단지배체제 리더십의 성과를 다 분석하기도 전에, 이미 일인지배체제와 무역전쟁이 자리를 잡는다.

역사가 일천한 텍스트 기반의 학문에 비해 예술은 훨씬 유구한 현실 반영의 역사를 가진 듯하다. 구석기인들의 작품에 이미 소망과 금기와 저항이 모두 들어 있다. 예술은 메타언어로서 현실을 바꾸고자 하는 거대 기획이었던 셈이다(메타언어로서 선사 예술의 기획을 가장 포괄적으로 보여주는 저술로는 김부타스(2016)를 보라). 그러므로 사상과 사상을 가진 인간의 생성 면에서 예술의 역할은 텍스트보다 오랜 역사를 가지고 있다.

예술가의 메타언어를 텍스트로 만드는 것이, 오늘날 중국인의 저변에 흐르는 정신 현상을 드러내는 적절한 수단이 아닐까? 마침내 나는 그의 이야기를 한글로 기록하기로 마음먹었다. 예술의 스펙트럼을 텍스트로 담기는 어렵겠지만, 종 보존을 위해 나에게 남은 유일한 수단이 텍스트이기 때문이다. 이어지는 글은 2020년에 이뤄진 세 차례의 인터뷰를 기반으로 하고, 이전의 사적인 만남과 토론으로 보완한 것이다. 인터뷰 내용은 현재 중국 당국이 용인하기 힘든 것이므로, 신분 노출을 피하기 위해 마다홍의 나이와 거주지 등을 미세하게 조정했다.

"나는 특무가 아니다"

마다홍은 1963년 난징南京 치지아완七家灣에서 태어난 회족回族이다. 어머니는 외조부로부터 우즈베크 혈통을 받은 회족으로서 그 역시 4분의 1은 우즈베크인이다. 우뚝한 코와 풍성한 수염, 그리고 깊은 눈에서 그의 혈통을 감지하기는 어렵지 않다.

중화민국 시기 외조부는 철도국에서 상당히 높은 간부로 일했다고 한다. 마다홍의 어머니가 학교에 갈 때 외조부가 차로 데려다줬다고 한다. 하지만 그 시절 가정 내에서 이슬람의 영향은 그리 크지 않았던 모양이다. 마다홍은 외할머니가 전족을 한 사진을 본 적이 있다. 그러나 그는 어머니가 어릴 적 부모를 따라 난징에 왔을 때, 어떤 아홍阿訇(이슬람 교사)을 따라 칭쩐스清眞寺(이슬람 사원)로 가서 꾸란을 읽었다는 이야기를 전해주었다. 지금 마다홍의 어머니는 종교적으로 신실한 이다.

중화민국 시기의 영광은 해방(1949) 후의 고난으로 이어진다. 해방 직후 공산당 정부는 외할아버지를 국민당 특무特務(첩자)로 규정하고 집을 조사했다. 마다홍의 어머니는 할아버지가 특무가 아니었다고 확신한다.

"외조부는 홍콩으로 가서 일하려고 했대요. 하지만 열차에 탔다가 내렸답니다. 돌봐야 할 아이들이 많았으니까."

외할아버지는 많은 자식들을 다 키울 수 없어 몇은 다른 집으로 보냈다고 한다. 그럭저럭 키워냈지만 10명이 넘는 형제들 중 반 이상은 성년이 되지 못했다.

역시 회족인 아버지는 상하이에서 태어났다.

"어릴 때 아버지는 밤이면 나와 형에게 《천일야화》를 읽어주곤 했는데, 외할머니는 몰래 우리에게 이슬람 관습을 가르쳤어요."

마다홍의 아버지는 프랑스인 천주교 학교에서 공부했는데 성적이 매우 좋았다고 한다. 프랑스어와 영어가 유창했고, 독일어와 일본어도 조금 할 줄 알았다. 프랑스인 교장은 그를 프랑스로 데리고 가고 싶어 했지만, 딸린 형제들과 어머니의 건강이 염려되어 떠나지 못했다. 그는 장남이었다.

"아버지는 책을 좋아했고, 그림도 잘 그렸어요. 내가 그림을 시작한 것도 아버지의 영향일 겁니다."

글을 잘 썼던 아버지는 여러 정부기관을 거치며 비서 혹은 선전 담당으로 일했다. 실력을 인정받아 베이징으로 갈 기회도 있었지만 어머니는 완강하게 반대했다. 베이징의 정치판은 위험하다고. 다행히 아버지는 담이 작았고 어머니의 말을 순순히 듣는 사람이었다.

"아버지는 계속 선전부서에서 일했는데 높은 간부는 아니었어요. 아버지가 가스공사에서 일할 때 좌우 양파의 싸움이 극심했답니다. 그때 아버지 회사의 우두머리領導가 다른 두 동료를 공격해달라고 부탁했대요. 마오쩌둥 주석을 반대하는 사람들이라 하라고."

하지만 마다홍의 어머니는 격렬히 반대했다. 아버지는 뒷조사를 하는 척하며 사실은 집에서 '거짓' 문건을 정리했다.

"담배를 정말 엄청나게 피웠어요. 그러고는 '오랫동안 심도 있게 조사한 결과 두 동지는 마오 주석을 반대하지 않았다'라는 보고서를 올렸답니다."

〈자하호〉(1985, 마다홍 제공)

문혁이 끝나자 그때 아버지의 변호를 받은 두 사람이 고마움을 잊지 못해 베개 덮개 두 개를 들고 왔다고 한다. 마다홍이 아직 어린애였을 때다.

"나는 (아버지처럼) 예술을 좋아했지만, 아주 어릴 때부터 병약했어요. 만성 천식이 있었지요. 말도 여섯 살이 되어서야 할 수 있었대요. 부모님은 내가 말을 못하는 줄 알고 병원을 찾아다니며 온갖 약을 먹였는데, 소용이 없었대요. 그러다 난징의 어떤 초라한 중의원을 찾아갔는데, 그 의원이, '이 애는 문제가 없습니다. 귀하게 될 사람은 말이 늦어요'라고 했대요."

그는 "귀하게 될 사람은 말이 늦다"는 이야기를 하며 크게 웃었다. 하지만 말을 시작하면서, 바로 지병이 시작되었다. 아직까지 그를 괴롭히는 천형이다. 젊어서 그는 사계를 가리지 않고 난징의 자하호紫霞湖에서 6년 동안 수영을 했다. 천식에 정면으로 맞섰던 것이다. 몇 해 전에는 당뇨병이 가세했지만, 그는 여전히 병에 대해 그다지 개의치 않는다.

"아주 어릴 때부터 놀림을 당했어요. 때로는 아주 용감하게 맞서 싸웠고. 치지아완에서 공교일촌公教一村으로 이사했는데, 근처의 시 정부 광장은 정말 컸어요. 내가 집에서 나올 때마다 아이들이 계단에서 우리를 '외국인, 한간漢奸(배신자), 특무'라고 놀렸어요. (그들과) 생김새가 다르니까요, 엄마도 나도."

우리 모두가
죄인이다

문화대혁명은 모든 사람들에게 아픔을 남겼지만, 그때를 기억하는 방식은 저마다 다르다. 그 많은 피해자가 있지만, 마찬가지로 많았을 가해자들은 다 어디로 갔을까? 가해자는 대개 말하지 않고 동조자들은 피해자 행세를 한다. 마다홍은 그 점에서 사람들의 어두운 면을 본다고 한다.

"소학교 때 만화를 그리며 린뱌오林彪와 류사오치劉少奇를 그리고는

'타도하자'라고 썼죠. 모두 가장 단순하고 단일한 세계관을 가지고 있었어요. 일곱 살 때인가, 이모 집 앞에 가죽가방 만드는 공장이 있었어요. 어느 날 공장 문 앞에 무슨무슨 죄목을 쓴 판을 목에 건 사람들이 줄줄이 꿇어앉아 있는데, 사람들이 물건을 막 던지고 아이들도 따라 던졌어요. 우리는 물건을 던지지는 않았지만, 반혁명 분자들이라고 욕했죠. 우리 모두 그런 짓을 했어요. 모두 미친 짓이었죠."

정치를 벗어나면 사람들의 관계는 단순하고 정감이 있었다고 한다. 이웃 간이나 친구 간 모두. 사실 외부 세상을 몰랐으니까. 마다훙은 "하지만 내부의 사상은 공백이었다"라고 단정한다.

초등학교 시절을 이야기할 때, 마다훙은 이상하리만치 중화민국 시기의 거리를 자주 회상한다.

"사조항四條巷 소학교 다닐 때 그 거리가 기억나요. 사조항 거리는 민국 시기의 문화인들의 거리, 국민당 문화인들이 거주했던 곳이죠. 이홍장李鴻章의 공부公府도 거기에 있었어요."

놀랍게도 그는 그 기억을 카슈가르의 한 거리와 연결시켰다.

"그 거리의 사람들은 대체로 선량했어요. 제멋대로인 이들이 없었고. 3층 우리 집의 건너편에 남원南院이라는 원이 있었는데, 지금 생각하니 신장 카슈가르의 우스탄보이吾斯坦博依 항巷 같은 모양이에요. 네, 비슷해요. 그 거리에 영화 스타들도 살았어요."

하지만 그때도 인간의 등급은 심하게 구분되었다고 한다. 마줘란(그도 정확한 한자 표기를 몰랐다)이란 고위 간부가 회족을 한족과 결혼시키고 돼지고기를 먹였다고 한다.

"그가 좋은 지도자인 척하려고, 모든 회족에게 돼지고기를 먹였어요. 학습반을 만들고는 안 먹으면 학습반에 넣었죠. 안 먹으면 우선 때리고, 그래도 안 먹으면 더 크게 처벌했죠. 우리 큰고모도 당했는데, 너무 겁을 먹어서 집에 와서 오랫동안 앓았대요."

마다훙은 문혁이 끝나자마자 열여덟 살의 나이로 일을 시작했다. 1979년이었다.

"성적이 좋지 않아서, 부모님이 나를 고등학교에 안 보냈어요. 다른 친구들이 좋은 대학 가는 게 부러웠죠. 월급도 얼마 안 됐고. 동네 친구 몇 명과의 관계는 여전히 좋았지만, 마치 변경화된 인간처럼 느껴졌어요."

하지만 대학에 가지 않은 그 순간부터 그의 예술가로서의 자질이 드러나기 시작했다. 그는 문학에 관한 글을 써서 대학생 친구 두엇에게 보냈고, 공장에서 그림을 그리기 시작했다.

"공장에서 창고 관리 일을 했어요. 그때 동료들은 모두 나이 든 사람들
이었고, 제일 젊은 사람이 30대였어요. 늙은이들과 하는 이야기는 재
미없었어요. 일하면서 종이만 보이면 그렸는데, 내 사수와 관리자는
(그것을 빌미로) 돈을 뜯어갔어요(벌금으로 월급에서 떼어감). 그 사람들
과는 교류하고 싶지 않았죠."

그는 일이 끝나자마자 난징도서관으로 달려갔다. 지금도 그는 그때 읽
은 책들 덕분에 가장 많이 배웠다고 한다. 버는 돈은 대개 부모님에게 드
렸지만, 약간씩 모아 상하이의 전람회를 찾곤 했다.

"한 달 월급을 절약해야 상하이에 갈수 있었어요. 여관에서 자면 돈이
너무 많이 드니까 기차역에서 잤죠. 어떤 때는 가장 싼 초대소에서 자
고, 이슬람식 만두를 잔뜩 싸가서 끼니를 해결하고, 돈이 좀 있으면 예
술 관련 책을 샀어요. 화첩이나 예술이론 책, 혹은 철학책. 난징에서는
그런 책을 살 수 없었고, 전국에서 오직 상하이에만 있었지요. 푸저우
루福州路의 서점들을 하나하나 돌면서 책을 봤죠. 그래도 돈이 남으면
사이다 한두 병 마셨어요. 그때는 정말 비쌌거든요."

사이다 이야기를 하면서 마다훙은 파안대소했다. 상하이는 배움 없는

예술가 지망생에게 작은 해방구였다. 재미있는 점은 그가 철학책을 예술 관련 책으로 분류한다는 것이다.

　개혁개방이 그에게 선물한 것은 토론이다.

"전람회에 갔다 다녀오면, (예술이나 철학 관련 전공) 학생이나 교수들을 찾아 이야기하고 토론했어요. 도서관에서 문학과 철학을 흡수했죠. 사실 모두 서방의 것이었어요. 그리고 다시 난징대학으로 가서 토론하고 변론했죠. (얼마나 열심이었던지) 토론에서 지면 다시 도서관에 가서 공부했다니까요."

　개혁개방 이후 종교는 서서히 살아났다. 그가 이슬람 신앙을 회복한 것은 신장에서 온 친구들의 영향이 컸다.

"80년대에도 이렇다 할 신앙은 없었어요. 문혁 후 청쩐스는 문 닫았고요. 난징대학에 들락거리며 신장 친구들을 알게 되면서 천천히 다시 신앙으로 들어갔어요. 그들과 관계가 아주 깊지는 않았지만, 같이 맥주도 마시고 이야기도 했죠. 어느 날 대학 교정에서 요구르트를 먹고 있는데, 누가 나한테 다가와서 '신장 사람이세요?' 하고 묻더군요. 나는 신장 사람도 아니고 위구르도 아닌 회족이라고 했죠. 그 후로 그들 숙소로 가서 차를 마시고 이야기도 했는데, 그때까지 본 적이 없는 이들이라 신선했어요."

그들과 친해진 후에는 그들을 집으로 초대하기도 했다. 마다홍은 뭐든지 시작하면 깊이 들어가고 싶어 한다.

> "화동수리학원華同水利學院에 신장에서 온 친구들이 160명 있었는데, 난징에서 가장 많았어요. 내가 그 학교로 가면 그들이 비빔면을 만들어줬어요."

그의 어머니는 아주 어릴 때 난징으로 왔기 때문에 신장식 비빔면을 잘 만들지 못했다. 다만 돼지고기를 먹지 않았을 뿐이다. 돼지고기를 먹지 않는 것은 그가 한족 친구들을 사귀는 데 큰 걸림돌이 되었다. 역시 음식은 사람을 이어주는 중요한 고리였다.

개혁개방 직후에 마다홍은 난징에서 다시 충격을 경험한다. 그는 그때의 충격을 설명하기 위해 나에게 따로 편지를 보내왔다.

> 우리 이 세대 사람들은, 문화대혁명 10년의 대겁란浩劫이 끝난 바로 그 시점에, 아직도 철저하게 스스로 참회하지 않고, 도리어 또 한판의 인류의 겁란으로 들어갔고, 이 겁란 와중에 우리는 핍박받은 이인 동시에 핍박하는 이였습니다.

1980년대는 외국인에게 알려진 것처럼 대단한 변혁의 시기가 아니었다.

"(덩샤오핑 복귀 후 1980년대) 난징은 비교적 조용했어요. 여전히 난징은 대단히 보수적인 곳이었죠. 상하이에서 본 미술책이 난징까지 오려면 최소한 반년 걸렸으니까요. 여전히 집체주의의 분위기가 압도했고, 단위(생활 전반을 책임지는 인민공사형 직장) 친구들과 함께 생활했어요. 우두머리가 이리저리 하라 명을 내리면 따르고, 자기 방식으로 행동하면 사람들한테 욕을 먹었죠. 그때 자산계급 자유화 반대 투쟁이 일어났고, 옌다嚴打도 그때 일이죠."

1983년에 시작한 이 기괴한 운동은 '엄격히 타격한다嚴打, 신속히 타격한다快打'라는 기치로 시작된 풍속정화(정풍)운동인데, 특히 자유로운 남녀관계를 문제 삼았다.

"그때 막 개혁개방이 시작되었기에 춤추기 좋아하는 사람들이 많았죠. 그런데 어떤 사람이 10모毛 주고 화장을 해서 좀 유행을 따르면 사람들이 '너 나쁜 놈'이라 찌르고, 좀 노출되는 옷을 입으면 류망流氓(부랑자·불량자)이라고 찌르고, 여자들이 남자들과 방에서 함께 춤추면 바로 잡혀갔어요."

중국인인 나의 아내도 그때의 일을 들었다고 하기에, 그 이야기가 사실인지 그에게 여러 번 확인했다. 그는 단호했다.

"사실이라니까! 한번은 내가 아는 단위 직원 전체에 통보가 왔어요. 어떤 단위 우두머리가 남녀 친구들을 모아서 집에서 성인물을 본 모양이야. 그 사람은 10년 판결을 받았죠."

형기를 채웠느냐고 되물었다.

"그럼요. 진짜 감옥에서 10년을 보냈다니까요! 여자가 좀 예뻐서, 남자들과 같이 있으면, 어떤 이들이 꼴사납게 보고 경찰에 신고해요. 즉결총살은 경찰이 현장에서 결정했어요. 그때 잡히고 죽은 사람도 정말 많았어요. 주더朱德(인민해방군 원수를 지낸 군인)의 손자도 총살당했죠. 총살 장면을 구경하는 사람들이 많았어요. 나는 직접 보기 싫었어요, 무서워서. 하지만 총살 집행 소리는 정말 많이 들었어요. 집행장으로 실려 가는 사람들도 많이 봤고. 하루는 일하고 있는데 동료가 '다훙, 오늘 몽둥이 가지고 (구경) 가자'고 하더라고요. 간 사람들도 많았죠."

1980년대는 정말 사연 많은 시절이었다. 6·4 천안문 운동도 1989년에 일어났다. 천안문 운동은 베이징에 국한된 것이 아니었다. 난징의 대학생 노동자들도 대거 참여했다. 마다훙은 작은 목소리로 이야기했다.

"나도 참가했어요. 돈을 좀 냈죠. 일하다가 소식을 들었어요. 난징에 구루鼓樓 광장이 있거든요. 우리 단위에서는 내가 유일하게 자전거를 타고 갔죠. 학생들과 함께 앉아서 이야기하고, 돈도 좀 내고. 구루 광장에 사람들이 엄청 많았고, 신가新街 입구에 난징 사람 반은 나온 것 같더라고요. 서로서로 이야기를 했어요. '정부가 진압할 수 없을 거야', '아냐, 꼭 진압할 거야' 하면서. 그리고 한 주가 지나서 천안문 사건이 터졌어요. 우리 회사에도 조사가 들어왔지만 나는 모른다고 잡아뗐죠."

마다홍은 그때 참여한 예술가들과 학생들을 기억했다.

"그때 예술 하는 사람들은 정말 괜찮았어요. 도망 온 학생들도 내가 도와줬죠. 89년, 그때 학생들과 지금 학생들은 수준을 비교할 수가 없어요. 그때 학생들은 자신의 생각을 따르는 이들이었어요. (아쉽게도) 그들이 일어나서, 앞으로 나가기도 전에 눌려버렸죠. 그 후로 개혁개방은 이어졌고."

그는 "황당한 시대"라는 말을 반복했다.

예술가의 길로

　　　　　"그림은 원래 좋아했지만 대학을 못 가서 문화관에서 배웠어요. 정식으로 배운 건 9개월뿐입니다. 처음 2월

주고 3개월 배우는데 엄마가 화를 내더군요. 어떻게 돈을 주고 그림을 그리느냐고. 79년이었습니다."

1988년 마다홍은 결혼 예물로 사진기를 받았다. 지금은 첫 아내와 헤어졌지만, 덕분에 그는 사진 예술가가 되었다.

"처음부터 규칙을 만들었어요. 매달 필름 하나를 쓰자. 그러다 두 개 세 개로 늘어나다, 결국 하루에 하나를 썼죠. 그때는 필름 값이 정말 비쌌어요. 슬라이드 필름 하나 값이 세 달치 월급이었어요. (덕분에) 나쁜 사진은 찍지 말자, 구도를 포함한 모든 방면에서 만족할 때만 셔터를 누르자고 마음먹었고, 찍기 전에는 오래 생각하는 습관을 배웠어요."

요즈음 그가 더 집중하는 분야는 그림이지만 마다홍은 사진과 그림을 크게 구분하지 않는다.

"중요한 것은 세계관, 나의 세계 인식입니다. 작년에 작품 두 개를 완성했는데, 내 사진도 넣고, 물건도 넣고, 온갖 것을 합친 자유회화입니다."

예전에 그의 그림을 높이 사는 화랑도 있었지만, 그는 스스로 남의 평가와 멀어졌다.

"지금은 전시도 공개도 하지 않아요. 친구가 와서 보면 보고, 안 와도 좋고. 이제부터는 그림이 완전히 마음에 든 후에 공개하고 싶어요. 독일 표현주의의 개념을 응용하지만, 표현 방식은 모두 나 자신의 것입니다. 왜 표현주의와 당대주의를 좋아하는가 하면, 그 사조가 인류의 보편가치를 지향하기 때문입니다. 이성과 비판, 이것이 내 시대와 맞다고 보거든요. 옛날에는 인상파를 좋아했죠. 모네, 마네. 보기도 좋고, 보면 기분도 좋았죠. 하지만 89년의 일과 오늘날의 신장의 상황을 보고 겪으면서 방식을 바꾸었습니다. 밖의 풍경을 그대로 묘사하는 것으론 부족하니, 자아를 더 강하게 표현해야겠다고 생각했습니다."

그는 사진 역시 외부의 사물을 그대로 옮기는 것이 아니라고 한다.

"나는 가장 전통적인 보수적인 방식으로 배웠지만 점점 바뀌었습니다. 외양을 그대로 찍는 것은 그냥 복사죠. 더 중요한 것은 예술가가 이 세상을 관찰하는 명료한 방식, 사물을 대하는 새로운 사고, 사물을 표현하는 새로운 방식입니다. 사물의 한 면만 본다면 그걸로 끝이지만, 여럿을 본다면 무수한 세계가 열리니까요. 사물의 수없이 많은 면을 보는 것은 사실 자신의 사고와 세계관을 바꾸는 것이니까, 찍으면서 세계관이 바뀝니다. 상호적인 거지요."

그는 서울에서 영화적인 기법으로 광부들을 찍은 작품을 보았다고 한다. 그는 그 작품들이 개체로 떨어져 있지 않고 전체가 모여 어떤 세계를 표현하는 것이 인상 깊었다고 한다.

"나는 역사학자가 아니지만 역사를 공부하고, 종교와 철학을 공부하면서 내 관점을 얻습니다. 공부 후에 찍은 사진은 분명 자신의 세계 인식을 표현한 것입니다. 한 장의 개별 사진이 아니라, (전체로 연결된) 촬영攝影입니다. 그래서 나는 사진을 찍지만, 평소에 사진과 관계없는 활동을 주로 합니다. 사진과 그림은 내 세계관을 표현하는 방식 혹은 태도이니까요."

그는 위구르 작가들을 만나고 영감을 얻었지만 그들에 대한 비판 역시 멈추지 않는다.

"다른 이들의 작품을 오래 접하면서, 신장이 나에게 가장 큰 도움을 주었음을 알게 되었습니다. 신장에서 알게 된 위구르 사진가들의 작품에서 많은 새로운 것을 배웠습니다. 이런 환경 속에서, 그들이 표현하는 것은 주류 사회에 대한 '호소傾訴'였어요. 오랫동안 억눌려 있으면서, 그들은 정말 세상을 모르는 주류 사회의 인사들에게 내심을 호소하는 듯했습니다. 외부인들은 '테러리즘' 등으로 그들의 내면에 낙인을 찍으니, 그들은 '우리 신장의 자연은 얼마나 아름다운가'로 대응합니다. 하지만 그들의 표현 방식은 사실 주류에서 전해진 것이라서, 실제로 나오는 작품들은 가볍습니다. 다른 방식을 찾을 수 없으니까요. 작가들은 인간성은 정말 좋지만 작품에는 심도가 없어요."

그는 한족 작가들의 작품은 자신감이 부족해서 내면을 건드리지 못한다고 평한다. 전통을 넘어 본질에 접근하지 못하므로 심도가 없다고. 그와 곤극昆劇에 대해 이야기하면서 그의 예술관을 더 명백히 알 수 있었다.

"전체적으로 말하면, 그것은 돈 있는 사람들이 돈 없는 사람들을 가지고 즐기는 방식의 하나입니다, 예술을 수단으로요. 곤극의 내용은 대개 애정입니다. 지금 중국에서 곤극을 좋아하는 이들은 대부분 중산 계급 지식분자들, 교육을 받고 공부도 좀 한 이들로서, 현실 도피도 좀 하고 싶은 이들. 20대에서 40대 중반 정도의 여자들이 많죠. 곤극의 내용은 아름답지만 모두 비극이잖아요. 곤극을 통해 그들은 비극적 애정 정서의 가장 아름다운 면을 느끼고 싶어 해요. 곤극 애호는 중국 당대의 중산층 지식분자, 특히 여성 계층의 현상입니다."

그가 원하는 것은 우아한 소비가 아니다. 소위 '류망流氓(떠돌이)'은 그의 정신세계에서 떠나지 않는다.

"나는 소수민족, 그리고 이슬람교를 포함한 종교를 다루고 싶어요. 그 다음엔 떠돌이를 찍고 싶고, 그러고는 신장의 한족 친구들도 찍고 싶어요. 그러면 비교적 완전한 작품이 되겠지요."

상하이에 있는 신장 출신 예술가들과 접촉하기는 힘들다고 한다. 베이징에서 활동하는 몇몇 신장 출신 지인은 모두 주류와 관계를 맺고 있다고 한다. 한족 사진가들에 대한 그의 평가는 언제나 혹독하다.

"한족 사진가 중 위구르를 찍는 이가 있는데, 그냥 그 문화를 소비할 뿐입니다. 비판정신이나 상호 감정의 교류, 그런 것 없이 그냥 소비만 해요."

신장의 많은 소수민족 예술가들이 수용소에 있다. 그들은 사상가도 아닌데 왜 당국이 그토록 혹독하게 관리할까? 나는 궁금한 척 물었다.

"그렇게 생각하지 마요! 문화가 가장 위험한 겁니다. 지식인들은 문화를 통해 가장 큰 영향을 받거든요. 예술은 문화의 가장 본질적인 부분이고요. 지금 상하이 예술계에는 매일 국가안전국 사람들이 나와서 점검해요. 전국이 똑같아요."

작품 전시와 판매를 이야기할 때 그는 갈수록 담담해진다. 어쩌면 냉담한 듯하다.

"전시하고 싶지 않아요. 나중에 좋은 작품은 필요한 사람, 박물관, 혹은 연구하고 싶은 이들에게 줄 겁니다. 비록 내가 고생하고 점점 가난해지면서 찍었지만요. 남이 인정해주지 않아도 상관없습니다. 나는 말하죠. '당신들 작품은 당신들 주류 사회에서 유통될 뿐, 실제 세계는 아니야. 진짜 세계의 문명, 그것은 중국 주류 사회와 관계가 없어. 교류하지 않아도 상관없어. 당신들의 도움으로 전시하고 싶지 않아. 신장에 가보지도 않고 이해하지도 못하면서, 여행자들이 하는 소리를 듣고 쓰면서(찍으면서), 당신이 뭘 어떻게 알아?'"

하지만 예술가도 생활인이다. 그는 재혼한 아내를 지극히 사랑한다. 그녀는 이슬람교도가 아닌 한족 여인이다. 그는 아내를 노동에서 해방시키지 못하는 현실을 아파하며 한숨을 쉰다.

"나도 당연히 그런 고민을 합니다. '잘 팔릴까? 어떤 사람들이 좋아할까?' 예술품은 돈과 자본시장과 연계될 수밖에 없지요. 그러나 예술가는 창조할 때 판매를 생각해서는 안 됩니다. 그러면 예술의 생태가 망가집니다."

학술계, 특히 내가 아는 수많은 중국의 지식분자들은 신장에서 일어나는 이야기를 하지 않는다. 침묵하는 그들이 여전히 전공 분야의 글을 쓴다. 마다훙에게 물었다. 당신의 작품이 동부 사람들에게 과연 반향을 일으켜, 새로운 예술계를 만들어낼 수 있을까?

"가능성은 별로 없습니다. 전체 생존 환경이 너무 좋지 않아요. 지금 상하이 난징으로 그 길 하나에 얼마나 많은 경찰이 있습니까? 나는 지금 약간의 공간과 시간이 있는 것으로 이미 행복해요. 사람들이 자기 하나 보존하기도 힘든데, 무슨 시간이 있어서 내 작품을 즐겨 보겠습니까? 경제·정치·문화·생태·환경이 다 어렵고, 상황은 문혁 때보다 더 심각합니다. 어떤 때는 절망합니다. 사는 것이 재미없어서요. 죽으라면 죽지 뭐, 이런 생각도 합니다. 자주요."

그는 유가문화와 법가사상이 결합해서 장기적으로 만들어낸 습관이 예술 생태계를 파괴한다고 말한다. 유가는 비판정신이 없고 법가는 인민에게 폭력을 가하는 수단이다.

"진짜 비판의 유전자는 종교적인 기초 위에 있습니다. 사실 그런 종교는 주로 서방에서 온 것인데요, 천주교나 기독교 등. 종교는 인류의 사상에 대해 반성합니다. 예술가는 인류 보편의 문제를 다루므로 (인류의 보편 문제를 다루는) 철학으로 (예술을) 비판할 수 있고, 여기서 예술 비평이 생겨나는 것입니다. (중국 비평가들이) 서방 어떤 예술가의 무슨 기교를 운운하는데, 이런 것은 예술의 핵심이 아닙니다. 아무도 예술의 본질 문제를 이야기하지 않아요."

예술과 실천

"기억해요? 작년에 내가 나체 사진 한 장 찍었죠. 구도시의 공장 옥상 위에서. 배경으로 현대적인 건물들, 그리고 민국 시기 건물들도 있는 것. '솔직함은 하나의 태도다坦率是一种態度'라고 제목을 붙였습니다. 나는 아무것도 없습니다. 돈, 의복, 모두 없애버렸습니다. 이것도 현실에 대한 비판이자 반항이죠. 나는 작품으로만 반항할 수 있다고 봅니다. 물론 이것도 못하면 작품을 만들 수 없습니다."

그는 현실을 관찰하고 그것을 예술로 표현해내는 것을 자신의 임무라고 생각한다. 외부의 사물과 예술가는 끊임없이 서로를 바꾸어야 한다. 그런 면에서 다시 한 번 당대 중국 예술계를 비판한다.

"중국 예술계에서 많은 사람들이 예술을 일종의 도피로 봅니다. 고대 문인 대부분의 태도죠. 개인의 곤경에서 벗어나고자 하는 도피. 풍경이나 사물을 볼 때, 만약 (작가가 파악하는) 세계가 황량하고 황당하다면 풍경 또한 황당하게 보입니다. 작가와 외부는 상호작용하는 관계입니다. 현실에서 옳지 않은 것들을 예술을 통해 문제 제기하고 비판하고 저항하는 것이죠. 사회가 막막할 때 이 행위의 의의가 더 큽니다."

그는 회화의 실천을 가장 원초적인 것으로 본다.

"회화가 (다른 예술에 비해) 훨씬 더 본질적입니다. 색조를 반복하여 수정하면서 작품을 더 철저하게 완성하고, 더 직접적으로 저항하고 비판할 수 있습니다. 최근 청두成都에 갔을 때, 영국에서 돌아온 예술가와 이야기를 나눴는데, 공통점은 둘 다 민족주의에 반대한다는 겁니다. 예민하게 사회를 비판하려면, 먼저 민족주의의 위험성을 알아야 합니다. (민족주의는) 인류가 가진 좁은 심성이지요."

오랜 대화를 통해 파악한 결과, 그는 민족주의를 국가와 결합된 인종주의로 파악하는 듯했다. 그는 중국에서 개인 존중이 아직 확립되지 않았다고 한다.

"중국인의 가장 큰 문제는, (개인) 본성의 취약성입니다. (그런 취약성이) 국가로 확대되면, 국가의 구호로 자신을 강화합니다. 이런 혼란의 인식이 일종의 퇴락을 초래합니다. 그들은 스스로 말하죠. 나는 강해, 나는 돈이 있어."

그가 보기에 개인의 내면적인 공황은 세계적인 현상이며, 중국에서 확연히 드러날 뿐이다.

"허무하고 황당한 공황 탓에, 결국 자신이 누군지도 모르는 상황에 이르렀습니다. (중국의) 건강마健康碼, 문명마文明碼(개인의 건강·문화 수준을 수치화한 것) 등등. 군중과 개인의 이 곤경은 쉽게 벗어날 수 없습니다. 예술이 이런 곤경을 드러내는 수단이 되면 좋겠지요."

그는 아내의 지원을 받아 세계를 돌아볼 기회를 가졌다. 독일계 회사에 다니는 아내는 그가 언젠가 인정받을 날이 올 것이라 믿고 끊임없이 그가 외국으로 나갈 기회를 만들어준다.

"작년에 베를린 박물관에서 많은 현대 미술작품을 봤습니다. 내가 독일의 표현주의 당대주의를 높이 평가하는 건, 그 내용이 인류의 보편가치와 긴밀하게 연결되어 있었기 때문입니다. 바로 평등, 민주, 자유, 인류와 환경의 화합이죠. 이런 것들이 없으면 허무하고 황당한 현상에 이르게 됩니다. 우리는 그런 것이 없으니, (국가에게 자신을 맡기고) 계획경제 시절 국가가 황제처럼 '내가 모두 안배해줄 테니 내 말만 들어' 하는 제안을 받아들입니다. 대부분의 예술가들은 자기 길을 모릅니다. 물론 반항하는 예술가도 있지만, 그 수준과 층위는 얇고 얕습니다. 예를 들어 권리를 이야기하면 그들(중국의 예술가)은 보편적인 가치에 근접하는 것 같지만, 일단 민족문제가 나오면 그들은 순식간에 주류의 편이 됩니다. '소수민족은 베어 넘기자.' 그러니 역사가를 위시하여 양심적인 학자들은 고립될 수밖에 없습니다. 그런 고립이 그들에게 곤혹으로 다가오죠. 내가 그렇게 열심히 했는데 결과는 이렇게 참담하구나."

내면과 내용의 공백이 국가주의로 흐른다면, 서방도 중화도 아닌 개인의 철학을 가지고 예술로 실천하는 이, 인간의 보편적 권리의 기반 위에서 예술을 하는 이가 있을까?

"제가 보기에 80~90퍼센트는 기본적으로 유가 정신에 기대어, 자신이 살아 있음을 자랑하고 지역적으로 국한된 명단 위에 이름을 올려놓지만, 예술적인 성취는 정말 별 볼일 없습니다. 시인이든 화가든 마찬가지입니다. 어떤 이는 '나는 주류와 다르다, 나는 반항한다'고 하지만, 사실은 주류와 더 밀접하게 접촉하고 있습니다."

그가 말하는 유가 정신이란, 한 마디로 비판 없는 정신이다. 그는 무비판이 세상을 썩게 만든다고 말한다. 그에게 유가의 인애, 관용 등을 물으니 모두 허위라고 대답했다.

"(유가가 표방하는) 문자를 보지 말고, 그 정신을 보세요. 유가의 인애나 관용은 현실에서는 완전히 허위입니다! 유가는 세상에서 가장 위선적인 것, 인류 사상 가장 괴상한 존재입니다. 물론 좋은 점도 있겠지만, 수천 년 동안 중국에서 너무나 기괴한 것이 되어버렸습니다. 중국의 불교도 그렇습니다. 원래 불교 자체는 문제가 없겠지만, 중국에 와서 세속화된 후, 무슨 (진짜) 불교가 있습니까? 미신이지요. 그것이 권리(이익)와 연결되면, 바로 끝장이죠完了!"

마다훙은 1990년대와 2000년대 초반 신장에 파견되어 회사 생활을 하며 사진을 찍었다. 얼마 전까지 그의 그림 주제는 여전히 신장이었다. 멀리 모스크의 실루엣이 보이고, 여인인 듯한 이가 검은 천을 두른 어두운 그림을 작업실에서 본 기억이 난다. 그러나 그는 최근 몇 년 사이 눈에 띄게 지쳤다.

"변명처럼 들리겠지만, 지금 마음이 편치 않습니다. 이런 내면의 상태에서는 작품을 만들기 힘듭니다. 이성적인 사고가 불가능하니까요."

그는 중국 예술의 '아방가드르'인 상하이의 현실에 대해서도 비판적이다.

"상하이가 전국 여타 지역과 다른 것은 사실입니다. 그러나 중요한 것은, 지금 상하이의 경제적 측면이 너무 커졌다는 겁니다. 그것이 더 큰 세속화를 불러와 예술의 본질을 더욱 부식합니다. 돈 가진 이들이 보는 작품은 공예품에 불과합니다. 표면 묘사는 좋습니다. 그러나 내면은 황무지에 불과합니다. 그리고 지금의 상하이인은 10년 전의 그들이 아닙니다. 국제화요? 점점 멀어지고 있습니다. 높은 건물들이 보기

〈여인〉(2016, 마다홍 제공)

는 좋지요. 나는 이제 상하이에서 하는 전시는 보지도 않습니다. 물질화가 농후해질수록 정신은 더욱 빈곤해집니다. 공 선생님, 돈은 문제를 해결할 수 없어요. 많은 사람들이 돈으로 문제를 해결할 수 있다고 생각하지만."

그들은 어디로
갔는가

이제 화제를 돌려보았다. 도심의 그 많은 신

장 친구들은 어디로 갔을까? 길에서 견과류 당과와 양꼬치를 팔거나, 시장통에서 비빔면을 팔던 이들. 이 질문에 그의 목소리가 급격히 낮아진다.

"어떻게 대답할까요? 가야 할 곳으로, (아니) 가지 않아야 할 곳으로도 갔지요. 돌아가서 당중앙의 문건을 공부하고 있지요." (수용소로 들어갔다는 뜻이다.)

그는 앞으로도 행위예술을 할 것이라고 말한다. 주로 자신을 찍은 나체 사진이다.

"여러 사람들에게 내가 누구인지 말할 겁니다. 이런저런 옷을 입으면 보기도 안 좋지요. 옷을 많이 입으면, (도처의) 안전검사를 통과할 때도 번거롭잖아요. 안 입으면 바로 지나갈 수 있는데. (웃음) 나체 행위예술에는 내 몸만 필요해요. 그리고 나체는 자신의 영혼으로 돌아갈 수 있는 방법입니다."

이슬람 예술가가 나체를 찍어도 되냐고 물었다.

"교리상으로는 안 되지요. 그러나 나는 그걸 뛰어넘고 싶습니다. 알라는 그걸 용서할 겁니다."

그렇게 말하고 그는 다시 크게 웃었다.

"예술의 언어는 풍부합니다. 무한하게 확대될 수 있습니다. 예술은 한계에 묶일 필요가 없습니다. 아니면 (수용소로 가서) 당중앙의 문건이나 공부하죠, 뭐."

참고문헌

피터 퍼듀, 공원국 옮김, 2012,《중국의 서진− 청의 중앙유라시아 정복사》, 길.

마리아 김부타스, 고혜경 옮김, 2016,《여신의 언어》, 한겨레출판.

2부

개혁개방의 만화경

단위에서 가족으로 ―
동북 노동자 집안의 베이징 입성기

조문영

2004년 여름,
레이펑 도시의 먼지

푸순撫順은 동북 지역의 공업도시다. 랴오닝 성의 중심 도시인 선양에서 동쪽으로 45킬로미터 떨어져 있다. 지리 수업시간에 어딘지도 모른 채 세계 제일의 노천광이라고 외웠던 '무순탄 광'이 이곳에 있다. 살면서 직접 가보리라곤 생각지 못했다.

"제 친구 고향이 푸순이에요."

2004년 베이징에 머물며 개혁개방 이후 동북 국영기업 노동자들의

거리의 시아깡 노동자들 (2004년 8월 14일 촬영)

삶의 변화를 논문 주제로 만지작거리던 즈음, 지인을 통해 칭화대 대학원생 리핑(가명)을 소개받았다. "그냥 제 친척들 만나세요. 죄다 노동자인데 지금 다 쫓겨났어요." 리핑의 시원스러운 제안에 막내 이모 집에 머물면서 예비조사를 하기로 했다.

8월 13일 베이징에서 밤기차를 타고 이른 아침 푸순역에 도착했다. 리핑의 부모님과 막내 이모가 기다리고 있었다. 자전거에 캐리어를 싣고 큰길을 따라 걸었다. 아침부터 사방이 먼지였다. 겨울철 기온이 영하 20도를 오르내리기 때문에 여름 한철 공사가 중요하다지만 걸음을 내딛기 힘들 정도였다. 도심에 접어드니 보도에 걸터앉은 중년의 사람들이 제법 많았다. "하수구 뚫음", "구두 수선", "페인트칠" 등 서비스 항목을 적은 팻말을 세워둔 채 우두커니 앉아 있었다. 리핑의 어머니가 혀를 찼다. "다들 공장에만 처박혀 있다가 기업이 도산하니 주저앉은 거지. 죄다 시아깡이야. 저렇게 죽치고 있다 운이 좋으면 간단한 일이라도 구하지만 대부분은 어슬렁거리다 하루가 다 가지. 시아깡이 되면 어떻게든 돈을 끌어모아서 사업이라도 해야 해."

시아깡下崗은 직역하자면 '직책崗位에서 내려온다下'는 의미다. 사회주의 중국이 '실업' 표현을 금기시하면서 1990년대부터 2000년대 중반까지 광범위하게 쓰였던 용어다. 직장이 통상의 고용 관계를 넘어 하나의 '단위單位'로서 가족 구성원들의 재생산과 행정, 일상 전반을 책임졌던 도시 단위체제의 유산이기도 하다. 개혁개방 이후 중국이 시장경제를 도입하고 글로벌 경쟁에 뛰어들면서 종래의 단위체제가 갖던 '육중함'이 사회문제로 등장했다. 본격적인 구조조정을 통해 소속 단위와 완전히 관계가 끊어진 '실업자'가 되기까지, 많은 노동자가 장기간 무급휴직 상태로 내몰렸다. 언제 단위로 돌아갈지 기약이 없고, 의료·주택·연금 등 단위가 턱없이 낮은 임금을 보완하며 제공해온 여타의 서비스가 불완전하게나마 지속되면서 대부분 이러지도 저러지도 못하는 삶의 문턱 상태에 놓였다. 리핑의 아버지는 공장에서 이미 퇴직했고, 리핑의 어머니는 비교적 안정된 사업 단위인 병원에서 근무했다. 하지만 굴착기 공장에서 일하던 막내 이모는 구조조정의 영향을 고스란히 받았다. 남편도 마찬가지여서 "쌍으로 시아깡雙下崗"이라 불렸다.

길을 걷다 보니 "레이펑雷鋒 동지를 따라 학습하고 레이펑 정신을 실천하자"라는 포스터가 눈에 띈다. 레이펑은 인민을 위한 희생을 온몸으로 실천한 사회주의적 인간의 모범으로 알려져 있다. 그가 사망한 이듬해인 1963년 3월 5일 마오쩌둥이 친필로 '레이펑 동지를 따라 배우자'는 교지를 내린 이래, 중국에서는 '레이펑 정신'을 고취하기 위한 다양한 봉사활동이 지금까지 계속되고 있다. 그가 군 복무 중 사망한 곳인 푸순은 '레이펑 제2의 고향'이라는 칭호를 얻었다. 리펑의 이모는 푸순이 곧 레이펑이라며 지명을 하나둘 대기 시작했다. "레이펑 기념관, 레이펑 체육관, 레이펑 공원, 레이펑 가라오케…." 기념관에 가보고 싶다 하니 "단체로 학교에서 가면 모를까 제 돈으로 가면 낭비"라며 일축했다.

리펑의 부모님 댁에서 여독을 풀었다. 어머니 본가 친척들이 리펑의 '외국인' 친구를 보러 모이기 시작했다. 정신없이 인사를 나누고, 잔칫상 분위기에 취해 있다가 밤에 숙소인 막내 이모 집으로 향했다. 거리가 너무 적막했다. 망한 지 꽤 오래되었다는 공장 두 곳을 지나는 동안 그 규모가 너무 크고, 안은 텅 비고, 주변에 가로등 하나 없어서 술기운에도 두려움이 밀려왔다. 사진을 찍으려 하니 이모가 말렸다. "밤에는 혼자 다녀선 안 돼. 특히 돈이 많은 것처럼 보이면 큰일 나지. 요새 사람들이 가진 게 없으니 물불 안 가리거든. 칼부림에 도둑질에 연일 사고가 난다고."

한참을 걷다 기찻길을 만났다. 3년 전 이곳에서 임금 체불에 항의하던 노동자들이 철도에 드러누워 기차를 막았다고 한다. 시아깡 규모가 확대되면서 동북 전역에 걸쳐 산발적인 시위가 계속되고 있었다.

2000~2002년 사이 랴오닝성에서만 83만 명이 9559건의 "대형 사건"에 참여했다는 기록이 있다(Lee 2007: 5). 기찻길을 지나니 오래된 아파트 단지가 등장했다. 난방공사가 한창이었다. "푸순 전체에 걸쳐 진행 중이야. 단위에서 배분한 주택이니 예전엔 다 중앙난방이었지. 지금은 낡기도 했고, 돈 있는 사람만 원하는 대로 사용하도록 개별난방으로 바꾸는 중이야." 동행한 사촌 웨이가 설명했다.

아침에도 밤에도 먼지를 뒤집어쓴 채 푸순에서의 하루가 저물었다. 막내 이모네 집에 도착하자마자 곯아떨어졌다.

│ '동북인' 유감?

반세기 전 사회주의 공업화가 한창이던 시기에 왔다면 이런 스산함을 느끼진 않았을 것이다. 동북 3성(랴오닝, 지린, 헤이룽장)이 '공화국의 장자'라 불리던 시절이 있었다. 조국의 운명을 짊어지겠다는 가부장적 포부를 당당히 외치던 시절이었다. 1949년 중화인민공화국 수립을 정식 선포하기 전에 공산당과 국민당의 내전을 일찌감치 종식한 곳도, 한국전쟁 개입으로 마오쩌둥과 중국 공산당의 영향력을 공고히 해준 곳도, 중공업 전략기지로 신중국의 경제건설을 선도한 곳도 동북이었다. 러시아와 북조선이라는 사회주의 우방과 국경을 마주하고 있어 현재는 "지독히 재수가 없다"고 불평이 자자하지만, 50년 전엔 사정이 달랐다. 일본이 세운 만주국僞滿은 동북의 자연자원을 무자비하게 착취했지만, 철도나 공장 같은 공업 인프라를 남겼다. 신중국 건립 초기에는 소련의 기술 원조가 동북에 집중되었다. 분열과 궁핍을 딛고 통일된 조국에서 '노동계급工人階級'은 사회주의 강국의 새 역사를 쓴다는 자부심으로 충만했다. 리핑의 할머니는 딸 다섯, 아들 하나를 낳았다. 리핑 어머니를 제외한 다섯 자녀와 그 배우자 모두 공장 노동자 출신이다.

토지가 방대한데 인구는 적다 보니 동북의 역사는 곧 이주사가 되었다. 한때 청 왕조는 만주족의 발원지를 보존하기 위해 봉금封禁 정책을 시행하고, 한족이 산해관을 넘어 이주하는 것을 막았다. 하지만 재정 부담이 가중되면서 만주 귀족을 직접 공양하는 데 어려움을 겪자 한족 농민이 동북에서 황무지를 개간하도록 허용했다. 1898년 동청東淸 철도가 건설된 뒤에는 러시아의 세력 확장을 저지하기 위해 한족의 이주를 장려했다. 이후 중국 전역이 제국 열강의 침입과 잇따른 자연재해로 혼란을 거듭하면서, 생존과 고투하던 화북 일대의 농민들이 대규모 이주를 감행했다. 일본 침략 시기에도 이주는 계속되었다. 철로를 닦고 산림을 벌채하고 광산을 개발하는 일에는 대규모 노동력이 필요했다. 신중국 수립 이후에는 인구가 많고 토지가 부족한 산둥, 허베이, 허난 지역의 농민들을 정부가 마을 통째로 이주시키기도 했다(李德濱·石力 1987: 176~178).

동북 이주의 역사는 대개 자연과의 전쟁(황무지 개간)과 제국주의와의 전쟁(일본 침략)에서 차례로 승리하며 사회주의 공업화를 이뤄낸 목적론적 서사로 쓰였다. 그러나 화교 자본을 끌어들이기 쉬운 남방 연해 지역이 계획경제 시스템이 강한 동북보다 먼저 시장경제 우위를 점하면서, 개혁개방 이후 두 지역의 격차가 급속히 확대되었고, 이로 인한 상실과 배신이 민간의 동북 서사를 잠식하기 시작했다. 2000년대 중반 동북에서 내가 만난 사람들은 지위와 계층을 막론하고 동북을 중국의 '내부 식민지'로 바라봤다. 하얼빈의 한 교수는 "동북은 그 자원만 놓고 봐도 하나의 국가를 세울 수 있을 정도"였다고 주장했다. "동북은 사실상 중앙의 식민 통치를 받아왔어. 문혁(문화대혁명) 끝나고 개혁개방이 추진되면서 국가는 동북의 천연자원을 무자비하게 쓸어갔지. 특히 이중가격제가 성행했던 1985~1995년 사이가 심했지. 가령 국가에서 다칭大慶의 석유를 천 위안에 매입했다면, 외부에는 만 위안에 넘기는 식이지." 한 신문사 사장은 "최근에 광산이 고갈되기 시작하고 계속 문제가 발생하니 중앙에서 지방으로 통제권을 넘겨준 게 그나마 다행"이라며 쓴웃음을 지었다. "못 쓰게 되니 넘겨준 거지. 안 무너지면 주겠어? 국가에서 계속 틀어쥐지."

자원이 고갈되고 기계가 노후화될 때 노동자는 설 곳이 없다. 석탄 가공 공장에서 시아깡 된 뒤 4년째 건설 현장 일용직으로 일하는 리핑의 넷째 이모부는 "동북은 완전히 잘못된 개혁정책의 희생양"이라며 강하게 비판했다. 시간이 지나면서 기계가 못 쓰게 되었는데 기계를 정비하는 대신 사람을 해고함으로써 쇠퇴를 자초했다는 것이다. 비판의 끄트머리에는 대개 관리들의 부패 문제가 등장했다. "자원을 중간에서 빼돌리고 중앙에 거짓 보고를 해서 막대한 부를 축적한 간부가 한둘이 아니지."

상실과 배신의 서사에 균열이 없는 것은 아니다. 다른 지역과 마찬가

까오얼스산에서 내려다본 공업도시 푸순 전경 (2004년 8월 17일 촬영)

지로 개혁개방 이후 불평등이 심화하면서 일부 엘리트 집단은 단위체제에 대한 '의존성'과 변화를 거부하는 '폐쇄성'을 '동북인'의 문제로 질타했다. "동북 사람은 큰 것만 벌려 하고, 작은 건 취급도 안 해. 여기서 신발 수선하는 사람, 두부 만드는 사람은 다 남방에서 왔어." "동북은 중앙의 보호를 받는 대형 국영기업이 많았지. 평생 공장에서 시키는 일만 했으니 다들 임금 받는 데만 익숙한 거야. 밖에 나가 채소를 파는 건 그야말로 체면 구기는 일이지." 동북의 비옥한 토양을 언급하며 "환경이 윤택하면 사람은 게을러질 수밖에 없다"고 주장하는 사람도 제법 많았다.

시장경제에 발 빠르게 적응하지 못한 낙오자라는 동북인에 대한 비판

무순의 한 노천 탄광 (2004년 8월 17일 촬영)

은 사실상 노동계급을 겨냥하고 있다. '사회주의' 독트린을 포기하지 않은 나라에서 '노동자'를 비난하는 행위는 조심성을 요구하나, '동북인'에 대한 풍자와 조롱은 '문화'라는 장막을 두른 채 급속히 확산 중이었다 (Cho 2013: 29). "무식하고 새로운 것을 배우려 하지 않는" 동북인과 "자립할 생각을 않고 국가에 의존하려고만 하는" 노동계급에 대한 비판은 미디어나 학계에서 뒤섞일 뿐 아니라 이미 취약해진 사람들의 마음을 후볐다. 리핑과 사촌들은 이구동성으로 내게 말했다. "동북엔 희망이 없어." 이들 윗세대가 한때나마 공유했던 자부심이 먼지처럼 사라졌다.

"홍색 영화란
부질없다"

리핑의 부모 세대는 함께 모이면 자연스럽게 '마오 시대'를 회고했다. 말수가 적은 리핑의 아버지도 술이 들어가면 홍위병 시절로 되돌아갔다. "나는 아버지가 국민당 군인 출신이라 계속 의심을 받았기 때문에 홍위병 노릇을 더 세게 할 수밖에 없었지. 교실 탁자 앞에 서서 선생을 훈계한 적도 있고, 선생을 외양간으로 끌고 가서 묶어놓은 적도 있어. 그 선생님이 현재 다롄에 계시는데 지금은 다행히 잘 지내. 학교든 공장이든 누가 마오에 더 충성하느냐를 놓고 미친 듯 싸웠어." 푸순에 있을 때 미세한 지진이 발생하자 리핑의 넷째 이모는 돌연 문혁 시절의 구호를 떠올렸다. "마오 주석이 '전쟁에 대비하고, 흉작에 대비하고, 인민을 위하라備戰備荒爲人民'고 했잖아. 재난은 아무도 막을 수 없어. 그러니 대비를 해야지. 마오 주석은 모든 게 다 계급투쟁이라고 강조했지. 이 지진을 이기는 것도 일종의 투쟁이야. 계급투쟁을 소홀히 해선 안 되듯 이것도 마찬가지야." 옆에서 셋째 이모가 거들었다. "어렸을 땐 밥 먹기 전에 '마오 주석님 잘 먹겠습니다' 하고 먹었어. 온종일 붉은 마오 주석 어록만 외웠지. 그러니 지금도 밥 먹기 전에 초상화 방향으로 고개가 돌아간다니까."

"다시는 일어나선 안 될 일"이라면서도, 이들은 마오 시절의 의례를 몸으로 기억해냈다. 하지만 체제전환 과정에서 적잖은 부침을 겪은 탓에 상흔도 또렷했다. 리핑의 막내 이모, 그러니까 사촌동생인 양양의 부모

집에 머무는 동안 이 상처를 곱씹었다. 처음 만났을 때 양양의 어머니는 44세, 아버지는 47세로, 당시에는 이 연령대의 노동자를 '40~50부대'라 부르며 '상실의 세대'로 묘사하는 논의가 많았다. 어머니는 고등학교를 졸업하고 1년 뒤인 1980년에 아버지가 일하던 굴착기 공장에 배치되어 일하다 1996년부터 시아깡을 겪었다. "처음엔 다들 '방학'한 거라 말했지. 가까운 시일 안에 돌아갈 줄 알았어." '개학'은 오지 않았다. 최근에 '마이뚜안買斷'이라 불리는, 월 224위안(2003년 당시 한화 3만 1100원)을 2년 곱한 액수를 한꺼번에 받는 식으로 원 단위와 완전히 결별했다. 인근의 부촌에서 휴일도 없이 가사노동자로 일하며 월 350위안을 버는데, 과거 단위에서 책임졌던 양로보험도 직접 내야 하니 스트레스가 만만치 않았다. 양양의 아버지는 두 번의 시아깡을 경험했다. "청년들은 농촌에 가서 가난한 농민들에게 재교육을 받으라"는 마오쩌둥의 지시에 따라 1977년 농촌에 내려갔다가下鄕 2년 뒤 가까스로 돌아와 부모님 단위에 배치를 받았다. 하지만 1990년대 초부터 임금이 체불되고 "긴 방학"이 이어지면서 1992년에 양말을 만드는 홍콩 합자회사에 재취업했다가 1999년에 다시 시아깡이 되었다.

양양의 어머니는 "한 사람이 하면 충분한 일을 셋이서 했다"며 사회주의 단위체제의 비효율성을 종종 언급하지만, 아버지는 자신의 신념과 충성이 헌신짝 취급을 받았다는 배신감을 떨치지 못했다. 개인의 사건과 국가의 사건을 접붙이는 방식으로 과거를 회상했다. 태어난 1958년은 "대약진이 실패로 끝나고 '3년 재해'로 모두 굶어 죽을 뻔한" 해였고, 문화대혁명은 "얼빠진 채" 지나갔다. 공부를 썩 잘한 건 아니었지만 "공산당을 숭배하고 마오쩌둥 어록을 열심히 학습해서"(당시 학업 능력보다 사상 검증을 선발 기준으로 삼았던) 대학에 진학했다.

"처음 배정된 단위에서 공회(노동조합) 호조회互助會를 만들어 어려운 노동자들을 돕는 데 앞장섰어. 누구보다 당에 충성하고, '선진생산자' 칭호를 받았지. 주임으로 발탁된 뒤에도 옷을 갈아입고 일선 노동자들과 함께 종일 일했지. (개인의 생애 이력을 담은) 당안檔案을 보면 알아. 내 당안은 '홍색' 역사로 가득하지. 그럼 뭘 해. 1년치 월급도 못 받고 다른 단위로 재취업하고, 지금은 집에서 죽치면서 좌판이나 하는걸. 다 부질없는 거야. 그렇게 몸 바쳐 일했는데 아무것도 안 남았어. 단위에서 먼저 튀어나와 활로를 찾아야 했어."

공장 두 곳을 거치는 동안 부당한 대우를 받았다는 억울함에 화병이 났다. 손실을 보는 부서는 따로 있는데 자신이 맡은 영업부 먼저 "집으로 돌아가라"는 지시를 받았단다. 업무 과정에서 부당한 문제가 쌓여갔을 때, 단위에서 노동자 몫으로 국가에 지급하던 양로보험을 돌연 중단하겠다고 했을 때, 양로보험 혜택을 받으려면 개인이 1년에 천 위안 이상을 따로 내야 한다는 걸 알았을 때 아버지의 분노는 더욱 쌓였고, 그 바람에 간이 망가졌다. 양양의 교육에 드는 비용이 많아지면서 결국 보험금 납부를 포기했다. "시아깡을 너무 늦게 했어. 내 몸은 취약해질 대로 취약해졌고…내 인생은 이미 실패했어. 딸의 장래가 더 중요하지."

푸순에 머무는 동안 양양 가족이 갓 시작한 만터우(속이 없는 주식용 빵) 장사를 도왔다. 양양의 아버지는 월 천 위안의 임대료를 내고 아파트 1층 자리 한 칸을 빌려 옛 직장 동료와 만터우를 직접 만들었다. 재래시장에 월 100위안 자릿세를 내고 장사를 시작했다. 한 달에 400~500위안은 들어오고 700~800위안도 가능하다 했지만, 이듬해 푸순을 찾았을 때 아버지는 장사를 접은 상태였다. 벌이가 신통치 않았고, 겨울엔 너무 추워서 만터우 만들기가 힘들었다. 그 이듬해 추석에 다시 만났을 때 양양의 어머니는 가사노동 일을 계속하고, 아버지는 병원의 야간 경비 일을 새로 시작한 상태였다. 그냥저냥 할 만하다 했지만, 몸이 안 좋아 오래 버티긴 어려워 보였다.

다시, 가족

오랫동안 단위와 맺어온 제도적·인격적 관계가 결딴난 뒤에도 삶은 계속되어야 했다. 관공서와 공장, 거리에서 노동자들은 "인민을 위해 복무하라爲人民服務"와 같이 국가가 한때 이들을 호명하기 위해 사용했던 언어, 그리고 이 언어에 깃든 정동을 불러냄으로써 보호와 인정을 얻고자 했다. 하지만 강력한 국가주의와 호흡하며 살아온, 시장경제 아래에서 누군가는 도태될 수밖에 없다는 분위기에 위축된 사람들이 정치 시위나 사회 조직 참여를 현실적 대안으로 삼긴 어려웠다. 이들의 생존전략은 다시 가족을 중심으로 구체화되었다. 리핑 집안의 경우 모계 중심의 방책이 두드러졌다. 단위에서 중요한 지위를 누려본 경험이 더 많았던 남자들이 술상 앞에 앉아 당과 국가에 대한 배신감과 억울함을 토로하는 동안, 리핑의 어머니와 그 자매들은 자원을 아끼고 공유하고 늘리는 온갖 자잘한 방법을 궁리했다.

우선 병원에서 일하는 리핑의 어머니가 할머니와 친척들의 약값을 책임졌다. 아버지의 대장암이 위로 전이되면서 한 해 약값이 만 위안 이상 들었는데, 리핑은 어머니가 꽌시關係를 동원하지 않았으면 더 감당하기 힘들었을 거라 말한다. 꽌시를 동원한 부패가 모든 계층을 막론하고 횡행하던 시절, 로카는 "권력자가 직위를 이용해 독점을 행사하는 '약탈적' 부패"와 "사회와 현대화 장치를 갱신하기 위한 '창의적' 부패"를 구별했는데(Rocca 1992: 414), 리핑 가족의 전략은 그보다 '생존형' 부패에 가까웠다.

시장경제 흐름이 가시화되면서 직공 복지의 일부였던 주택이 자산으로 탈바꿈하자, 리핑 가족의 전략도 주택을 활용하는 데 집중되었다. 2006년 추석에 푸순을 찾았을 때 양양 가족은 넷째 이모 집으로 들어간 상태였다. 2005년 가을 넷째 이모부가 갑자기 뇌출혈로 숨지고, 딸 웨이가 대학 기숙사에 머물면서 이모만 집에 남았다. 양양의 가족도 사정은 비슷했다. 작년에 입시를 치른 양양이 학교 기숙사에 머물게 됐고, 양양의 아버지는 야간 경비 일을 했다. 양양 가족은 넷째 이모 집으로 이사하면서 살던 집을 세주고 월세 250위안의 부수입을 챙겼다. 이듬해 가을에는 집을 아예 팔고, 판자촌을 개조해 저소득층에 저렴하게 분양한 주택 단지로 이사했다. 할머니가 신중국 수립 전 판자촌에 집 한 채를 갖고 있었는데 철거 후 보상이 주어지면서 새 아파트를 저렴하게 구매할 자격을 얻었다. 할머니의 도움을 톡톡히 봤다. 막내 외삼촌도 같은 주택 단지로 이사하기로 했다. 시아깡 후 외숙모가 사영기업에 재취업해서 월 700~800위안을 벌고, 전기 기술자인 외삼촌이 단위에 다시 복귀해서 월 2천 위안을 버니 고정 수입이 늘어났다. 외숙모는 기존 주택을 팔지 않고 나중에 딸에게 물려줄 생각이다. 양양은 이미 계산을 마쳤다. "외삼촌 가족이 오면 전화선과 인터넷을 공유할 수 있으니 월 150위안을 절약할 수 있어."

국가 사회주의의 유산은 완전히 사라지지 않았다. 모여 살고 이사하기를 반복하면서 자산을 조금이라도 늘리는 게 가능했던 이유는, 개혁개방 이후 중국 정부가 동요를 막기 위해 주택 사영화 정책을 점진적으로 시행하면서 도시 노동자 다수가 단위로부터 분배받았던 주택을 저렴한 가격에 구매할 수 있었기 때문이다(조문영 2011: 92). 양양의 가족은 시아깡 후에도 기존 단위에 매달 34위안씩 주택비용을 냈고, 이후 시세보다 싸게 집을 사들였다. 양양 가족과 외삼촌 가족이 이사할 주택 단지역시 사회주의 민생 정책의 일부였다. 양양이 말했다. "랴오닝성 성장이 부근에 시찰 왔다가 판자촌을 봤대. 사람이 어떻게 저런 데서 사느냐면서 마을社區을 새로 조성하라고 지시했대." 실제 조성된 단지 입구에는

약주용 개미와 함께 살기 (2005년 7월 9일 촬영)

이곳이 "시아깡, 최저생활보장 대상자, 농민공이 집중된 판자촌"이었다며 역사를 소개하는 현판이 나붙었다. 양양의 가족은 45제곱미터(약 13평) 집을 1제곱미터당 1600위안에 구입했는데, 1년이 안 되어 1800위안으로 올랐다. 푸순 도심이나 다른 대도시에 비해 많이 오른 편은 아니었다.

함께 살던 아들 가족이 분가한 뒤 할머니는 한동안 개미와 살았다. 큰딸이 투자한 약주용 개미를 키웠다. 25상자 안에 빼곡히 들어 있는 개미를 1년 동안 키우면 투자 원금인 4만 위안에다 30퍼센트를 더해 수익금을 받는다고 했다. 기간이 만료되자 큰이모는 투자 원금에 수익을 덧붙여 계약을 갱신했다. 리핑과 친척들은 사기라며 투자를 말렸지만, 큰이모는 계약서와 광고 전단을 보여주더니 급기야 야밤에 회사 사람들까지 불러 자기가 속은 게 아니라고 거듭 강조했다. 그래도 조바심이 났던지 이듬해 개미 사업을 정리했다. 상자 밖으로 기어 나오는 개미와 할머니가 실랑이를 벌일 일도 사라졌다.

자원의 품앗이는 계속되었지만, 부모 세대가 생각하는 가장 확실한 생존전략은 자식의 장래였다. 한 자녀 낳기 정책(계획생육)이 시행되기 전에 남매를 낳은 큰이모를 제외하고, 리핑 어머니와 형제자매 모두 자녀가 한 명뿐이었다. 정부 통제가 심하기도 했고, 양육과 교육에 드는 비용이 너무 커져 감당하기 어렵기도 했다. 그래도 "이미 끝난" 제 인생에 유일하게 남길 유산은 자녀밖에 없다는 생각에 교육에 공을 들였다.

자녀들은 각양각색이었다. 큰이모 딸은 결혼 후 아기를 돌봤고, 아들과 며느리는 실험용 측량기기를 만드는 국영기업에 다녀서 사정이 괜찮았다. 둘째 이모 아들 리핑은 다롄에서 학부를 마치고 칭화대 경제학과 대학원에 들어가 영웅 취급을 받았다. 셋째 이모 아들은 일찌감치 학교를 그만뒀다. 병원 앞에서 불법으로 약장사나 한다고 가족들에게 없는 사람 취급을 받기 일쑤였다. 다들 단위체제의 '의존적' 삶을 비판하며 모험적인 기업가 정신을 강조했지만, 제 자식은 안정적인 직업을 갖길 바랐다. 넷째 이모 딸은 다롄의 대학원에서 보험을 전공했고, 막내 외삼촌 딸은 쏟아부은 비용에 비해 성적이 저조해 부모의 애간장을 태우다 나중에 전문대에 들어갔다.

푸순에 있는 동안 막내 이모 딸인 양양의 장래에 대한 걱정을 가장 많이 들었다. 2004년 양양이 고등학교 3학년 때, 어머니는 학원비로 만 위안을 들였는데도 반에서 중간 정도라며 걱정이 태산이었다. 2005년 대입 시험을 치른 뒤 양양을 만났을 땐 갈 수 있는 대학이 없다며 고심하더니 결국 푸순시의 한 전문대 사범학원에 입학했다. 제과점에서 종일 아르바이트를 해서 받은 돈이 고작 월 350위안이었다. 짙게 화장하고 친구들과 밤늦게까지 어울리던 시절에는 술집에서 몇 시간만 일해도 월 600위안은 문제없다는 얘기에 솔깃하기도 했다. 어머니는 심지어 내가 양양을 한국에 데려가 뭐라도 시켜주길 바랐다. 모든 게 불확실했지만, 푸순을 떠나야만 희망이 있다는 생각만큼은 양양과 부모 모두 간절했다. 베이징에 정착한 리핑에게 이들이 정성을 쏟은 배경이기도 하다.

2008년 6월, 리핑의 결혼식

양양은 종종 말했다. "우리 엄마네 친척들은 1년에 최소 세 번은 다 함께 모여. 설, 중추절(추석), 그리고 베이징에 있는 리핑 오빠가 집에 왔을 때." 리핑이 푸순에 올 때마다 양양의 가족이 특히 신경을 썼다. 리핑이 오기 전날 양양의 어머니는 반찬을 내고 리핑 부모 집에 가서 청소를 도왔다. 리핑이 밤 열차를 타고 도착하면 양양과 어머니가 기차역까지 마중을 나갔다. 온 식구가 리핑을 위해 잔칫상을 차려

줄 때도 양양의 어머니는 가장 먼저 와서 가장 늦게 자리를 떴다. 막차를 놓쳐 야밤에 자전거를 타고 돌아오기도 했다. "양양과 리핑이 어렸을 때부터 아주 친했나 봐요." 2006년 추석 때 만두를 빚다가 양양 어머니한테 물었다. "그럼. 리핑이 친동생처럼 양양을 대했지. 리핑이 졸업하고 베이징에 정착하면 좋겠어. 리핑이 좀 도와줘서 양양이 베이징에서 일자리를 찾을 수 있다면 얼마나 좋겠어!"

노동자들의 사회안전망에서 국가나 단위가 차지하는 역할이 축소되었을 때, 면면히 이어져 온 가족들의 상호의존은 더 큰 힘을 발휘한다. 그렇다고 의존관계를 유지하기 위한 능력과 기술을 쉽게 획득할 수 있는 것은 아니다. 제임스 퍼거슨이 '분배노동'을 개념화하면서 강조했듯, "분배의 흐름을 가능케 하는 사회적 관계를 쌓아가기 위해서는 굉장히 지속적이고 세심한 작업이 요구된다."(퍼거슨 2017: 183)

2008년 6월 푸순에서 열린 리핑의 결혼식에서 나는 양양 가족의 분배노동, 다시 말해 성공한 리핑의 경사에 제 일처럼 나서면서 미래의 분배를 기대하는 방식을 지켜봤다. 대학원 졸업 후 은행에 취직한 리핑은 잔뜩 대출을 받아 베이징 교외에 집을 구매했고, 남부 장시성 출신으로 출판사에 다니던 여자친구 징민과 결혼했다. 하얼빈에서 현지조사 중이던 나도 리핑의 결혼을 축하하러 서둘러 도착했다. 결혼식 준비에 온 가족이 힘을 합쳤고, 모두가 신경을 곤두세웠다. 전문대 졸업 후 알바 노동을 전전하며 풀이 죽어 있던 양양이 결혼식 준비를 지휘했다. 결혼식 전날과 당일에 양양과 부모는 새벽 5시에 일어나 리핑의 집으로 걸음을

결혼식 전날 (왼쪽부터) 양양, 리핑, 웨이가 신혼방을 꾸미고 있다. (2008년 6월 27일 촬영)

재촉했다. 하객에게 답례품으로 줄 사탕과 담배를 포장하고, 이동 중에
사용할 폭죽을 구매하고, 답례용 붉은 봉투를 준비하고. 결혼식장과 신
혼부부가 첫날밤을 보낼 방을 장식하는 일 모두 양양의 세심한 손길을
거쳤다.

부를 상징하는 '8'자를 골라서 결혼식은 6월 28일에 치러졌다. 남방에
서 오기엔 거리가 너무 멀어 징민은 부모님만 모셨고, 리핑 친척 중 환경
이 가장 좋은 큰이모 댁을 친정娘家 삼아 의례를 준비했다. 웨딩드레스를
입은 징민의 방으로 리핑이 꽃다발을 갖고 들어가려 하자 양양과 다른
사촌들이 짓궂게 막아서서는 실랑이를 몇 번 거친 뒤 마침내 예비부부가

결혼 당일 리핑 부모 집에 도착한 예비부부 차량 (2008년 6월 28일 촬영)

만났다. 둘은 장수와 원만한 삶을 뜻하는 면과 달걀을 나눠 먹고 리핑 부모의 집으로 향했다. 차에서 내리자마자 폭죽이 여기저기서 터지고 동네 주민들이 환호를 내질렀다. 리핑의 어머니가 징민에게 (결혼생활의 달콤함을 뜻하는) 사탕을 주고 징민이 혼수품을 건넨 뒤 빌려놓은 외제 승용차를 타고 모두 식장으로 향했다.

9시 58분 성대한 예식이 시작되었다. 공연까지 포함해 1만 3천 위안을 들였다. 주례를 맡은 푸순시의 한 기업 부사장은 결혼증명서를 건네며 리핑의 호구 주소지가 베이징시 차오양구라는 점을 큰 소리로 강조했다. 하객들도 부러움의 탄성을 질렀다. 푸순처럼 망해가는 삼류 도시를 떠나 자수성가로 '베이징 시민' 신분을 쟁취한 것에 대한 축하였다.

　장인의 감사 인사에 이어 리펑 아버지의 발언이 이어졌다. 4년 전 처음 만났을 때만 해도 풍채가 좋았던 아버지는 암이 급속히 악화하면서 뼈만 앙상했다. 야윈 얼굴에 어울리지 않는 검정 뿔테 안경을 쓰고, 손수 쓴 편지를 주머니에서 꺼냈다. 종이를 든 손이 계속 떨렸지만, 있는 힘을 다해 한 자씩 읽으며 하객에 대한 감사를 전했다. "힘이 달려서 저런다"며 큰이모가 안절부절못했다. 아버지의 인사말이 끝나자 사회자가 말했다. "이 식이 시작되기 전에 리펑이 아버지에게 꼭 주고 싶은 게 있다고 했습니다. 그게 뭔지는 제게도 안 가르쳐줬습니다. 이제 리펑이 직접 준비한 것을 아버지께 드리려고 합니다." 말이 끝나기 무섭게 리펑이 아버지를 와락 껴안았다. 리펑의 눈에 눈물이 가득 고였다. 친척들도, 하객들도, 나도 덩달아 눈물을 훔쳤다. 독선적인 데다 애주가인 아버지와 별반 말을 섞지 않았던 아들의 마지막 선물이었다. 리펑이 마이크를 잡았다. "부모님께 감사드리고, 징민에게 남편으로서의 책임을 다할 것을 맹세합니다. 저와 제 부모님을 돌봐주고 지지해주신 친구들과 이웃들에게 감사합니다…. 저와 징민 둘 다 보통 가정의 자식입니다. 여러분들이 와주신 덕분에 이런 보통 결혼식이 과하게 빛났습니다." 한마디 한마디가 힘이 넘쳤다.

　식이 끝나고 사람들이 하나둘 자리를 뜨자 리펑의 친척들이 테이블 위에 남은 음식들을 봉지에 담기 시작했다. 한껏 들뜬 상태에서 말을 주고받았다. "푸순에서 칭화대에 들어간 사람은 병원장 아들 말고 리펑밖에 없어. 그러니 사람들이 보통은 홍빠오(축의금)만 주고 가는데 다들 일일이 찾아온 거지." "친구들이 진짜 많이 왔잖아. 우리 리핑은 공부만 잘했던 게 아니라니까." 리핑의 부모님 집으로 돌아와 온 가족이 잔치를 벌였다. 결혼식이 얼마나 성공적이었는지, 특히 리핑 아버지가 손편지를 읽고 리핑과 아버지가 서로 부둥켜안았을 때 다들 얼마나 감동했는지 얘기를 나누다 다시 눈물을 훔치기 시작했다. "리핑은 항상 반장을 놓치지 않았어. 친구 중에서도 가장 먼저 (공산당) 입당을 했다고." '문화 수준'이 높은 신부 집안과의 기 싸움도 벌였다. "징민이 복도 많지. 칭화대 나온 남편을 얻고, 리핑이 제 힘으로 베이징에 집도 산 거잖아." 사촌들은 중간에 자리를 떴고, 혼자 남은 양양은 어른들의 대화에 끼기 멋쩍었던지 심부름을 도맡았다. 이모들은 리핑의 아버지에게 오늘이 당신 인생에서 가장 아름다운 날이라며 축하했다. 고개를 끄덕이던 아버지는 울음을 못 참고 베란다로 향했다.

결혼식 이틀 뒤, 출근해야 하는 리핑의 어머니를 대신해 나와 양양, 양양의 어머니가 베이징으로 돌아가는 리핑 부부를 기차역까지 배웅했다. 리핑이 이모에게 고맙다며 말했다. "양양을 베이징으로 한 번 보내요. 양양, 너 베이징 한 번도 안 와봤지? 나만 믿어. 여행 확실히 시켜줄 테니." '여행'이라고 했지만, 그 이상의 의미를 담고 있다는 것을 모두가 알았다.

이듬해인 2009년 여름 베이징에서 리핑을 만났다. 양양이 베이징에 '여행' 왔다가 두 달 전 푸순으로 돌아갔단다. "몇 군데 식당에서 일하긴 했는데 적당한 일자리를 찾기가 쉽진 않았어. 그래도 다시 돌아올 거야. 푸순은 아무 희망이 없거든. 베이징은 달라. 큰 도시니까. 우리 집에 머물면서 일자리를 계속 찾겠지."

2011년 여름,
베이징 공사장의 먼지

2011년 7월 베이징에서 양양과 재회했다. 양양은 리핑의 예상대로 베이징에 돌아왔고, 리핑 부인의 인맥을 통해 베이징의 한 부동산 회사에 취직했다. 물어물어 찾아간 양양의 숙소는 별장 공사현장 한가운데 있는 간이 컨테이너였다. 1층이 공사 사무실, 2층이 직공 숙소다. 대형 트럭이 수시로 오가며 먼지를 날리는 바람에 슬레이트 지붕만 간신히 드러났다. 양양은 이곳에서 자잘한 사무를 도맡으며 월 3천 위안을 받았다. (직원들의 주택 마련을 위해 기업이 적립금 일부를 부담하는) 주택공적금 혜택도 없지만, 그나마 주거와 식사가 해결되니 돈을 아낄 수 있다며 만족스러워했다. 베이징에 온 외지 청년들이 도심의 비싼 임대료를 감당할 수 없어 시 외곽에 거주하면서 하루 서너 시간을 버스 안에서 보내는 상황이라 수긍이 갔다.

짙게 화장하고 쇼핑몰을 누비던 예전의 양양이 아니었다. 통신대학의 비즈니스 전공에 등록해 주말마다 야간 수업도 다녔다. "이런 단순 사무직을 언제까지 할 수 있을지 몰라서… 이건 시간을 조금만 들여도 누구나 할 수 있는 일이거든. 본과(학부) 졸업증이라도 따놓아야 할 것 같아서." 회사에서 남자친구를 만나 연애 중이었다. 사내연애가 부담스러워

남자친구가 회사를 그만두고 지금은 통신회사에서 휴대전화 판매 업무를 하면서 월 6천~7천 위안(2011년 당시 한화 100만 원 내외)을 받는단다. "남자친구는 집이 베이징 교외인데 그리 유복하지 않아. 부모님이 복숭아 농사를 짓고 계셔. 나는 크게 개의치 않는데 우리 부모님은 걱정이 태산이지. 남자 쪽에서 집 살 능력이 안 될 테니 돈을 빌려서 중고 주택이라도 사야 한다고 난리야." 계획경제 시절 단위로부터 주택을 배분받았던 부모 세대는 제 딸이 집 없이 살아갈 세상을 상상하기 힘들었다.

베이징에 있지만, 양양의 세계는 오프라인에선 공사장 안에 갇혔고, 온라인에서 운신의 폭을 넓혔다. 함께 왕푸징 거리를 돌다 쇼핑을 했는데 너무 비싸다며 인터넷으로 주문하자고 한다. "옷이며 휴지, 과자… 인터넷이 훨씬 저렴해. 내가 사는 데가 좀 떨어져 있다 보니까 퇴근하고 나오려면 부담스럽고, 베이징은 너무 커서 어디로 가야 할지도 모르겠고." 별장을 구매하러 온 손님들이 비싼 자가용을 몰고 공사현장을 누비는데, 양양은 그 풍경 속에 있기도, 없기도 했다. 베이징의 테마파크 '세계 공원'을 무대로 한 지아장커의 영화 〈세계〉에서 한 번도 비행기를 타본 적이 없는 외지 출신 알바생들은 각국의 전통 복장을 입고, 에펠탑부터 타지마할까지 온갖 조형물 앞에서 전통춤을 춘다. 관광객이 모두 떠난 야밤에 '세계'를 풍경 삼아 기념사진을 찍는 이들과 컨테이너에 살면서 온종일 별장 구매자를 응대하는 양양의 모습이 겹쳐졌다. 1층에서 퇴근한 뒤 2층 숙소로 올라와 방을 청소하고, 인터넷 방송으로 짝짓기 예능 프로그램을 보다 잠자리에 든다고 했다.

공사장 안 양양의 숙소 (2011년 7월 21일 촬영)

　양양의 방은 낮에도 커튼으로 단단히 가림막을 했다. 침대에 큼지막한 인형을 두고, 작은 냉장고와 간단한 요리를 할 수 있는 전기풍로와 밥솥, 손빨래용 대야를 갖췄다. 한 달은 충분히 먹을 빵과 음료, 과자가 상자째 쌓여 있었다. 그럼에도 요새를 뚫고 오는 위협이 없지 않다. "처음에는 내 방 옆에 청소하는 아줌마가 지냈어. 방이 진짜 너무 더러운 거야. 온갖 청소도구들이 다 방 안에 있었으니까. 여기가 간이 숙소라 방마다 틈이 있잖아. 바퀴벌레가 넘어와서 계속 알을 까대는 거야. 정말 괴로웠어. 테이프를 사다 단단히 틈을 막았지." 세면도구를 들고 함께 바깥 욕실에 갔다가 샤워기가 고장 나 허탕을 쳤다. 공사현장의 인부들이 수시로 바뀌는

데 화장실은 남녀 공용이라 밤에는 나도 겁이 났다.

숙소 침대에 누워 오랜만에 긴 대화를 나눴다. "처음에는 여기 숙소가 없어서 리핑 오빠네 집에서 출근했어. 거긴 차오양구 남쪽 끝이고 여긴 북쪽 끝이니 얼마나 멀어. 5시에 퇴근해서 집에 도착하면 거의 9시가 다 되었고. 그러다 여기 숙소가 생긴 거야. 그때 엄마가 처음 와봤어. 살림에 필요한 가재도구를 잔뜩 챙겨서. 근데 3~4일밖에 머물지 않았어. 어느 날 버스에 있는데 엄마한테서 전화가 왔어. 밤에 푸순으로 돌아가는 기차표를 샀다고. 버스 안에서 갑자기 울음이 터져 나오는 거야. 그냥 남이 보든 말든 엉엉 울었어. 그땐 정말 혼자 남는 게 무섭기도, 막막하기도 했거든. 이젠 전화도 잘 안 해. 엄마가 보고 싶지도 않으냐고 오히려 편잔을 주고. 뭐 인터넷으로 서로 얼굴 보고 대화를 하니까."

한국으로 돌아가기 전날, 양양과 남자친구 순헝과 함께 저녁 식사를 했다. 순헝은 밝고 낙천적이다. 농구와 오락에 푹 빠져 있었다. 공부를 너무 싫어하는데 양양이 닦달해서 함께 통신대학에 다니고 있다. 위로 누나가 둘인데, 부모님이 아들을 낳으려고 계획생육 정책을 어겨 벌금을 두 번이나 냈단다. 장학금을 받고 사범대학에 들어가 교사, 은행원이 된 누나들의 돌봄을 꽤 받았다. 계속 베이징에 살고 싶은지 묻자 순헝은 고개를 내저었다. "고향 땅에다 큼지막한 별장을 짓고, 거기 토지도 더 사들여서 농사를 짓고 싶어요. 베이징은 복잡하고 물가도 비싸잖아요. 이게 정말 사는 건가 싶고, 정신이 하나도 없어요." 공사장 숙소로 돌아오는 길에 양양은 리핑과 순헝이 처음 인사를 나눈 이야기를 들려줬다. "둘이 처음 만났는데 리핑 오빠가 학력도 너무 높은 데다 말수가 적으니 진짜 썰렁했어. 정말 같이 얘기할 화제가 하나도 없는 거야. 난 민망해 죽는 줄 알았어. 언니는 그나마 말하는 걸 좋아하니까 순형이 신이 나서 떠든 거지." 고향 푸순에서의 끈끈한 유대가 베이징에서 똑같이 지속되긴 어려웠다. 가족은 삶을 지탱하는 중요한 자원이고 길잡이지만, 시간이 흐르면서 계급과 취향의 격차가 커지는 것까지 막을 순 없었다.

순형은 고향에 돌아가도 좋겠다고 생각하지만, 양양은 어떻게든 베이징에서 버텨볼 참이다. "엄마는 베이징에서의 삶이 힘들면 다시 푸순으로 돌아오라고 해. 하지만 난 이미 베이징에 왔고, 아무리 힘들어도 베이징에 남고 싶어. 여기가 앞으로 내가 살 곳이란 생각이 강하게 들어. 물론 지금은 나도 순형도 베이징에 집을 살 능력은 없고, 그저 지금부터 조금씩 모으는 것 외에는 별 방도가 없지…. 일전에 내 친구의 친구가 결혼을 했어. 당장 양가 친척들 모시고 결혼식을 올려야 하는데 남편한테 따로 여자가 있다는 걸 알게 된 거야. 정말 끔찍한 경험이지. 근데도 결혼식을 올렸어. 혼인신고도 이미 마쳤고, 남편 집이 부유해서 베이징에 집도 장만했거든. 결혼 첫날부터 같이 잠도 안 잤대. 옛날에 이런 얘기는 인터넷으로 늘 접했고, 나와는 상관없는 얘기라 생각했어. 근데 이게 내 세대의 이야기잖아. 들으면서 진짜 맘이 안 좋더라고." 대화가 어디서 끝났을까. 나도 모르게 잠이 들었다.

레이펑이 남고
인민이 떠난 자리

2013년 3월 양양과 순형은 순형 부모님의 복숭아밭 근처에 천막을 두르고 조촐한 결혼식을 올렸다. 양양이 보낸 결혼 기념사진에서 어머니의 표정이 다소 굳어 있는 게 맘이 쓰였다. 식을 구경하러 온 농촌 아이들의 표정은 더없이 해맑았다.

양양이 베이징에 남자, 부모님은 예전에 사둔 새집에 세를 놓고 혼자 남은 할머니 집으로 이사했다. 어머니는 예전처럼 가사노동자 일을 하고, 아버지는 칠레로 간 남동생의 일을 도왔다. 세계 최대 도매시장으로 유명한 이우義烏에 내려가 동생이 주문하는 상품을 사서 부쳐주는 일이었다. 아버지 건강이 원체 안 좋은 데다 덥고 습한 저장성의 날씨에 적응하기 힘들어 애를 먹는다는 얘기를 들었다.

2017년 여름, 손주를 돌보러 온 리펑의 어머니와 양양의 어머니를 베이징에서 재회했다. 양양이 베이징 외곽에 마련한 작은 아파트에서 두 분은 10여 년 전 푸순에서 처음 만났을 때처럼 소쿠리 한가득 만두를 빚었다. 술만 마시면 문혁 시절로 돌아갔던 리펑의 아버지도, 내가 강도라도 당할까 불안해서 관공서로, 박물관으로, 노천 탄광으로 힘든 동행을 자처했던 할머니도 이제 더는 볼 수가 없다.

2019년 여름, 다행히 코로나가 엄습하기 전에 리펑 가족은 어머니를 모시고 오랫동안 준비한 미국 서부 여행을 다녀왔다. 소셜미디어 위챗으로 사진 한 장이 배달됐다. 강렬한 태양을 뚫고 사막을 횡단하는 운전기사 리핑의 얼굴엔 피곤이 가득했지만, 카우보이모자를 눌러쓴 어머니는 유쾌해 보였다.

앞으로도 베이징에서 이들 가족을 계속 만날 것이다. 푸순을 다시 찾을 일은 없을 듯하다. 노후화된 공업지대를 살리자는 국가의 동북진흥정책은 별 성과를 거두지 못해 푸순을 비롯한 동북지역은 인구 유출 문제와 여전히 씨름 중이다. 사람들이 타지로 떠난 사이, 이념은 방에 갇혔다. 자원은 고갈되고 노동자는 뿔뿔이 흩어졌지만, 반세기 전 마오쩌둥이 시찰 왔던 자리에 육중한 탄광박물관이 들어섰다. 2004년 여름에 혼자 찾았던 레이펑 기념관은 2018년 가을 시진핑 주석이 다녀간 뒤 화려한 위용을 뽐내고 있다. 그가 남긴 연설에서 레이펑은 "숭고한 이념과 도덕을 구체적인 행동으로 옮겨 일하는 삶에서 실현해냄으로써 중화민족의 위대한 부흥을 실현할" 21세기의 모범으로 재탄생했다. 푸순에서 내가 만난 가족들이, 주석이 바란 21세기의 레이펑이었는지는 모르겠다. 하지만 그들이 한때 국가와 정서적 유대를 맺었고, 상실과 회의의 순간을 경험했으며, 그럼에도 취약한 연결을 적절히 활용하며 제 살길을 부지런히 찾아 헤맸던 인민인 것은 분명하다.

참고문헌

조문영, 2011, 〈계급적 소비의 거부: 중국 하얼빈 노동자 빈곤층의 주택 구입 열망을 바라보는 인류학적 시선〉,《한국문화인류학》44(3), 79~119.

제임스 퍼거슨, 조문영 옮김, 2017,《분배정치의 시대: 기본소득과 현금지급이라는 혁명적 실험》, 여문책.

李德濱·石力, 1987,《黑龍江移民槪要》, 哈爾濱: 黑龍江人民出版社.

Cho, Mun Young, 2013, *The Specter of "The People": Urban Poverty in Northeast China*, Ithaca: Cornell University Press.

Lee, Ching Kwan, 2007, *Against the Law: Labor Protests in China's Rustbelt and Sunbelt*, Berkeley: University of California Press.

Rocca, Jean-Louis, 1992, "Corruption and Its Shadow: An Anthropological View of Corruption in China," *The China Quarterly* 130, 402~416.

마을 중심이 번화한 시내가 될 때까지 — 허베이성 농촌 여성 사업가의 궤적

이현정

이 글은 40대 여성인 칭칭의 생애 이야기지만, 허베이성의 한 작은 현성懸城(행정구역 현의 중심)인 펑롱현의 변화를 기록하는 데 목적이 있다. 중국 통계청의 기록에 따르면 허베이성에서 가장 가난한 지역, 2000년대 중반까지도 수돗물조차 제대로 공급받지 못했던 펑롱현에는 이제 높은 마천루의 빌딩과 아파트가 들어서고, 도시에서나 볼 수 있었던 거대한 쇼핑센터가 세워지고 있다. 해가 지면 가정집 이외에는 불빛 하나 찾아볼 수 없던 이곳에, 이제 주민들은 저녁 식사를 마치면 현대식으로 높게 세워진 현청사 앞의 커다란 광장에서 형형색색의 조명을 받으며 운동을 하거나 춤을 춘다. 물론 아직은 대도시와 비교하면 너무나 소박하고 '촌스러운' 모습이지만, 나는 이곳의 변화가 궁극적으로 사람들의 희망과 열정, 그리고 노력 속에서 생성된 것이라고 믿는다.

이러한 변화의 맥락 속에서, 이 글에서는 마을 중심을 번화한 시내로 만드는 과정에서 나타난 네 가지 현상을 살펴보고자 한다. 첫째는 시장과 노동의 확장, 둘째는 가족생활의 변모, 셋째는 농촌 재개발과 재건축, 넷째는 문화유산의 물질화다. 이 네 가지는 이곳 마을이 번화한 시내로 변모하게 된 중요한 요소들이라는 점에서 서로 연관되어 있다.

마을의 중심, 평룽현

2005년 줄지어 선 흙집으로 된 가옥들이 전체 면적의 대부분을 차지하고 있었지만, 평룽현은 주변 마을과는 사뭇 다른 양상을 띠고 있었다. 마을의 중심인 이곳에는 주변 도시로 연결되는 시외버스 정류장과 2층 건물의 대형 슈퍼마켓이 있었다. 또한 현에서 운영하는 병원과 호텔이 하나씩 있었다. 행정구역상 평룽현에 속한 농민들은 주변의 도시로 가려면 이곳 현성에서 버스를 타고 이동해야 했다. 그리고 주변 마을들을 모두 관리하는 현 정부 건물과 당 건물이 남다른 규모와 위엄을 자랑하고, 현 내의 유일한 고등학교高中가 자리 잡고 있었다. 내가 처음 평룽현에 발을 디딘 것도 이곳 시외버스 정류장을 통해서였다. 처음 버스에서 내려 정류장 밖으로 걸어 나왔을 때, 길거리에 좌판을 깔고 앉아 채소와 과일, 고기와 탕후루(막대에 과일을 끼워 설탕물을 칠한 과자)를 파는 사람들이 있었다. 그 모습은 지금까지도 뇌리에 남아 있다.

중국의 인구 관리를 위한 호구제는 주민들을 농업인구와 비농업인구로 나누었다. 농촌 지방에 거주하는 사람들은 대부분 토지를 부여받은 농업인구이지만, 펑롱현은 마을의 중심답게 정부, 당, 병원, 학교에 종사하는 사람들로 구성된 비농업인구도 상당수 거주한다. 아주 최근까지만 해도 비농업인구의 호구를 가진 사람들은 선망의 대상이었는데, 그것은 무엇보다 그들이 월급을 받기 때문이었다.

농민들은 자신의 토지를 경작하거나 별도로 장사를 해서 돈을 벌어야 하는 반면, 비농업인구는 국가에서 배정해준 직장에 다니면서 다달이 월급을 받고 생활할 수 있었다. 상당히 오랫동안 농민들은 기회가 된다면 비농업인구로 호구를 바꾸길 원했지만, 토지의 가치가 높아진 오늘날에는 꼭 그렇지만도 않다. 공식적으로는 토지 매매가 불법이지만 암암리에 토지를 매매하거나 임대하는 것이 가능해진 오늘날에 토지를 소유하고 있다는 것은 가만히 앉아서 임대료를 벌 기회이기도 하다. 물론 이것도 현성과 가까운 농촌에서나 가능한 일이지, 멀리 떨어진 농촌에서는 불가능한 일이다.

개혁개방 시대의
신결혼 풍속도

칭칭이 펑룽현의 주민이 될 수 있었던 것은 이주와 혼인을 통해서였다. 동북 헤이룽장성이 고향인 그녀와 그녀의 부모님은, 오빠가 친구를 따라 일찍이 펑룽현에 정착한 뒤 이곳으로 이주했다. 이주한 뒤 칭칭은 남다른 손재주와 부지런함 덕분에 펑룽현의 한 미용실에서 일할 수 있었다. 그리고 얼마 후 현성에서 자동차 보험업을 하는 남자와 사귀게 되었다. 당시 현성에는 하나둘씩 새로운 사업이 들어서고 있었다. 그중 하나가 자동차 보험업이었다. 그들이 결혼한 2000년대 초반은 이 지역에서 돈 있는 사람들은 너나 할 것 없이 자동차를 구매하는 때였기 때문에, 자동차 보험업은 꽤 안정적인 직업이었다. 현성을 가로지르는 큰 도로조차도 아직 포장되지 않았고 신호등이 없는 곳이 있는 곳보다 더 많다 보니 자동차 사고가 빈번하게 일어났다. 버스가 한 시간에 한 대 다녔기 때문에 농촌 사람들은 대부분 오토바이를 몰거나 짐 트럭을 운전했고, 좋지 않은 도로 사정 속에서 사고가 자주 발생하곤 했다. 칭칭의 남편은 늘 이곳저곳으로 사고를 처리하러 뛰어다녔다. 그러다 2010년대를 거치면서 도로들은 빠르게 포장되었고, 2012년에는 베이징이나 친황다오秦皇島 같은 대도시로 이어지는 고속도로와 연결되었다.

당시 칭칭의 시부모는 펑룽현에서 명망 있는 현 정부의 간부들이었다. 그들은 두 사람의 결혼을 심하게 반대했다. 무엇보다 칭칭이 동북 사람이고 집안 배경을 알 수 없다는 게 이유였다. 허베이에서는 동북 사람들이 공격적이고 거칠다는 편견이 광범위하게 퍼져 있었다. 중국의 유명한 범죄조직인 흑사회黑社會에 관한 소문도 늘 동북지방과 연관되어 등장했다. 물론 이 모든 것은 소문과 편견일 뿐이었고, 칭칭에 따르면 가족들은 동북지방에서 농사를 짓다가 그저 가난이 지겨워 이주한 것이었다. 남자 쪽 부모의 반대에도 불구하고 두 사람은 계속 사귀었고, 그러다 임신을 하면서 칭칭은 집안사람으로 받아들여졌다.

연애결혼은 점점 보편적인 일이 되고 있지만, 2000년대까지만 해도 대부분은 중매결혼이었다. 개혁기 중국인들의 혼인은 크게 네 가지 방식으로 이루어졌다. 부모강제혼인, 중매혼인, 연애혼인, 자유연애혼인이 그것이다. 중매혼인이 두 사람의 소개 과정부터 결혼식까지 계속 중매인이 개입하는 방식이라면, 연애혼인은 처음 소개는 중매인을 통하지만 중간에 몇 개월 정도 연애하는 기간을 두는 방식을 말한다. 반면 자유연애혼인은 중매인을 통하지 않고 자유롭게 만나 혼인하는 방식이다. 지금은 부모강제혼인이 점차 줄어들고 연애혼인이 늘어나는 추세이지만, 중매혼인은 상대적으로 큰 변동 없이 절반 수준을 유지해왔다. 중매혼인의 비중이 크게 달라지지 않은 까닭은, 혼인은 비슷한 집안끼리 하는 게 좋다고 생각하는 사람이 여전히 많기 때문이다. 부부 간의 애정이 무엇보다 중요하겠지만, 중국인에게 혼인은 당사자의 결합을 넘어 가족 간의 결합이라고 여겨진다.

중화인민공화국의 혼인법은 부모강제혼인을 금지했지만, 현지조사를

통해 직접 확인해보면 1980
년대까지도 농촌에서는 여전
히 부모강제혼인이 많았음을
알 수 있다. 결혼식을 하기 전
에 한 번이라도 상대방의 얼
굴을 보는 경우는 그나마 낫
고, 그렇지 않은 경우도 적지
않다. 이처럼 부모의 강요로
혼인이 이루어지는 까닭은 무
엇보다 혼인 시에 신랑의 가
족이 신부의 가족에게 보내는
'신부대彩禮'라는 관습 때문이

젊은 부부의 결혼사진

다. 딸을 시집보낼 때 부모는 농촌에서는 쉽게 구하기 어려운 많은 돈을
신랑 쪽 집안으로부터 받기 때문에, 더 많은 돈을 줄 수 있는 집안에 딸을
시집보내려고 할 수 있다. 또 대를 이어야 한다는 생각이 강해서, 가난한
농민일 경우 딸을 시집보내면서 받은 돈으로 며느리를 얻어 아들을 혼인
시키고자 한다.

　부모강제혼인은 2000년대에 들어서면 거의 사라지는데, 텔레비전 등
대중매체의 영향으로 부모강제혼인은 구시대적이고 잘못된 것이라는
사고가 널리 퍼졌기 때문이다. 또한 지금은 폐지되었지만, 정부의 인구
정책으로 자녀를 한두 명밖에 낳을 수 없는 상황에서도 딸은 아들만큼

귀하게 여겨졌다. 그뿐 아니라 개혁개방의 시대를 맞아 이제는 딸의 신부대를 통해서가 아니라도 돈을 벌 수 있는 기회가 생겨났기 때문이다.

칭칭의 남편의 경우 부모가 월급을 받는 현 정부의 관리였기 때문에 상황이 다르지만, 일반적으로 신랑 쪽이 마련해야 하는 집과 신부대의 부담이 커서 농촌 남성이 혼인하기란 매우 어렵다. 2016년 현지조사에 따르면, 신부대의 최소 가격은 5만 위안(한화 약850만 원)으로, 금으로 만든 세 가지 장신구 비용까지 포함하면 10만 위안에 이른다. 또한 며느리를 들이기 위해서는 집을 장만해야 하는데, 요즘에는 현대식으로 개조한 집이 아니면 혼인하려고 하지 않기 때문에 15만 위안 내외의 비용이 든다. 현재 농민 가정의 1년 수입이 평균 3만~4만 위안 정도임을 고려할 때, 따로 현금을 저축해놓은 경우가 아니라면 신랑 쪽에서 집과 신부대를 마련하려면 빚을 질 수밖에 없다. 이러한 상황이다 보니 아들을 가진 부모들은 아들이 소학교에 들어가기 전부터 어떻게 신붓감을 구할 돈을 마련할지 걱정하기도 한다.

칭칭은 혼인할 때 신부대를 받지 못했다는 점 때문에 늘 아쉬움이 남았다. 신랑과 신랑 부모의 부담을 생각하면 어째서 신부대가 매매혼이라는 오해를 불러일으키는지도 이해가 되지만, 신부대는 딸의 입장에서 보자면 딸을 키워준 부모에 대한 '은혜 갚음報恩'의 의미로 여겨진다. 아들은 나중에 부모를 모시게 되지만, 딸은 혼인과 동시에 부모를 떠나기 때문에 그동안 키워준 데 대한 은혜를 갚을 기회가 없다. 그런데 칭칭의 경우 혼전에 임신한 상태에서 급히 결혼 날짜를 잡아야 했고, 시부모의 입장에서는 그다지 내키지 않는 혼인이었기 때문에 신부대가 그만 생략되었다.

여성의 입장에서 신부대를 받지 못했다는 것은 그만큼 시집에서 환영받지 못했다는 의미이므로, 그 금액이 적거나 아예 받지 못할 때는 섭섭하거나 억울한 마음이 들 수밖에 없다. 일반적으로 신부대를 받지 못한다는 것은 여성이 이미 혼인을 한 적이 있다거나 외모나 성격이 여러모로 인기가 없다는 점을 뜻하기 때문이다. 칭칭은 드디어 사랑하는 사람과 결혼한다는 사실에 기쁘면서도, 합당한 신부대를 받지 못한 것에 대해 억울하고 섭섭한 마음이 들었다. 이처럼 신부대는 혼인 시장에서의 신부의 가치를 의미하기 때문에, 신부와 그 부모는 신부대를 많이 받기를 원한다. 이 과정에서 중매인을 통한 협상이 이루어지기도 한다. 하지만 칭칭의 경우 친정과 시집 간에 사회경제적 격차가 컸을 뿐 아니라 이미 임신을 한 상황이라 불리할 수밖에 없었다.

칭칭,
음식점 사장이 되다

결혼 이후 주변 사람들은 칭칭을 무척 칭찬했고 부러운 며느리라고 생각했다. 우선, 칭칭이 매우 부지런할 뿐 아니라 시부모를 공손하게 대하고 시부모의 뜻을 잘 따랐기 때문이다. 그녀의 배경이 못마땅했던 시부모도 칭칭이 착하고 어른의 말을 잘 따른다는 점을 인정했다. 더군다나 칭칭은 혼인 후 얼마 지나지 않아 아들을 낳았는데, 이는 시가의 입장에서는 더없는 경사였다. 칭칭의 남편이 장남이라 시부모는 빨리 손자를 보고 싶은 마음이 간절했는데 칭칭이 그런 바람을 이뤄준 것이었다. 주변 사람들이 칭칭을 훌륭한 며느리로 생각했던 또 다른 이유는 칭칭이 돈벌이에 남다른 재주가 있었기 때문이다. 과거에는 농사일을 잘하고 아들을 많이 낳는 며느리가 남들의 부러움을 샀다면, 개혁개방 이후 금전적인 가치가 중요해지면서 돈을 잘 버는 며느리가 부러움의 대상이 되고 있다. 상대적으로 아들을 많이 낳기를 바라는 마음은 줄어들 수밖에 없는데, 당시 계획생육 정책으로 인해 2명 이상의 아이를 낳는 게 어렵기도 했다.

　사실 시부모는 칭칭이 아이를 하나 더 낳아주기를 바랐다. 그래야 첫째 아이가 외롭지 않을 거라고 생각해서다. 농촌인 데다가 소수민족인 만주족이 많이 사는 이곳 펑롱현에서는 아이를 2명까지 낳을 수 있었기 때문에 만일 칭칭이 마음만 먹는다면 한 명은 더 낳을 수 있었다. 그러나 칭칭과 남편은 아이를 키우는 일보다는 성공하고 여유 있게 살기를 원했을 뿐 아니라, 도시의 젊은이들처럼 아이를 하나만 낳아 잘 키우는 것이 더 중요하다고 생각했다. 이는 비단 그들만의 생각은 아니었고, 펑롱현에 사는 많은 젊은이가 공감하는 바였다. 그들은 수입은 적은데 자식을 많이 키우게 되면 그만큼 도시와의 경쟁력이 떨어진다고 보았고, 아이를 하나만 낳아서 자원을 집중하는 것이 그 아이의 미래를 위해서도 좋다고 생각했다.

칭칭은 혼인하자마자 미용사 일을 그만두고 현성 중앙도로에 마라샹궈 식당을 열었다. 원래 자기만의 사업을 하고 싶은 마음이 있었기에 미련 없이 미용사 일을 그만두었다. 시부모도 칭칭의 창업에 동의하고 자금을 빌려주겠다고 했다. 그 덕분에 칭칭은 남들보다 수월하게 가게를 열 수 있었다. 이곳저곳 살펴보기를 좋아하는 칭칭은 근처 대도시를 방문해 그곳에서 어떻게 장사를 하는지 눈여겨보았다. 그리고 평소 요리 실력과 손재주를 살려 자기만의 아이디어를 적극 활용했다. 칭칭이 처음 가게를 연 2000년대 초반만 해도 아직 현성에는 다양한 종류의 음식점이 많지 않았다. 대부분 허베이의 평범한 요리를 먹을 수 있는 곳이었다. 또한 각자가 먹고 싶은 만큼을 가져다 먹는 방식은 도입되기도 전이었다. 마라샹궈라는 음식이 이 지역에 잘 알려지지 않은 때였지만, 먹고 싶은 재료를 저렴하게 골라서 먹을 수 있는 이 가게는 주민들과 현 내에서 일하는 젊은 노동자들에게 인기를 끌었다. 칭칭은 상당한 돈을 벌어들였고, 몇 년 뒤에는 직접 가게에 나가지 않고 사람을 고용해 자신은 저녁마다 돈만 회수해가는 명실상부한 사장老板이 되었다.

기껏해야 중학교 정도를 나온 농민들이 농사만으론 먹고살기가 힘들다고 느꼈을 때 선택할 수 있는 직업은 그리 많지 않다. 그나마 이들에게 개혁개방이 준 희망이라면, 돈만 벌면 어느 누구도 부럽지 않은 사회적 지위를 누릴 수 있다는 믿음이다. 그러한 믿음은 종종 무너지기도 하지만, 외딴 마을에서 현성으로 올라온 젊은이들은 더 나은 미래를 꿈꾸며 밤낮없이 부지런히 살아간다. 젊은 남성들은 외지로 떠나 몇 년 동안 노

위동과 휘민 부부의 포장마차

동자로 살아가고, 혹은 지역의 오일장에서 물건을 팔기도 한다. 그렇게 해서 종잣금이 마련되면, 대체로 이들의 소원은 현성에 작은 가게를 차리는 것이다.

칭칭의 시가 쪽 먼 친척인 위동과 휘민 부부의 경우도 마찬가지다. 위동은 행정구역상 펑룽현에 속하지만 가장 외진 마을 중 한 곳에서 태어났는데, 자라서는 제일 먼저 오일장에서 돈을 벌기 시작했다. 그리고 외지에 나가서 몇 년 동안 일해서 번 돈으로 현성에 작은 음식점을 열었다. 위동이 가게를 열 때, 칭칭은 식당을 운영하는 데 필요한 노하우와 재료 선정 등에 대해 많은 도움을 주었다. 먼 친척이라 하더라도 서로 돕는 것은 친척 간의 의무로 여겨진다.

칭칭의 음식점에서 친구들과 함께

중국에서의 꽌시關係는 각자가 처한 사회경제적 지위와 무관하게 확장된다는 점에서 한국의 인맥 관계에 비해 매우 평등한 모습을 띤다. 예컨대 칭칭의 시어머니는 현 정부의 관리였지만 정부 청사의 1층에서 일하는 구두닦이 노인과도 소학교 동창이라는 이유로 격의 없이 지냈다. 물론 관계를 맺는 방식은 사람마다 조금씩 다르며, 친척 간에도 위계가 전혀 없지는 않다. 사람들은 돈이 많거나 지위가 높은 친척을 좀 더 우대하고 심지어 두려워하기도 한다. 마찬가지로 칭칭은 혼인 후에 주변 사람들과 조금씩 다른 관계를 맺기 시작했다. 정부 관리 집안의 며느리가 되었고, 장사로 돈을 벌면서 자신의 지위가 달라졌다고 느꼈기 때문이다.

가족 구성원의 지위는 장사의 성공에도 상당한 영향을 미친다. 칭칭이 처음 식당을 열었을 때 시부모의 자금이 유용하게 사용되었던 것에 비해,

광산업 개발이 진행되고 있는 주변 농촌

위동의 경우에는 모아둔 돈이 많지 않아 빚을 지고 음식점을 열었다. 빨리 빚을 갚고 싶었던 위동과 휘민은 낮에는 음식점을 하고, 밤에는 근처에 포장마차를 열었다. 이렇게 밤낮없이 일하는 젊은 부부들은 가게 구석에 마련해놓은 작은 방에서 쪽잠을 자면서 하루하루를 살아간다. 때로는 아이를 갖는 것도 미룰 수밖에 없다. 아기가 생기면 당장 밤낮으로 일하기가 힘들기 때문이다.

청청은 이후에 마라샹궈 음식점을 다른 사람에게 넘기고 더 큰 음식점을 열었다. 부지런히 일한 덕분이지만, 시부모의 넓은 꽌시도 한몫을 했다. 2층짜리 호화로운 식당은 전통 음식을 비롯해 휘궈와 다른 여러 가지 요리를 선보였다. 당시 평롱현은 도로가 포장되고 주변의 고속도로와 연결되면서 외부 사람들이 많이 유입되었다. 평롱현의 농촌 지역에 있는 많은 산에서 철광석이 생산되면서 가까운 산둥성을 비롯해 타지에서 사업가들이 몰려들었고, 이들은 정부 관리들과 매일같이 회식을 했다. 이러한 상황에서 얼마 전까지 정부 관리였던 시부모의 꽌시를 통해 칭칭은 다양한 사람들을 고객으로 유치할 수 있었고, 특히 정부에서 하는 행사들을 도맡아서 식당업을 성공적으로 운영할 수 있었다. 식당 운영에 성공한 칭칭은 이제 자동차 보험회사에 다니는 남편보다 돈을 많이 벌었을 뿐만 아니라, 주변 지역에서도 꽤 잘나가는 음식점 사장으로 알려지게 되었다.

그녀는 이제 외제차를 두 대나 소유했고, 미국이나 프랑스제 명품 화장품을 구매했다. 그녀는 일반 농민들을 대할 때 거만하게 굴었지만, 시부모의 든든한 배경 때문에 아무도 그녀를 함부로 무시하지 못했다. 가까운 친척부터 시작해 칭칭의 오만한 모습을 걱정하거나 싫어하는 사람이 하나둘 생겨났다. 사람들은 칭칭이 시부모의 도움으로 잘살게 되었지만, 이제 돈을 벌게 되니 시부모를 무시한다고 손가락질했다. 그러나 칭칭이 만나는 사람들도 이미 달라졌다. 그녀는 과거 미용사 시절과 작은 음식점을 운영할 때 알고 지내던 사람들과 거리를 두었고, 현성에서 사업을 하는 부유한 여자들과 어울려 대도시의 백화점이나 근처 휴양지를 다니기 시작했다.

칭칭, 아파트와 토지를
구입하다

칭칭과 남편, 그리고 아이는 현성에 있는 오래된 아파트에 살았는데, 그 집은 원래 시부모의 집이었다. 시부모는 이 집 말고도 상당히 넓은 세 칸짜리 핑팡平房(단층집)을 가지고 있었고, 텃밭이 딸린 이 흙집이 마음에 들어 자신들이 들어와 살고 아파트는 혼인한 아들 내외에게 내주었던 것이다.

2005년에 이미 펑룽현에는 재건축 소문이 파다했다. 이곳의 흙집들은 모두 철거되어 아파트가 들어설 예정이었다. 텃밭을 가꾸는 데 익숙한 노인들은 아파트를 꺼렸지만, 대부분의 주민들은 긍정적으로 받아들였다. 더군다나 재건축이 이루어지면, 양쪽 두 칸으로 이루어진 흙집 거주자는 아파트 두 채를 배당받을 수 있었다. 집이 조금 더 크다면 세 채를 받을 수도 있었다. 이 집들은 원래 핑팡에 살던 가족들에게 무료로 배당된 것이므로, 만일 그 마을에서 살지 않고 떠나면 집을 마을 위원회에 반납해야 한다. 이러한 재건축 지역에서는 혼인할 나이의 딸이 가장 큰 문제였다. 딸이 다른 지역으로 시집을 가게 되면, 딸의 몫으로 배당받은 집도 잃어버리게 된다. 여러 채의 집을 갖게 된 가족들은 결국 딸을 다른 지역으로 시집을 보내기보다 마을 안에 머물도록 했다. 그 결과 현성에는 데릴사위들이 늘어났는데, 이러한 변화는 오래도록 부거제(혼인 후 남편 쪽 지역에서 사는 관습)를 시행해온 중국 사회에서 커다란 변화가 아닐 수 없다.

재건축이 이루어지고 있는 펑룽현

　칭칭의 시부모는 세 칸짜리 넓은 집에 살았기 때문에 세 채의 아파트를 할당받았다. 두 채는 2층으로 이루어진 복층 아파트였고, 한 채는 독립된 아파트였다. 그중 하나는 아들 몫으로 받은 것이라 칭칭 부부에게 주었다. 그러나 칭칭은 그 집이 별로 맘에 들지 않았다. 당시 현성에는 더 고급스러운 고층 아파트들이 하나둘씩 지어지고 있었기 때문이다. 아파트는 높은 층이 더 인기가 많고 비쌌다. 칭칭은 시부모에게 받은 집을 팔고 거기에 자기 돈을 보태서 더 높은 층의 아파트를 구입했다. 높은 층의 아파트에 사는 것은 비단 칭칭의 바람만은 아니었다. 구석진 농촌에서 혼인하는 부부들도 돈을 벌어 현성에 있는 아파트에 사는 것이 꿈이었다. 현성에 있는 아파트가 아니라면 혼인하지 않겠다는 여성들도 늘었다. 현성에 사는 것은 농민들에게 안락한 삶의 수준을 누리는 것으로 여겨졌다. 현성에는 농촌 마을보다 더 좋은 학교가 있었고, 병원이 가까이에 있었으며, 대도시와의 통행도 훨씬 자유로웠다. 농촌에서 광산업을 통해 돈을 많이 번 사람들은 현성에 따로 아파트를 구입하기도 했다.

아파트 재건축 분위기 속에서 집 매매가 늘자 불법적인 토지 매매가 기승을 부렸다. 돈 있는 사람들은 현금이 당장 필요한 가난한 사람들의 토지 이용권을 사들였다. 만일 그 토지가 현성에 가깝거나 광산업 개발에 유리한 곳이라면, 토지에서 발생한 이윤을 취할 수 있을 것이었다. 칭칭도 현성 근처에 상당히 많은 토지를 사들였는데, 언젠가 이곳이 개발되면 임대업을 통해 돈을 벌 수 있다고 예상했다. 개발되기 전에는 채소를 키울 수 있으므로 아쉬울 게 없었다. 먹을거리나 환경의 문제가 심각해지면서 돈을 가진 사람들은 농촌에서도 유기농 채소를 직접 길러 먹는 유행에 합류했다.

칭칭, 저녁 식사 후 여유롭게 산책하다

2012년이 되면서 놀라운 변화 중 하나는 평롱현 가운에 있는 산 위에 박물관이 들어섰다는 것이다. 중국 정부는 농촌 재개발을 추진하면서, 각 지역에 문화유산을 선전할 수 있는 건축물

저녁 식사 후 박물관 앞 광장에서 운동하는 사람들

들을 짓기 시작했는데, 평롱현도 예외가 아니었다. 이곳의 인구 절반이 만주족이기 때문에, 박물관은 만주족의 문화를 소개하는 내용이 주를 이루었다. 지역의 역사는 정부의 자금을 들여 새롭게 정리되었고, 건물 곳곳에는 평롱현의 발전 상황이 자세하게 기록되었다. 그리고 현성 주민들에게 친숙한 공간이 될 수 있도록 통행로가 만들어졌다. 현성에서부터 길이 닦였고, 꼭대기에 위치한 박물관까지 쉽게 올라갈 수 있도록 계단이 놓였다. 주민들은 이제 저녁을 먹고 나면, 이곳까지 걸어서 올라가거나 혹은 차를 몰고 와서 산책을 하거나 운동을 한다.

한쪽에 초라하게 서 있던 현 정부 청사 건물도 이전해서 높은 현대식

건물로 새롭게 탄생했다. 그 앞의 광장은 주민들에게 개방되었다. 주민
들은 저녁을 먹은 뒤 나와서 배드민턴을 치거나 부채춤을 추면서 여유로
운 시간을 보낸다.

칭칭도 저녁을 먹은 후 외제 자동차를 몰고 박물관에 올라갔다. 그곳
에서 이웃 사람들을 만나 담소를 나누거나 운동을 했다. 산 위에 있어 한
여름에도 선선했고, 저녁이면 사람들이 새로운 소식을 나누고 정겨운 만
남을 갖는 자리로 자리 잡았다. 누가 남편과 싸웠다거나 자식이 곧 혼인

한다는 등의 이야기가 이곳 박물관 광장에서 오갔다. 칭칭의 고민은 삶이 너무 무료하다는 것이었다. 음식점은 칭칭의 손길이 닿지 않더라도 매니저와 요리사, 아르바이트생들이 잘 운영하고 있었다. 매일 아침 일어나면 오늘 하루는 뭘 하면서 보낼까, 이것이 칭칭의 고민이었다. 남편은 회사일로 바빴고, 승진가도를 달리고 있었다. 아들은 대도시에 있는 고등학교에 진학한 터라 따로 신경 쓸 일이 없었고, 방학 때만 집에 돌아와 머물렀다. 곧 대학을 보내면 될 것이었다.

칭칭,
이혼 후 뇌종양을 앓다

2017년 어느 날, 칭칭이 내게 위챗 메신저로 문자를 보내왔다. 잠깐 이야기를 할 수 있겠냐는 것이었다. 무슨 일인지 물으니 이혼했다고 답했다. 남편이 젊은 여자와 바람이 났다고 했다. 남편이 잘못했다고 빌고 시부모도 말렸지만, 속이 상한 칭칭은 홧김에 이혼한 모양이었다. 칭칭은 너무나 분하고 억울한 마음뿐이었다. 나는 칭칭이 얼마나 남편을 사랑하는지 잘 알고 있었다. 함께 살아온 세월이 20년이면 데면데면할 법도 하지만, 칭칭은 늘 남편을 끔찍이 생각했다. 사람들도 칭칭처럼 요리를 잘하는 부인을 얻은 남편더러 복 받았다고 말하곤 했다. 나는 남편과도 잘 아는 사이였기에 어떻게 반응해야 할지 난감했다.

경제 발전 속에 돈을 벌게 된 여성들이 많아지면서, 이혼은 펑룽현에서도 상당히 자유로운 일이 되었다. 사람들은 부인이 남편보다 돈을 잘 벌고 성공하면 남편이 바람 날 수 있다고 뒷담화를 하곤 했다. 자존심이 상한 남편이 자신을 존경해주는 다른 여자를 만난다는 것이다. 그렇지만 칭칭은 자신의 가족은 늘 화목하고 안전하다고 자랑스럽게 말하곤 했다. 그러한 칭칭의 자존심에 상처를 낸 남편이 너무나 밉고 원망스러울 수밖에 없었다. 칭칭은 다른 사람들에게 자신의 상황을 솔직하게 말할 자신이 없었다. 뒤에서 어떻게 수군거릴지 잘 알았기 때문이다. 너무나 답답한 마음에 멀리 외국에 있는 나에게라도 털어놓고 싶어 연락을 한 것이었다.

과거에 여성은 경제적 능력이 없고 사회적 편견도 심해 쉽게 이혼할 수 없었지만, 현재 펑룽현에서는 이혼하거나 재혼하는 사람에 관한 이야기를 심심치 않게 들을 수 있다. 개혁개방으로 여러 가지 사업이 가능해지면서 여성들도 경제적 능력을 갖게 되었고, 이제는 남편이나 시부모의 요구를 무조건 따르지도 않는다. 게다가 혼인할 때 집은 일반적으로 신랑 쪽에서 준비하지만, 혼인법에 따르면 이혼하면 반반씩 나누어야 하므로 이혼이 여성에게 경제적으로 불리한 것만도 아니다.

스트레스가 너무 심해서였을까. 칭칭은 이혼 후 얼마 되지 않아 쓰러졌고, 놀란 전남편이 칭칭을 데리고 베이징의 큰 병원에 데리고 갔다. 칭칭은 뇌종양 진단을 받았다. 오른쪽 이마에 커다란 종양이 생긴 것이다. 칭칭은 수술을 받아 이마가 움푹 들어갔는데, 그 이후에는 기억력이라든지 몇 가지 문제로 정기적으로 병원에 다니며 계속 치료를 받아야 했다. 칭칭이 정상적인 생활이 어렵다는 것을 알게 된 전남편과 시부모는 칭칭을 혼자 놔두어서는 안 된다고 생각했고, 두 사람은 복혼複婚을 했다. 아들이 대학 입학을 앞두고 있던 상황도 이런 결정에 영향을 미쳤다.

평롱현의 변화와 사람들의 역동적 실천

주변 농촌의 중심지였던 평롱현을 2005년부터 현재까지 죽 둘러보면 그 변화가 새삼 놀랍다. 시장 개혁은 주민들에게 새로운 삶의 가능성을 열어주었고, 지역의 확대된 시장과 주변의 광산업은 외부인들을 불러들여 엄청난 현금 유입의 길을 터주었다. 그 속에서 사람들은 기존의 역할과 직업에 안주하지 않고 새로운 기회를 잡기 위해 분주하게 일했고, 그들이 축적한 부는 현성을 변화시켰다. 물질적인 삶의 변화는 가족관계에도 변화를 불러왔다. 신부대는 해마다 상승했고, 농촌의 여성들은 이제 허름한 핑팡에 살고 싶어 하지 않는다. 남편과 시부모에게 복종해야 하는 전통적인 윤리도 변했고, 혼인한 여성은 아들을 낳는 것보다 경제적 능력을 갖추는 것이 집안에 더 도움이 된다고 생각한다. 부를 축적한 사람들은 자식이 성공할 수 있도록 대도시에 있는 학교에 보낸다든지 하는 새로운 전략을 구상했다.

그런 와중에 중국 정부의 농촌 재개발 정책은 토지와 건물에 대한 인식을 바꾸어놓았다. 이제 농촌에서도 건물을 사고파는 일은 부를 축적하기 위한 당연한 행위가 되고 있고, 심지어 현행법상 거래할 수 없는 국가 소유의 토지도 암암리에 매매가 이루어지고 있다. 돈을 가진 사람들은 더 많은 돈을 벌 수 있는 기회를 선점하면서, 같은 농촌이라 하더라도 현성에 사는 사람들과 주변 농촌에 사는 사람들 간의 격차가 벌어지고 있다.

문화적이고 여유로운 생활에 대한 관심이 커지면서 사람들은 이제 여가 시간을 어떻게 보낼지에 신경을 쓴다. 건강한 먹을거리와 환경에 대한 관심은 도시에서만 나타나는 현상이 아니라, 이곳에서도 자신의 토지에 직접 유기농 채소를 가꾸는 사람들이 늘고 있다. 현성에 세워진 박물관은 이 지역의 역사·문화유산이 어떻게 구체적인 물질적 인프라로 재탄생하는지를 보여주는 사례이면서, 주민들의 활동 공간으로서도 의미가 있다. 과거에 현 정부 청사는 두려움의 대상이었지만 지금은 청사 앞 광장이 개방되면서 주민들을 위한 공간이 되고 있다. 밤이면 아이들도 배드민턴을 치거나 공놀이를 하러 광장을 찾는다.

경제 환경이 변하면서 이혼도 더 이상 낙인이 아니라 자유로운 선택의 문제로 여겨지고 있다. 남성에게 의존하지 않고도 자신의 삶을 꾸릴 수 있다고 생각하는 여성들이 늘고 있으며, 이들은 남편에게 억눌리거나 무시당하고 살기보다는 독자적인 인생을 사는 것을 선택한다. 재혼도 흔한 일이 되었다. 물론 나이 든 세대는 여전히 이혼과 재혼에 대해서 불편한 감정을 감추지 못하지만, 사회 전반적으로 이혼한 여성을 바라보는 시선은 크게 바뀌었다.

지금까지 살펴본 평롱현 현성의 변화는 개혁개방의 결과라거나 중국의 정책 변화, 국가의 주도로만 단순하게 설명될 수 있는 것이 아니다. 변화의 흐름 속에는 이곳에 거주하는 사람들의 다양한 관계와 바람과 땀방울이 스며들어 있다. 그러한 주민들의 움직임을 통해 중국 사회를 바라보는 것이야말로 살아 있는 민간 중국을 이해하는 일이 될 것이다.

산시성의 한 연구원이 바라본
시진핑의 개혁과 중국 사회

——— 김기호 ———

진평이 한국에 온 사연

진평의 고향 산시성山西省은 수도 베이징이 있는 허베이성의 바로 서쪽에 위치해 고속열차로 세 시간이 채 걸리지 않을 정도로 가깝다. 타이항太行산맥을 기준으로 그 동쪽은 산둥성山東省, 서쪽은 산시성山西省이다. 동쪽의 화북평원과 달리 산시성 일대는 주로 황토고원으로 이루어졌으며, 강수량이 적고 환경이 척박해 예부터 농사가 어려웠다. 밀, 수수, 귀리, 기장 등 황토고원을 개간한 계단식 밭에서 가뭄

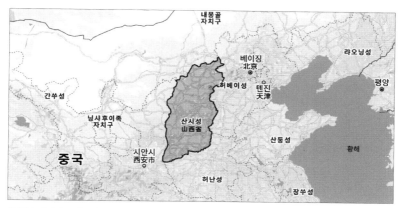

산시성 지도(지도 데이터: Google, SK Telecom)

에 강한 작물을 주로 재배했다. 산시성 서쪽에 위치한 산시성陝西省은 우리말 표기가 같아서 종종 혼동되기도 하는데, 산시성陝西省의 성도인 시안西安이 비교적 많이 알려진 반면 산시성山西省의 성도 타이위안太原은 아직 낯설게 여겨진다. 무협지를 즐겨 읽은 독자라면 산시성이 춘추전국시대 진晉나라의 터전이었고, 관우의 고향이란 점을 기억할 것이다. 의리와 신용을 중시한 진상晉商이 관우를 숭배한 것에서 유래하여 지금은 중국에서 관우가 재물신으로 숭배된다. 중국 최대의 석탄 매장량을 자랑하는 곳도, 라오천추老陳醋라는 식초로 유명한 곳도 산시성山西省이다.

진평을 처음 만난 것은 국내 한 대학의 대학원 수업에서 한국 문화 관련 강의를 할 때였다. 얼핏 보기에도 여느 대학원생들보다 나이가 많아 보였고, 토론을 할 때 영어 표현은 서툴러도 다른 학생들에 비해 연륜이 느껴졌다. 한 학기 수업이 끝난 뒤 진평과 따로 만나 물어보니 역시나 나이(40대 초반)가 나보다 몇 살 어렸지만 동년배라 해도 될 정도였다. 산시성의 환경 관련 연구소에서 근무하다가 해외 학위 연수 과정의 일환으로 한국에서 석사학위를 밟고 있다고 말했다. 이후에도 진평과 여러 번 식사를 함께하며 의견을 주고받았고, 그가 학위를 마치고 귀국한 후에도 연락을 계속하고 있다. 본래는 2020년 여름 진평의 고향을 방문해 그의 가족과 친척, 지인을 만나 더 많은 이야기를 듣고 싶었지만, 갑작스러운 코로나 사태로 아쉽지만 만남을 연기할 수밖에 없었다.

이 글은 한국에서 진평과 나누었던 대화와 토론, 그 후 화상 채팅이나 위챗 등으로 주고받은 이야기를 재구성한 것이다. 처음에는 대학원 강사와 학생의 관계로 만남이 시작되었으나, 이후에는 비슷한 동년배로 비교적 격의 없이 대화를 나누었다.

내가 진평에게 특별히 관심을 갖게 된 것은 그가 한국에 체류하는 동안 수업 시간 외에는 거의 대학원 기숙사에서 서예나 수묵화에 심취해 지낸다는 사실을 알게 되면서였다. 심지어 같은 석사 과정에 있는 중국 학생들과도 간단한 인사만 주고받을 뿐 따로 어울리지 않았다. 진평은 다른 학생들이 나이 많은 자신을 부담스러워할 거라는 핑계를 댔지만 일부러 만남을 회피하는 것 같기도 했다. 자신의 서예나 그림에 대해 무척 겸손했지만 문외한인 내가 보기에도 오랜 시간 연마한 실력임에 틀림없었다. 한국에 가져오지는 못했지만, 전통악기인 고쟁古箏을 연주하는 것도 그의 취미 중 하나라고 한다. 이렇게 세속과 거리를 두면서 중국의 전통문화를 즐기는 성향 때문인지, 그는 지금의 중국 사회를 날카롭게 비판하기도 하고 자조적인 푸념을 늘어놓기도 했다. 강렬한 민족주의자는 아니었지만, 중국의 정치체제에 대한 외국의 비판과도 거리를 두었고, 중국 내부의 역사적 관점에서 정치를 이해해야 한다면서 차분하고 논리적인 설명을 덧붙이곤 했다.

진펑이 이렇게 한국에서 은둔자처럼 생활하게 된 것은 그가 한국으로 오기 전에 산시성에서 벌어진 일련의 정치적인 소용돌이와 무관하지 않다. 그의 고향인 산시성은 중국 석탄 매장량의 3분 1을 차지하는데, 1980년대 이후 석탄이 급속한 경제 발전의 에너지원이 되면서 곳곳에 탄광 개발 붐이 일었다. 이 과정에서 탄광기업주煤老板의 탐욕으로 인해 탄광 사고가 끊이지 않았다. 광부들이 매몰되어 목숨을 잃었고, 불법 채굴로 인한 환경오염, 지방 관료와의 유착 관계 등 각종 문제가 터지면서 탄광기업주는 대표적인 졸부 혹은 벼락부자暴富라 불리며 사회적 지탄을 받았다. 그러던 중 2013년에 집권한 시진핑 주석의 반부패운동의 집중 타격을 받으면서 산시성의 관료들이 줄줄이 사정의 칼날을 맞았다.

특히 산시성 출신이면서 후진타오 전 국가주석의 비서실장을 지낸 링지화令計劃 전 통일전선공작부장이 시진핑 지도부에 반기를 든 4인방으로 거론되며 부정축재 및 권력 남용으로 처벌받은 것을 시작으로, 산시성 및 타이위안시의 주요 당 간부들이 이른바 '산시방山西帮', '석탄방'으로 불리며 탄광업자와의 결탁과 관련된 각종 부패혐의로 낙마했다. 2014년 한 해에만 1만 5천여 명의 산시성 당 간부가 처분을 받았으며, 정부의 석탄 의존도 감축 노력과 함께 산시성의 탄광 업계는 큰 타격을

산시성의 고원(https://www.chinadaily.com.cn/travel/2016-11/10/content_27332263.htm)

입었다.

진평이 속해 있던 연구소는 주로 산시성의 환경영향평가 업무를 담당했는데, 탄광 개발 이권 비리에 일부 연구소 간부들이 연루되었고, 그 여파로 환경 관련 부서들이 개혁 대상이 되어 관리·감독이 강화되고 일부 부서가 합병되는 등 구조조정을 겪었다. 진평이 이 같은 비리 사건에 직접 연관된 것은 아니었다. 하지만 연구소 업무가 상당 부분 축소되면서 한국으로 단기유학 연수를 신청해 잠시 혼란을 피하기로 했다.

시진핑의
반부패운동

진평에 따르면 산시성은 중국 최대 석탄 산지로서 중국의 경제 발전에 원동력을 제공해왔지만, 동남부 연안 지역에 비해 경제적으로 낙후되었고, 중부 내륙이라는 지리적 위치 때문에 정부의 서부대개발 사업의 혜택에서도 제외된 "잊힌 모퉁이"였다. 게다가 앞서 언급한 관료들의 부정부패로 인해 탄광 사업마저 타격을 받으면서 지역경제는 극심한 침체에 빠졌다. 이 때문에 산시성 사람들 사이에서는 국가 발전을 위한 그간의 희생에도 불구하고 경제적 혜택을 받지 못했다는 소외 의식이 팽배해 있다고 한다. 산시성과 타이위안시의 젊은 인재들은 베이징이나 다른 1, 2선 도시로 진출하기 위해 안간힘을 쓰고 있으며, 한 번 인구가 빠져나가면 다시는 돌아오지 않는 지역이 되었다. 진평 역시 언젠가는 고향을 떠날 꿈을 꾸고 있다.

시진핑 정권의 반부패운동 이후 산시성의 지역경제뿐만 아니라 진평의 직장인 환경 관련 연구소마저 어려움을 겪고 있는 상황이라 중앙정부에 대한 원망이 클 것 같았지만, 진평은 의외로 시진핑의 개혁정책을 강하게 지지했다. "소위 '산시방'이란 것은 존재하지 않습니다. 이들은 단지 개인 혹은 소그룹의 사익을 추구하는 불법적 집단이기 때문에 처벌을 정략적인 공격으로 볼 순 없어요. 그런 집단이 존재한다면 산시성의 이익에 도움이 될 게 없죠. 게다가 '산시방'의 리더로 지목되는 링지화는 산시성 출신일 뿐 주로 중앙정치 무대에서 활동해온 인물입니다. 산시성 관료들이 여태껏 중앙 정치에 미친 영향이 미미한데 중앙정부가 산시성 정치세력을 공격할 이유는 없습니다."

그는 또한 산시성 탄광 산업의 쇠퇴는 관료들의 부정부패 때문만은 아니며, 큰 틀에서 보면 정부의 정책 전환에 따른 현상이라고 지적했다. "정부는 최근에 석탄 의존도를 줄이고 친환경 에너지 개발을 추진하고 있어요. 에너지 자원의 환경 규제를 강화하고 있기 때문에 석탄 개발에 의존해왔던 산시성은 경제적 타격을 받을 수밖에 없죠."

최근에는 시진핑 주석이 산시성의 유기농 재배단지와 신농촌 촌락을 방문해 산시성을 개혁의 모범 사례로 치켜세우고, 석탄에 의존하던 경제구조에서 탈피한 발전 모델을 강조하기도 했다. 진펑은 단기적으로는 산시성 경제가 침체에 빠질 수밖에 없겠지만 장기적으로는 경제 발전의 전환 모델을 모색해야 하는 좋은 기회가 될 수도 있다고 전망했다. 그는 시진핑 정부의 개혁정책을 부정부패로 사리사욕을 채워온 기득권 세력에 대한 척결이라고 믿었다. 특히 관료들의 부패, 사기업의 부정행위, 조직폭력 범죄, 환경오염 등 중국의 고질적인 사회문제와 관련한 개혁 성과를 높이 평가했다. 과거 정권에서도 반부패 정책이 없었던 건 아니지만, 시진핑의 개혁은 고위관료까지 사정 대상으로 삼고 있기 때문에 민심의 신뢰를 얻었다는 게 그의 분석이다.

시진핑의 개혁정책에 대한
평가

　　　　　　　진평이 정부 정책을 지지하기만 하는 것은
아니다. 그는 우선 정부가 국가 주석의 연임을 제한한 헌법을 수정한 것
에 대해 비판했다. 개인적인 의견이라고 강조했지만, "국가 주석의 제한
없는 연임을 허용한 것은 지금까지 정부가 강조해온 민주, 문명, 부강,
화합의 국가 건설 원칙에 부합하지 않는다"라고 그 이유를 밝혔다. 시진
핑 주석의 강력한 지지자들은 지금 진행 중인 개혁 성과를 철저하게 완
수하고 미국과의 정치적·경제적 대립 속에서 어느 때보다 강력한 국가
지도력이 요구된다고 주장할 수도 있을 것이다. 하지만 진평이 보기에
더 합리적인 것은 시진핑 주석의 일인집권체제보다 공산당의 집단지도
체제였다. "공산당은 전통적으로 당원 및 노동자, 농민 집체에 의지하여
목표를 이루어야 하는데, 개인의 의지가 당의 의지를 대변할 경우 그 결
과는 예측하기 어렵고, 다중이 원하는 바와 배치될 수 있습니다. 공산당
은 하나의 집체적 지도체제이지 한 개인이 집체를 지도하는 체제가 아
닙니다."

　중국에서 시진핑 주석이 과거 마오쩌둥과 비슷한 행보를 보이면서 일
인지배체제를 강화하고 있다는 관측에 대해서도 진평은 부정적인 견해
를 밝혔다. "마오 시대에는 마오쩌둥 개인이 다중을 지배한 것이 아니라
마오가 집체의 응집된 사상을 견인해서 한 사람이 외치면 모두가 호응하
는一呼百應 시대였어요. 그 시대에 대한 역사적 평가를 차치하고, 노동자

나 농민으로서 그 시대에 살았던 사람들은 자신들이 사회의 진정한 주인으로 여겨졌다는 점에서 마오 시기에 대해 긍정적인 기억을 갖고 있습니다. 물론 그 시대에 정치적 박해를 받은 정치 엘리트, 지식인, 자본가 계급은 고통스러운 기억을 갖고 있겠죠. 문화대혁명에 대한 논쟁은 1980년대에 유행했지만, 지금은 사람들이 별 관심도 없고 학계에서만 논의되고 있을 뿐입니다." 마오쩌둥이 당시 노동자, 농민의 계급의식을 대변하며 상징적인 존재로 받아들여졌던 집단주의 시대와 지금의 중국 사회는 확연히 다르고, 시진핑 주석이 대중을 대변할 정치적 상징성도 약하다는 게 진펑의 생각이다.

시진핑 집권 이후 언론 통제가 강화되어 정부를 비판하는 목소리가 줄어들었다는 게 외부에서 중국을 바라보는 일반적인 시각이다. 진펑은 일견 동의하기도 했지만 곧 반론을 제기했다. "민감한 정치·사회문제에 대해 어느 정도 언론 통제가 있는 것은 부인할 수 없습니다. 아마도 언론 통제에 대해 불만을 느끼는 집단 중에는 시장경제 체제에서 성장한 지식인, 엘리트 중산층이 많을 겁니다. 하지만 중국은 여전히 정치적으로 노동자, 농민 등 기층 사회의 여론을 중심으로 사회주의 체제를 유지하는 나라입니다. 민감한 주제를 제외하면 최근 언론이 부정부패나 사회문제를 활발하게 폭로하는 편이고, 소셜미디어를 비롯해 일반인들이 자신의 의견을 표출할 수 있는 매체도 다양해지고 있습니다."

진펑 역시 산시성의 명문 대학에서 공학을 전공하고 연구원으로 일하기 때문에 엘리트 계층으로 분류될 수도 있을 것이다. 하지만 그는 산시성 농촌 출신임을 강조하며 대도시 중산층 배경의 엘리트와 자신을 구별 짓고자 했다. 진평이 볼 때, 중국 중산층의 더 큰 불만은 언론 통제보다는 부동산 시장 규제로 인한 경제적 손실이나 교육자원의 불균형과 같이 실생활에서 그들의 이해관계와 관련된 정책들인데, 이는 경제 발전 속도가 완화되고 계층 분화가 정교해지면서 불가피한 측면이 있다.

중국의 정치체제에 대한 대화는 자연스럽게 한국이나 미국의 정치제도와의 비교로 이어졌다. 예컨대 한국이나 미국처럼 중국인들이 국가 지도자를 직접 선거로 선출하도록 요구하는 것이 향후에 가능할지 묻자 진평은 고개를 내저었다. "가까운 미래에 중국 현대사에서 항일 투쟁과 국가 건설, 경제 발전 등 이미 공산당이 이룩한 역사적 성취와 견줄 만한 업적을 보여줄 다른 정당을 상상하기는 어려울 겁니다. 외국인의 관점에선 이해하기 어렵겠죠." 중국에서 다당제가 어렵다면 공산당 지도자들 가운데 국가 주석을 직접 선거하는 방식은 가능할까 물었을 때에도 진평은 시기상조라고 답했다. "중국은 미국이나 한국에 비해 사회 구성이 복잡합니다. 각 지역 간 격차, 경제 격차, 민족 구별, 교육과 개인 소양素質의 차이 등이 크고 복잡다기해서 1인 1표의 보통선거를 통해 국가 주석을 선출한다면 중국인이 진정 필요로 하는 지도자를 선출하지 못할 수 있습니다. 중국 상황에 적합한 제도는 아닌 거죠."

마오 시대에 대한 역사적 해석이나 언론 통제에 대한 불만과 관련해선 자신과 대도시 중산층 지식인 사이의 차별성을 강조했지만, 정치적 민주화와 관련해서는 교육 수준이 낮은 농민에게 국가 지도자 선출 권한을 동등하게 부여하는 것을 경계하는 모습을 보였다.

진펑은 2017년에 한국에서 국민들이 부정부패에 연루된 대통령을 탄핵한 사건에도 관심이 많았다. 당시 사건을 "미국 선거제도의 영향을 받아서 비정상적인 정당과 대통령이 정권을 잡고, 정당들 사이의 과열 경쟁이 초래한 결과"라고 보면서, 중국인들은 한국의 민주주의 제도에 대한 부러움보다는 정치적 혼란에 대한 우려가 더 큰 것 같다고 말했다.

산시성 토박이 진펑의
가족사

시진핑의 개혁정책에 대한 진펑의 생각을 민족주의적 자부심의 반영으로, 자국의 정치체제를 옹호하려는 의도로만 해석할 수 있을까? 진펑과 오랜 만남을 지속하면서, 나는 그가 비교문화적 관점에서 중국을 바라볼 수 있는 국제적 시각을 갖췄고 객관적인 관점에서 중국 사회를 성찰하는 능력과 의지를 가졌다는 확신을 품게 되었다. 특히 진펑의 가족사를 알게 된 뒤로 그의 말에 담긴 진심에 좀 더 귀를 기울이게 되었다.

진펑은 산시성의 성도인 타이위안시에서 약 40킬로미터 떨어진 현縣급 시에서 나고 자랐다. 부모님 모두 산시성 농촌 출신이다. 진펑의 할아버지는 1949년 이전에 진晉 상인에게 고용된 말단 직원이었지만, 중화인민공화국 수립 이후에는 국영 상점의 직원으로 상당히 높은 월급을 받았다고 한다. 외할아버지 역시 원래 방직공장에서 일하던 가난한 직공이었지만 신중국 성립 이후 새로 지어진 공장의 정식 노동자가 되었고, 외할머니도 부녀연맹에서 적극적으로 활동했다. 양쪽 조부모 모두 사회주의 중국에서 사회경제적 지위 상승을 경험했다고 볼 수 있다. 신중국 이전에는 가장 밑바닥에서 멸시와 경제적 착취를 당하면서 하루벌이에 급급했지만 사회주의 조국에서 국영 단위의 직원이나 노동자로 우대를 받게 된 조부모의 경험은 아직도 진핑 가족에게 잊지 못할 기억으로 남아있다. 진핑의 아버지는 중학교 졸업 후 지방 관청의 추천으로 군대에 입대했고, 퇴역 후 산시성의 맥주 공장에서 일했다. 어머니 역시 산시성의 특산품인 라오천추 식초 공장에 근무하면서 신중국의 공장 노동자로서 사회적 지위와 각종 복지혜택을 누릴 수 있었다.

진핑은 마오 시대에 처음으로 농민들도 자신의 토지를 소유하게 되었고 그 기억을 대대로 간직하고 있다고 설명한다. "청조의 봉건사회가 와해된 뒤에 중국의 토지 문제를 해결한 정치세력이 민심을 얻은 것은 역사적으로 필연적인 귀결이었습니다. 아마 미국의 농민이 당시 중국에 살았다 해도 공산당을 지지했을 겁니다." 물론 집체생산 체제에서 발생한 농촌 경제의 파탄과 식량 문제에 대한 고통스러운 기억이 없는 건 아니다. "어머니는 그 당시 느꼈던 배고픔의 공포를 잊을 수 없다고 해요. 아버지는 배고플 때마다 산에서 대추를 따 먹으며 허기를 달랬던 기억 때문에 지금은 대추를 입에도 대지 않아요." 하지만 "가난과 기근은 누구 한 사람의 잘못으로 초래된 것이 아니라 기층부터 각급 정부까지 총체적 문제가 있었던 것"임을 강조하면서, 이는 자신의 개인적 생각이 아니라 부모 세대로부터 흔하게 들었던 이야기라고 부연 설명했다. 마오 시대에 경제적 어려움이 많았지만 사회주의 이데올로기가 강력한 힘을 발휘했고, 노동자와 농민이 사회적 인정을 받으며 살았기 때문에 일종의 향수懷念가 남아 있다는 것이다.

마오 시대의 집단주의에 대한 노스탤지어는 학문적으로도 많이 다루어졌지만, 산둥성의 농촌 지역에서 내가 연구한 바에 따르면 더욱 면밀한 교차 검증이 필요해 보인다. 농민들에게 신중국 수립 이후 토지 소유권을 얻게 된 기억이나 사회주의 시대의 이데올로기적인 경험이 집체 생산에 따른 비효율적 생산성에 대한 부정적인 기억보다 더 강하게 남아 있을까? 열심히 일하는 사람이나 대충 일하는 사람이나 똑같은 양의 식량을 분배받기 때문에 모두가 대충 일한 결과 식량 부족의 위기까지 경험했던 기억이 현재의 농업 생산 방식에도 일정 부분 영향을 미치고 있다. 예컨대 산둥성에서 대규모 기업형 농업의 경우 고용된 농민들의 감독에 대한 우려 때문에 직접 고용보다는 생산 할당량과 인센티브를 부여하는 계약 재배를 선호하는 경향을 보인다.

여하튼 진펑 가족의 시각에서 보자면 중국 현대사에서 중국 공산당의 집권과 신중국 수립이 갖는 중요성은 막대하다. 노동자와 농민을 열악한 삶에서 벗어나게 했고, 이들이 전통적인 사회적 차별에서 벗어나 스스로 사회 변혁의 주역임을 자임하는 계기를 제공했다. 과거에는 불가능했을 새로운 교육의 기회를 제공했고, 기본적인 의식주 문제를 점진적으로나

마 해결해주었다는 점에서 여러 세대를 거쳐 축적된 경험과 기억을 간과하기는 어려울 것이다. 그에 더해 개혁개방 이후 물질적 생활수준이 급속히 향상되면서 '소강小康 사회'를 만들었으니 중국 내부에서 바라보는 공산당의 정치적 정당성은 더욱 공고해졌다고 할 수 있다. 진평 자신도 농촌에서 태어나 공장 노동자 출신의 부모를 두었음에도 대학에 진학했고, 연구원에서 전문 인력으로 일하면서 한국 유학까지 왔다는 점에서, 개인의 발자취를 신중국 수립 이후 세대를 거쳐 이루어진 큰 성취로 여기고 있었다. 진평의 집안에서 대학에 진학해 외국 유학까지 한 사람은 진평과 미국 유학을 다녀온 육촌 누나를 포함해 2명뿐이라고 한다.

시진핑 시대에도 커져가는 빈부 격차

진평 역시 현재 중국 사회의 가장 큰 문제가 경제적 불평등이라는 점에는 이견이 없다. 그는 급속한 경제 발전에 따른 계층적 격차가 심화하는 것을 우려하며 말했다. "중국인들이 과거에 비해 전체적으로 소득 수준이 높아졌지만, 물질적 생활수준의 격차로 인해 누구도 행복해지기 어려운 세상이 되었습니다. 중산층은 그 위치를 유지하기가 예전보다 어려워졌고, 나 역시 가족, 직업, 건강에 대한 불안감에 계속 시달리고 있어요." 하지만 진평은 현재의 불평등을 정부의 잘못된 정책 때문이라고 일갈하지 않았다. 세계화의 흐름이 영향을 미치면서, 중국이 선진국에 도달하기도 전에 선진국의 사회적 문제들을 겪게 되었다는 게 그의 해석이다.

흥미로운 것은, 중국의 빈부 격차에 대한 진펑의 반응이 계속 모순적인 양상을 보였다는 점이다. 그는 빈부 격차로 인한 사회적 불평등에 대해 비판하면서도, 중국 사회에서 주택·교육·의료 등 사회적 자원이 불공평하게 분배되는 현상 속에 존재하는 능력주의, 우승열패優勝劣敗 등의 합리성을 강조한다. 예컨대 노력하지 않으면 뒤처질 수 있다는 불안감 때문에 괴롭지만, 열심히 노력한다면 행복한 삶을 살 수 있다는 주장을 펴기도 했다. "누구든 열심히 일하면 20년 안에 자기가 사는 지역에서 집을 장만하고 차도 사고, 결혼해서 자녀를 낳고 가정을 이룰 수 있습니다." 베이징, 상하이 등 1, 2선 대도시의 경우 집값이 너무 비싸서 젊은이들이 아무리 열심히 일해도 부모의 도움이나 무리한 은행 대출 없이는 집 장만이 불가능한 현실에 대해서는 "그렇다면 자신의 수준에 맞게 3선 도시로 이주하면 집 장만도 하고 자녀를 좋은 학교에 보낼 수도 있다"라며 위계적 계층 구조를 흔쾌히 받아들였다. 또한 좋은 학군에 집을 소유해야만 자녀가 해당 학군 지역의 학교에 진학할 수 있는 교육제도에 대해서도 "경제적 능력이 있는 집안의 자녀가 높은 수준의 교육을 받는 것은 사회 전체적으로 보면 이점이 있다"라며 교육의 시장 논리를 긍정적으로 받아들였다.

유사한 맥락에서 진펑은 "중국인들은 부자를 싫어하는 태도가 있다仇富"고 말했다가도, 그러한 반응은 주로 인터넷에서 접하는 것일 뿐 실생활에서는 재산을 보고 태도를 바꾸고 누군가 돈에 대해 초월한 듯한 태도를 보이면 '루저'라고 조롱한다고 덧붙였다. 진평 자신도 계층 간 격차가 커지는 현상을 한탄하면서 돈에 개의치 않는 삶을 추구하는 듯 보이지만, 결혼하기 전에 타이위안시에 집을 한 채 장만했고 결혼 후에도 비싼 집은 아니나 추가로 몇 채를 더 장만해 임대료를 받으면서 재테크에 신경을 쓰고 있다. 또한 치열한 경쟁 사회에서 도태되지 않을까, 계층적 차이에서 뒤처지는 않을까 하는 걱정으로부터 자유롭지 못하다.

어느 사회에나 물질적 가치를 통해 계층적 지위를 확보하고자 하는 욕망과 경제적 불평등에 대한 정치적·도덕적 명제 사이의 모순과 간극이 존재할 것이다. 인생에서 돈은 중요하지 않으며 돈으로 사람을 판단해서는 안 된다고 말하면서도, 동시에 부동산 시장, 주식 시장에 관심을 기울이며 끊임없이 남들보다 더 좋은 집, 더 좋은 차, 더 좋은 학교를 추구하는 것이 자본주의 사회의 민낯일 수도 있다. 다만 중국의 경우가 더 두드러져 보이는 것은, 과거 사회주의가 지향했던 공정과 평등의 이상, 그 시절에 대한 향수와 현재 중국 사회의 경제적 불평등 사이의 간극이 너무 크게 느껴지기 때문일 것이다.

중국, 중국인에 대한 오해

나와 교류하는 과정에서, 진평은 외국인의

진펑이 그린 수묵화

입장에서 관점과 견해의 차이가 있을 수밖에 없겠지만 허심탄회한 대화를 통해 서로의 문화에 대한 선입견이 없어지길 바란다고 말하곤 했다. 이 글을 쓰기 위해 별도로 갖게 된 인터뷰에서도 한국인들이 중국과 중국인에 대한 오해를 푸는 데 보탬이 되기를 바란다며 대화 내용을 책에 싣는 것을 흔쾌히 허락해주었다.

진펑이 내게 그려준 수묵화에는 당나라의 산시성 출신 시인인 왕유王維의 《전원락田園樂》시 구절이 적혀 있다. "桃紅復含宿雨 柳綠更帶春煙 花落家童未掃 鶯啼山客猶眠." 그가 생각하는 이상적인 삶을 묘사한 것이라고 한다. 간략히 번역하자면 이렇다. "붉은빛 복숭아는 간밤에 내린 비를 머금고, 초록빛 버드나무는 봄 안개를 품고 있네. 꽃잎은 떨어져도 아이는 쓸지 않고, 꾀꼬리는 울지만 산속의 손님은 아직 깨지 않았네." 평소 독서와 사색, 서예와 그림을 즐기며 현실 세계의 번민을 잊고자 하는 진펑은 독특한 성격과 자기만의 관점의 소유자로 보이지만, 어쩌면 그는 우리가 쉽게 만날 수 있는 평범한 중국인의 시각과 정서를 대변한다고 볼 수도 있다. 다만 시진핑의 반부패운동이 산시성의 석탄 업계와 진펑이 속한 연구소에 타격을 주었음에도 그가 정부의 개혁정책을 지지하는 것이 의아해 보일 수도 있다. 산시성이 개혁개방 이후 자원만 빼앗기고 경제 성장은 뒤처졌으니 소외감이나 불만을 더 강하게 표출할 법도 한데 말이다.

한국 사회의 관점에서 볼 때, 중국은 공산당의 일당독재체제에서 시진핑 주석의 일인지배체제가 공고해지면서 언론 통제로 인해 비판적 목소리는 설 자리를 잃고 있는 사실을 무시할 순 없다. 하지만 우리가 만나는 수많은 중국인은 여전히 중국 공산당과 시진핑 정권을 지지하고 있으며, 외국인이 중국 정부를 비판할 경우 외부인의 관점에서는 중국 내부를 이해하기 어렵다며 강하게 반발한다. 그 경우 우리는 중국인들이 획일적인 국가교육과 관영 매체의 일방적인 영향을 받았고, 민족주의나 애국주의가 과도해 중국의 정치체제를 옹호하는 것이라 일축하면 그만일까? 이런 의견이 단언이 되면 한국인과 중국인은 서로의 정치체제에 대한 이야기는 회피한 채 다른 관심사에만 초점을 맞출 테고, 소통의 문은 결국 닫히고 말 것이다.

중국의 정치체제에 대한 진펑과의 대화는 중국의 역사와 문화에 대해 어느 정도 배경 지식을 가진 내게도 쉽지 않은 과정이었고, 몇몇 민감한 부분에서는 진평도 내 질문에 대해 불만 섞인 반응을 보이기도 했다. 일반 독자들이 읽기에는 더욱 공감하기 어렵거나 선뜻 받아들이지 못하는 내용도 있을 것이다.

진평은 아직 공산당에 가입하지 않았다. 공산당원이 될 자격이 충분하고 공산당원이 되면 직장에서의 평가나 승진에도 도움이 될 수 있지만, 현실적인 이익을 위해 당원이 되는 것은 자신을 속이고 당 조직을 기만하는 것이라 생각한다. 진평은 자신의 사상적 진심이 공산당 당헌 당규의 이념에 도달할 때 비로소 당원이 될 진정한 자격을 얻게 될 것이라고 믿는다. 마치 하나의 신앙처럼 공산당을 대하는 엄숙한 마음가짐이 한국의 독자에게는 생경하게 느껴질 수도 있다. 물론 모든 중국인이 중국 공산당에 대해 진평처럼 진지한 태도를 갖는 것은 아니다. 실제 많은 중국인은 정치에 별 관심이 없고 하루하루의 돈벌이에 급급한 것도 사실이다.

또한 진평이 지적한 대로 공산당을 통해 출세와 치부에만 치중하는 자들도 적지 않을 것이다. 그동안 내가 만나온 대학의 지식인이나 도시 중산층 중에는 중국의 권위주의적인 정치체제에 불만을 갖고, 대안적인 교육이나 시민활동에 관심을 보이는 이들도 적지 않았다. 진평도 인정하듯이 중국처럼 넓은 영토와 수많은 인구를 갖고 있고, 지역적·민족적·계층적 차이가 복잡하게 뒤얽힌 나라에서 한 사람의 이야기를 통해 중국 사회 전체를 조망하는 것은 애당초 불가능한 일이다.

진평과의 교류를 통해 나는 중국에서 국가와 사회, 정치와 민간 사이의 경계에 대해 다시 한 번 고민해볼 기회를 가지게 되었다. 우리가 쉽게 생각하는 것과 달리 중국에서 국가와 사회의 경계는 훨씬 더 복잡하고 모호할 수 있다. 중국에서 사회 저항 세력을 국가가 일방적으로 통제한 다든지, 국가에 의해 민간 사회가 전적으로 포섭되거나 동원될 수 있다고 보는 것도 우리의 편견일 수 있다.

나는 진평이 결코 민족주의적 교육이나 언론의 영향으로 국가의 정치 체제를 무비판적으로 수용하는 사람이 아니라고 생각한다. 진평의 당과 정부에 대한 신뢰와 기대는 세대를 거쳐 누적된 사회주의의 성취와 가치에 대한 집단적인 합의에 근거하고 있다. 중국이 청조 시대의 봉건 사회에서 탈피해 서구 열강의 침탈, 군벌 시대, 일제 침략, 국공 내전 등의 암흑기를 거쳐 새로운 공화국을 수립했고, 중국 공산당이 노동자·농민의 정치적 지위 향상과 개혁개방 이후 경제 성장을 견인했다는 점에는 진평뿐 아니라 많은 중국인이 공감할 것이다. 진평의 사례를 통해 중국 공산당의 정치적 기반이 단지 정치 선전의 구호나 관영매체의 보도에만 의존하는 것이 아니라 중국의 다양한 지역에서 세대를 거쳐 살아온 평범한 사람들의 경험과 기억 속에 누적되어 형성된 것임을 이해한다면, 중국 정치체제에 대한 중국인들의 정서를 조금이나마 이해하는 데 도움이 되지 않을까.

산시성 타이위안시로 돌아간 진평은 연구소로 무사히 복귀해 때때로 산시성 정부와 한국의 환경부, 혹은 환경 관련 기업들 사이의 교류 협력을 돕고 있다. 최근에는 코로나 때문에 학교에 가지 못하는 초등학생 딸의 숙제를 도와주며 틈나는 대로 자신이 그린 그림 사진을 내게 위챗으로 보내주기도 한다. 언젠가는 산시성을 떠나 상하이나 선전 같은 연해 도시에 자리 잡고 싶다는 바람도 내비친다. 그곳에서도 진펑은 왕유의 시 〈전원락〉에서 묘사된 안빈낙도의 삶을 살 수 있을까.

참고문헌

김기호, 2016, 〈중국 사회변동 연구에 있어서 신자유주의적 이론틀의 재고찰: 산둥
    성 포도주 산업의 사례를 중심으로〉, 《비교문화연구》 22(2), 159~194.

가족과 국가 사이의 '너른 틈새'를 찾다 —
광저우의 중산층 대안 커뮤니티

———————— 김유익 ————————

동아시아의
'창의적 공공지대'를 찾아서

　　"민빤民辦(사립)학교를 말하는 건가요?" 대안학교의 중국어 명칭을 알고 싶은데, 설명이 시원치 않다 보니 답은 더 답답했다. 국가가 개입하지 않는 교육기관이라는 것이 중국에 과연 있기는 할까? "글쎄 그걸 뭐라고 해야 하나? 화더푸華德富 학교 같은 곳을 말하는 모양이네요." 멀뚱히 쳐다보고 있으니 다시 설명해준다. "영어로는 발도르프라고 하던가?" 중국에서 발도르프나 슈타이너란 이름을 듣게

2015년 상하이에서 열린 '동아시아 지구시민촌 회의 웹자보' (2015년 9월 동아시아 지구시민촌 회의 위챗공중호에서 캡처)

될 줄은 상상도 못했던 터라, 예전에는 내게도 낯설던 그 이름이 꽤 반갑게 들렸다.

중국으로 이주하기로 결심하고 정착할 곳을 알아보기 위해 2015년 봄 상하이를 찾았다. '동아시아 지구시민촌'이라는 소규모의 국제행사가 열리고 있었다. 일본의 한 환경단체의 지원으로 환경, 생태농업, 협동조합, 자연교육, 커뮤니티 등 다양한 분야에서 활동하는 한국, 중국, 일본, 대만의 참가자 200여 명이 모였다. 중국의 심각한 환경 파괴나 먹을거리 오염 때문에 '사회적 발언권'을 획득한, 공익단체(중국에서는 NGO나 자선활동단체 등을 통틀어 공익군公益群이라고 한다)에서 일하는 꽤 열정적인 활동가들도 만날 수 있었다. (비제도권) 교육이나 에코빌리지 같은 커뮤니티가 주제 영역에 포함된 것도 다소 신기하게 여겨졌다. 나는 자유 세션 발표를 자청했는데, 직전까지 일했던 서울시 하자센터에 대해 설명하다가 '대안학교'의 적절한 중국어 표현을 찾지 못해 애를 먹고 있었다.

나는 만 40세가 되던 2012년 봄에 도쿄에서 다국적기업 컨설턴트 십수 년 경력에 종지부를 찍고, 일본 도치기현의 한 농촌 마을에 있는 '비전화공방非電化工房'이라는 '생태적 자급자족교육센터'에서 연말까지 연수를 받았다. 그리고 이듬해부터 2년 가까이 서울 하자센터에서 일했다. '창의적 공공지대'를 지향하는 이 공간은 청소년 대안교육 기관인 동시에 청년, 젠더, 마을 등 다양한 현안에 대해 시민들이 함께 답을 모색하는 곳이었다. 당시에는 특히 기후 변화 문제와 후쿠시마 원전사고 이후 '교육과 삶의 생태적 전환'이라는 주제에 역점을 두고 있었다. 3년 가까운 커리어 전환의 시기를 거쳐, 2014년 말에 중국에서 비슷한 일을 해보기로 작정했다.

과거 중국과 싱가포르 등을 포함한 아시아 여러 도시에서 생활해본 경험 덕에 한국의 이웃인 중화권이 선도하는 변화에 대한 호기심과 희망을 가지고 있었다. 한국의 미디어를 뒤덮고 있는 대중 비즈니스나 정치외교뿐 아니라 시민들이 생활 속에서 대안공동체나 교육활동을 통해 이 변화, 특히 '공공'을 만들어나가는 현장을 찾아보고 싶었다. 그리고 이들이 한국을 비롯한 아시아의 이웃들과 연대하여 상호 학습과 성장을 꾀할 수 있는 기회를 만드는 것이 목표였다.

이러한 모색을 통해 발견한 중국 사회 대안 영역의 일부 흐름을 짧게나마 소개하고 싶다. 상하이에서의 초기 2년을 마무리하고 2018년 여름부터 광저우의 한 대안 커뮤니티에서 거주하며 생긴 일들을 중심으로, 이곳으로의 이주를 결심하며 가졌던 나의 기대가 어떤 굴곡을 겪었는지 돌아보기로 한다.

생태농장, 그리고 자연교육과 발도르프

2015년 한 해는 중국 각지를 떠돌며 의기투합할 만한 그룹과 장소를 탐색했다. 다행히 '신향촌건설운동'이라는 민간 사회운동 네트워크와 인연이 닿아 한동안 이 그룹과 연계된 다양한 현장과 인물들을 찾아다녔다.

신향촌건설운동의 설계자들은 향촌을 되살리기 위해 소농 중심의 생태농업을 권장하고 있는데, 이를 구현하면서 도시 소비자의 참여를 유도하기 위해 가장 유효한 방법의 하나로 아이들에 대한 '식농食農교육'을 진행했다. 농장이 아예 교육기지형 모델로 만들어지기도 하고, 생산 위주의 농장도 고질적인 경영난을 덜기 위해 체험 및 교육 프로그램을 운영하곤 했다. 프로그램은 중산층 학부모들의 관심과도 부합했다. 이들은 중국의 도시화가 급격히 진행되기 전에 태어났고, 고향도 농촌이나 농촌에서 멀지 않은 중소 도시인 경우가 많다. 이들 역시 한국의 학부모들처

생태농장에서의 식농교육.
베이징의 '작은 당나귀 농장'
에서 (2015년 4월 촬영)

럼 계층을 대물림하기 위해 교육자원이 많은 대도시에서 아이들을 키우고 싶어 하지만, 한편으로는 자신이 성장한 농촌의 자연환경과 향토문화도 긍정하는 편이다. 농촌과의 연결고리가 대부분 끊긴 한국 학부모들과 달리, 중국의 중산층 학부모들은 향촌에 대한 연대감이나 귀속감을 여전히 간직한 채 다양한 향촌 프로그램을 지지하는 경우가 많았다.

중국에서 지난 5~6년간 '자연교육'이라 불리는 민간 영역의 활동이 급성장한 배경도 이와 무관하지 않다. 상하이의 '동아시아 지구시민촌

회의' 참가자들의 최대 관심사 역시 자연교육이었다. 오랜 역사를 가진 일본 자연교육계 전문가들의 워크숍이 특히 인기를 끌었다. 중국의 자연교육 프로그램은 주로 야외에서 자연을 관찰하거나 다양한 신체활동을 수행하는 문자 그대로의 '자연'교육에서 출발했지만, 이후 식농교육, 향촌의 전통문화 지식과 다양한 공예·예술학습으로 확장됐다. 개중에는 '국학國學'이라 불리는 전통사상 학습과 결합된 전인·영성교육을 포괄하는 경우도 있고, 통합지식 전달 교과를 포함해 단위 프로그램에서 정규화된 학교 형태로 발전하기도 했다.

자연교육 종사자들은 예술과 문화활동에 관심이 많은 젊은이가 주축을 이룬다. 이들은 문예청년文藝青年이라 불릴 만한 '힙스터'들이지만, 동시에 생태농업과 향촌문화에 관심이 많은 생태주의자들이기도 하다. 이들 중 상당수가 이공환숙以工煥宿, 즉 유기농 농장에서 숙식을 제공받고 노동하는 자원봉사자 생활을 오랜 기간 경험한다. 이들은 순례자처럼 짧게는 한두 달, 길게는 1~2년에 걸쳐 전국의 농장을 찾아다니며 농사일이나 농장 운영을 배우기도 하고, 한편으로는 해당 지역의 커뮤니티에서 주최하는 환경·교육 관련 이벤트에 참여하기도 한다. 고향에 돌아가서 자신의 농장을 경영하려는 뚜렷한 목적을 가진 경우도 있지만, 대개는 이 과정을 인생 전환기의 '갭이어gap year'로 여기는 경우가 많다. 이들은 자신의 진로를 고민하면서 제도권 교육 너머에서 활로를 모색한다.

자연교육 종사자들의 또 다른 공통점은 이들이 대부분 '향촌 교사 자원봉사자志願者'를 경험했다는 것이다. 농촌의 교육 문제, 특히 교사 부족과 유수留守아동(부모가 도시로 일하러 나가 조부모의 돌봄을 받는 아동) 문제는 중국 사회의 오랜 숙제다. 정부와 민간은 물론 알리바바의 마윈 같은 비즈니스계의 거물들도 지원을 아끼지 않는다. 이 문제를 다루는 NGO가 중국 각지에 생겼고, 상당수의 자원봉사자 교사가 농촌에 거주하며 초중등 교육을 담당하기도 했다. 벽지의 농촌 학교가 폐교되면서 갑자기 통학에 곤란을 겪게 된 아이들을 대상으로 민간 학교가 등장하거나, 도시로 이주한 농민공의 자녀들을 대상으로 비인가 학교들이 도시에 생기기도 했다. 내가 만난 자연교육 종사자 다수가 이런 학교에서 자원봉사 교사 경험을 쌓은 터라 향촌과 농민공의 현실을 깊이 이해하고 있었다.

요컨대 한국에서 '대안교육'이라 불리는 교육 형태를 중국의 '자연교육'이 품고 있다고 해도 무방하다. 정부의 통제가 매우 엄격한 중국에서 '비제도권 교육'이 체계화될 가능성은 거의 없다. 대신 자연교육 종사자들은 '대안적 삶'이나 공공성을 추구하면서, 다소 모호하지만 사회적 합의를 얻은 교육 프로젝트 혹은 '비즈니스'를 수행한다. 한국과 비교했을 때 '공민(시민)교육'이 빠져 있다는 점이 눈에 띈다. "국가가 규정하지 않은" 시민적 권리와 의무, 이를 기반으로 한 공공성과 사회 참여에 대한 담론이 중국 교육계에서는 거의 허용되지 않는다. 미국 NGO가 지원하던 후난성의 향촌학교가 공민교육 과목이 포함돼 있다는 이유로 폐쇄됐다는 후일담을 듣기도 했다.

중국의 대안교육 기관 중 두드러진 성장세를 보이는 곳은 100여 년 전 독일-오스트리아에서 유래한 발도르프 학교다. 주로 음악, 율동, 그림과 수공을 이용한 예술적 표현으로 교과 내용을 전달하기 때문에 유아와 청소년의 예술적 감수성을 키우는 데 효과적이라고 알려져 있다. 창립자인 오스트리아의 사상가 루돌프 슈타이너가 정립한 인지학人智學은 기독교 신비주의의 영향을 받았으며, 교육뿐 아니라 농업, 예술, 사회, 경제구조에 이르는 폭넓은 분야를 망라하고 있다. 하지만 동아시아에서는 정치적으로 민감하게 받아들여질 수 있는 사회·경제구조에 관한 이론과 가치관은 거의 언급하지 않기 때문에 중국에서 제법 큰 성공을 거두었다. 2004년 청두成都에서 유학파 교사들이 처음 설립한 이래 중산층 학부모들에게 큰 호응을 받았고 전국적으로 확산되기 시작했다.

대안학교 마을

나는 2016년 봄부터 상하이 근교의 한 마을에서 농장 학습 공동체 실험에 참여했다. 여러 복잡한 사정으로 공동체가 해체된 뒤, 구성원 간의 관계가 좀 더 '느슨한' 커뮤니티를 찾아 2018년 여름 남방의 또 다른 대도시 광저우廣州 근교의 창저우섬長洲島 선징深井 마을로 이주했다. 마을은 시의 중심을 관통하는 주강珠江 안에 위치한 섬이지만, 실제로는 조금만 돌아오면 다리와 지하철이 주요 도심부까지 연결하고 있어 편리한 곳이다. 근대 역사유적지인 황푸군관학교도 이곳에 자리 잡고 있다. 현재 이 마을은 지역정부가 교통량을 통제하기 위해 마을로 직접 연결되는 다리의 공사를 중단할 정도로 특수한 '보호 상황'에 놓여 있다. 도심과 가깝지만 지형상 고립된 이곳 면적의 절반 이상이 여전히 농지를 포함한 녹지이기 때문에, 정부는 이 지역을 광저우 도시민들에게 근접한 환경특구로 지정한 터였다. 섬에 남은 유일한 옛 마을인 선징은 700년 역사를 자랑하는 집성촌이고, 청조의 건축물도 많이 남아 있어 역사와 인문의 풍취가 농후하다. 마을 남쪽에는 광둥의 주요 대학들이 모인 캠퍼스타운大學城이 있다.

비교적 쾌적한 주거 환경과 저렴한 물가 덕에, 이곳에는 내가 '청년 신주민新住民'이라 부를, 프리랜서로 일하는 젊은 문예청년이나 환경·향촌 등과 관련된 지역의 NGO 종사자들이 많이 거주한다. 2007년 개교한 하이롱海容 발도르프 학교도 이곳에 있다. 하이롱은 유치원부터 고등학교 과정까지 갖춘, 중국 내에서도 손꼽히는 대안학교다. 발도르프 학교는 도심을 피해 자연환경이 좋으면서 통학이 편리한 곳을 선호하는데, 선징 마을은 꽤 이상적인 선택지였다. 하지만 유치원과 초등학교 학령이 대부분이라 많은 학생들의 가족이 이곳 마을로 이주해서 살고 있다. 이들의 집단 거주는 마을에 학교 이상의 새로운 '생태계'가 형성될 조건을 만들었는데, 교육을 포함한 생활 전반에 원주민들과는 다른 '웰빙 추구형 고학력 중산층'의 수요가 형성됐기 때문이다. 학교의 정규직 혹은 파트타임 과목 담당 교사나 각종 예술 관련 과외활동 교사가 필요했고, 또 학부모들이 선호하는 유기농 농장에서 재배한 농작물과 이를 원료로 한, 첨가물이 들어가지 않은 건강 식품류의 제조 및 유통과 관련된 일을 하

하이롱 학교의 설 바자회 (2019년 2월 촬영)

는 사람들도 자연스럽게 이곳에 들어오기 시작했다. 이들과 다방면으로 협력관계를 맺고 있는 사회적 기업의 직원들이나 NGO 활동가들, 심지어 그 본부가 이주해온 것은 이 '생태계'의 외연이 확장된 결과로 볼 수도 있다. 나도 이곳으로 이주하기로 결정하는 과정에서, 2015년 광저우 방문 당시 만난 지인들이 이 마을에 거주하는 발도르프 학부모들이라는 사실을 뒤늦게 알고서는 반가운 마음이 들었다.

이 중 한 명인 위빙은 나와 동년배다. 베이징의 명문 공대를 졸업하고 IT 기업의 중간 관리자로 일했다는 점에서 나와 비슷한 이력을 가졌고, 한국에서 가까운 산둥성 출신이라 더 쉽게 친해졌다. 신향촌건설운동의 주요 기지 중 하나인 베이징의 량슈밍梁漱溟 향촌건설센터에서 그를 처음 만났다. 한국의 단기 귀농교육에 해당하는 5일간의 '신농민 교육' 합숙에 함께 참여했다. 위빙은 딸을 키우면서 건강한 먹을거리의 중요성을 깨달았고, 농촌 출신으로 느껴오던 문제의식을 바탕으로 생태농업에 종사하고 싶다는 바람을 품었다. 퇴직 후 위빙은 직장생활을 하는 아내 대신 아이를 돌보며 직접 농장 운영을 위한 준비를 하기 시작했다. 선징에 돌아와 연락을 취했을 때 위빙은 광둥 북부 샤오관韶關에 농장을 마련했다는 소식을 들었지만 농장일로 바빠서 그의 가족이 거주하는 마을에서는 거의 마주칠 기회가 없었다.

또 다른 지인인 져우야는 전형적인 발도르프 학부모라기보다는 활동가 프로필을 가진 사람이다. 지역 대학의 법학과 전임강사이지만, 그보다는 콩세알三粒豆이라는 자연교육 NGO와 생태농업, 향촌 건설과 관련한 다양한 활동을 하고 있는 40대 초반의 여성이자 딸을 둔 학부모다. 홍콩의 한 NGO의 소개로 그를 처음 만났는데, 작은 행사를 함께 연 덕분에 광저우의 활동가 30~40명을 만날 기회를 얻기도 했다.

나는 주로 마을의 청년 신주민들과 교류하느라 발도르프 학부모들과는 직접 소통할 기회가 거의 없었다. 그럼에도 이들의 존재감은 늘 염두에 둬야 했다. 광저우의 환경·향촌 활동가들이나 농민들, 그리고 청년 신주민들에게 발도르프 커뮤니티의 중산층 부모야말로 잠재적 소비자이자 활동의 '조직화' 대상이기 때문이다.

연고사회의
안과 밖

           2019년 초 함께 거주하던 청년 신주민 친구들이 갑자기 이사를 가게 되면서, 선징에서의 생활은 큰 전환을 맞게 됐다. 급히 새 하우스메이트를 구해야 했다. 전망이 좋고 옥상이 딸린 3층 집은 지어진 지 30년이 넘었지만 마을에서 가장 예쁜 정원이 있어 임대료가 비싼 편이었다. 청년 신주민 친구들에겐 부담스러운 금액이었다. 결국 유일한 지원자는 어느 정도 예상했던 대로 경제적 여유가 있는, 두 아이를 키우는 발도르프 가정이었다.

    카슈(가명)는 자연친화적인 삶과 수공예, 아동 교육과 예술에 관심이 많은 건축가 부부로 자기 가족을 소개했다. 본래 건축가였지만 육아 때문에 전업주부가 됐고, 동네에서 마음껏 뛰놀며 자라던 어린 시절의 기억을 자신의 아이들에게도 선사해주고 싶어 도심의 아파트를 팔고 마을로 이사 온 지 2년이 넘었다고 했다. 지금은 초등학교 2학년인 장남 목목(가명)이 발도르프 유치원에 다니기 시작하면서 마을로 이사 온 것이다. 남편 주 선생은 지역 건설회사의 간부인데, 차츰 커리어를 바꾸고 싶은 마음도 있고 언젠가는 부부의 고향인 차오산潮汕 지역에 농장을 마련해서 은퇴할 꿈도 있다고 했다. 곧 세 살이 되는 딸 아메이(가명)가 이곳 유치원에 다니게 될 텐데, 마을에서 아이들 교육과 관련된 일을 하고 싶어 가족의 거주지는 옮기지 않은 채 우리 집 일부를 활동 공간과 스튜디오 등으로 사용하고 싶다는 뜻을 밝혔다. 그런데 함께 집수리를 준비하던 카슈는 가족과 집을 둘러보고 나서 갑자기 아예 이사를 와서 이곳에 살고 싶다고 했다. 나는 좀 당황하긴 했지만, 달리 선택의 여지가 없었다. 다만 나는 정원과 1층을 개방된 공간으로 유지하고 싶고, 향후 외국인을 포함한 많은 손님이 와서 묵게 될 터이니 양해해달라고 귀띔해두었다. 이참에 낡은 집을 함께 간단히 수리할 수 있는 장점도 있고, '발도르프 생태계'에 조금 더 깊숙이 진입해보는 것도 나쁘지 않을 듯했다.

주 선생은 자랑스럽게 자신의 출신지를 밝히며 풍수지리적 감각을 곁들여 정원과 집을 꾸밀 계획이라고 말했다. 차오산 사람들은 본래 상업이 발달한 광둥에서도 가장 이재에 밝고, 동남아 등지로 이민을 가서 축적한 부를 바탕으로 화려한 전통 공예와 주거 및 식문화를 발전시켜온 것에 대해 자부심이 강했다. 또 남방 사람답지 않게 사회적·경제적 신분이나 체면을 중시하는 편이라 들었기에 기대 반 걱정 반으로 그 실체를 확인해보고 싶은 마음도 생겼다.

하지만 그 후 1년 동안 이 중산층 가족과 생활공간을 공유하며 사는 것은 엄청난 도전임을 깨달았다. '흑역사'는 이들이 입주하기도 전, 이들이 고용한 인테리어 업자 때문에 발생했다. 중국의 인테리어업은 상상을 초월하는 복마전이라 들어온 터라, 나는 집수리에 직접 나서는 것에 두려움을 느꼈다. 그래서 건축가인 카슈 부부가 전문성과 인맥을 동원해 알아서 잘 해결할 거라고 기대했다. 이들은 마을의 업자들을 못 믿겠다며 시내에 새로 장만한 자신들의 아파트를 맡아 작업 중이라는 록씨를 데려왔다. 그는 항목별로 정리한 견적서를 건네며 처음에는 꽤 신뢰감을 주었다. 하지만 곧 넉 달간의 악몽이 시작됐다. 속사정이야 다 알 수는 없지만, 하나부터 열까지 그의 약속은 전혀 지켜지지 않았다. 금방 해결하겠다는 호언장담도 며칠 후엔 빈말이 되곤 했다. 그런데도 카슈 부부는 그를 감싸는 것처럼 보여 나를 더 심란하게 만들었다. 주 선생이 그에게 다소 과장되게 호통을 치며 며칠 후까지 이런저런 약속을 지키지 않으면 업자를 바꾸겠다는 서약서를 내 앞에서 작성하게 한 적도 있다. 하지만 내 예상대로 그가 임무를 완수하지 못하자 떨떠름한 표정으로 한동안 침묵하더니, 이제 와서 업자를 바꿔봤자 문제가 더욱 복잡해질 뿐만 아니라 예전엔 더한 일도 겪었다며 나를 설득했다. 결국 문제를 해결하고 공사를 마감해준 것은 마을의 기술자들이었다. 도대체 왜 내 앞에서 '어설픈 연극'까지 하면서 록씨를 감싸느냐고 직설적으로 물어보자, 중국인들은 어떤 거래든 '인정人情'을 거스를 수 없다고 카슈가 답했다. 나는 록씨와 다른 거래가 걸려 있는 게 아닐까 의심했지만 더는 묻지 않았다.

페이샤오퉁費孝通은 《향토중국》(한국어판 제목은 《중국사회문화의 원형》)이라는 책에서 이 같은 인정 위주 거래의 풍토와 인간관계를 향촌에 존재하는 연고사회熟人社會라고 표현한 바 있다. 향토문화에 기반한 혈연·지연사회가 상당 부분 해체된 한국과 달리, 중국은 설사 대도시 거주민이라고 하더라도 자신들의 인맥 네트워크의 안과 바깥을 철저히 구분한다는 것을 실감했다. 카슈 가족에게 기술자들을 포함한 마을 원주민들은 네트워크 바깥에 존재했다. 임대인-임차인 관계라든가, 가사일을 돕기 위해 고용하는 마을의 아이阿姨(아줌마) 등을 제외하고는, 발도르프 학부모들과 마을 원주민들은 거의 교류하지 않았다. 상대적으로 주변적인 위치인 청년 신주민들이 마을 원주민들과 좋은 관계를 맺기 위해 의식적으로 노력하는 것과는 확실히 대비되는 모습이었다.

사유와 공유 사이

　　　　　　　　입주한 후에도 카슈 가족과 나는 좀처럼 심리적 거리감을 좁히기가 쉽지 않았다. 문화나 생활방식의 차이도 있었겠지만, 아이들의 '솔직함'을 통해 드러나는, 사유와 공유에 대한 감각의 편차가 컸다. 어른들끼리 적당히 눈치를 보며 거리를 유지하는 것은 불편하긴 해도 견딜 만했지만, 대답에 거침이 없는 아이들을 상대하는 것은, 타자가 몸 쪽으로 깊숙이 파고드는 위협적인 돌직구에 맞서는 것과 같은 부담스러운 일이었다. 카슈의 아이들은 또래 집단 혹은 가까운 주위 사람들과 자신을 비교하는 경향이 강했다. 특히 목목은 틈날 때마다 나에게 다가와 이런저런 질문을 했는데, 스스럼없이 말을 걸어오는 것은 반가웠지만 아무래도 화제가 편중되는 것을 피할 수 없었다.

　예를 들자면, 커피를 내릴 때마다 목목은 "어휴, 또 커피! 우리 집에도 더 큰 커피 기계가 있어요"라며 우쭐해했다. 사실 커피 맛을 알 리 없는 목목은 내가 매번 수동 커피밀로 원두를 가는 것이 신기하고 재미있어 보이는 듯했다. 나는 대화를 더 즐겨볼 요량으로 커피밀을 아이에게 맡기고 원두를 갈아달라고 부탁하기도 했다. 한동안 이를 즐기던 목목이 부모를 졸랐는지, 얼마 후 카슈 가족은 전동 커피밀과 에스프레소 머신, 스타벅스 원두 등을 잔뜩 사들였다. 우롱차의 일종인 차오산 특산 봉황단총鳳凰單叢차를 입에 달고 사는 사람들이 아니었던가! 그 후로 목목은 "우리 집 커피 기계는 자동이에요"라고 자랑스러워하며, 더 이상 내 수동 커피밀은 거들떠보지도 않았다.

'중산층'의 특성으로 곧잘 거론되는 사유에 대한 강박은 당연히 중국 사회에 고유한 것은 아니다. 하지만 이곳 발도르프 학부모들에게도 일본의 정리 전문가 곤도 마리에 등의 세계적 인기가 불러온 중화판 미니멀리즘 '뚜안셔리斷捨離'가 한창 유행했던 것을 생각해보면 아이러니한 상황임에는 틀림없었다. 이사 오기 전에 카슈 가족의 집에 몇 번 가본 적이 있다. 짐이 엄청나게 많아 어쩔 셈이냐고 묻자, 카슈는 "이참에 뚜안셔리!"라고 선언했다. 마을의 다른 학부모 중에도 입던 옷을 모두 기부하고 뚜안셔리풍의 '심플한 디자인'의 옷을 새로 대량 구매했다는 농담 같은 이야기를 마을 친구에게 들은 적도 있었다.

아이들의 공간 점유 욕구는 내게 딜레마를 안겼다. 목목이나 아메이는 불만이 있으면 거침없이 표현했는데, 그들 가족이 1층과 정원에 설치한 다양한 집기에, 간혹 나와 내 손님들이 접근하는 것을 못마땅하게 여겼다. 아이들은 자기 가족의 물건이 훨씬 많이 있으니 그 공간도 자기들이 더 많이 사용해야 한다고 생각했다. 한편으로 카슈와 주 선생은 내가 있을 때 아이들에게 눈치를 주면서 나를 방해하지 말도록 했기 때문에, 내 존재가 아이들에게는 불편하게 느껴졌을 것이다. 나는 아이들에게 부러 공유의 개념을 설명하는 것이 어렵기도 하고, 아이들이 어떻게 받아들일지 몰라서 쩔쩔맸다. 결론적으로 말하자면, 부모가 매우 의식적으로 그리고 반복적으로 아이들에게 설명하거나 양해를 구하지 않으면 당연히 그 또래의 아이들에게는 불만이 쌓일 수밖에 없는 노릇이었다. 어느 날 내 안내가 바닥을 드러냈다. 자꾸 그렇게 텃세를 부리면 1층 공간을 절반으로 뚝 자르든가, 아니면 사용 시간을 공평하게 절반으로 나눌 수밖에 없다고 목목에게 대놓고 '협박'을 한 후에야 분쟁을 마무리할 수 있었다.

'공유'를 연고자 네트워크로 한정하는 경향은 정원이 딸린 이 집을 왜 카슈 가족이 그리도 원했는지에서 더 분명히 드러났다. 나는 정원을 가꾸는 일에는 별로 관심이 없었지만, 이곳에서 마을 친구들이 자유롭게 어울리거나, 외부에서 온 손님들이 바쁜 일상을 벗어나 정원의 고즈넉함을 즐길 여유를 갖기 바랐다. 반면 카슈 가족은 이사 오기 전에는 마지못해 내 생각에 동의했지만, 실은 두 아이가 학교와 집을 제외한 위험한(?) 대문 밖 세상을 탐험하는 대신 맘 놓고 뛰어놀 사적 공간이 필요했던 것 같다. 대문 앞 작은 연못에 연꽃이 피어나는 것을 상상하며 행복감에 젖어 있는 카슈를 나는 좀체 이해하지 못했다. 집 대문 밖을 나서면 커다란 마을 중앙 연못이 있고, 그야말로 수련의 장관이 바로 눈앞에 펼쳐졌기 때문이다.

팬데믹이 보여준 현대 중국인들의 '정신적 추구'

베이징대학의 루쉰 연구자인 첸리췬錢理群

선생이 한 제자의 일화를 들려주며 중국인을 "섬세한 이기주의자"라고 표현했던 게 생각난다. 현대 중국인들의 정신적 추구가 오로지 개인의 행복과 애국주의만으로 이루어져 있다고 한탄하는 인터뷰를 읽으면서 국경절 아침의 장면을 떠올렸다.

중화인민공화국 건국 70주년을 맞아 연휴가 시작되는 2019년 10월 1일. 나와 마을 친구들은 오랜만에 모여 정원에서 차를 홀짝이며 조용히 담소를 나누고 있었다. 정원의 티파티가 있는 날은 보통 자리를 비켜주던 주 선생이 웬일인지 1층 홀 안에 빔프로젝터를 설치하더니 갑자기 동네방네 전화를 돌렸다. 그렇게 발도르프 이웃 가족들을 불러 모아 단체로 열병식을 관람하기 시작했다. 그도 좀 민망했는지 창고에서 커다란 커튼을 꺼내 문 앞에 둘러쳤는데, 그 순간 1층 홀과 정원이 두 세계로 분리된 것만 같았다. 주 선생이 나와 상의도 없이 정원 중앙의 스타프루트(열대과일) 나무 위에 걸어놓은 대형 오성홍기가 머리 위로 펄럭이는 것을 보며, 친숙한 정원이 낯설게 느껴지기도 했다. 오전 두 시간 동안 나는 홀 안에서 갑자기 〈나와 나의 조국〉이라는 노래가 합창으로 터져 나오지 않기만을 기원했다. 이날을 기념하기 위해 만들어진 이 노래는 몇 달 전부터 다양한 매체를 통해 선전되고 있었다. 중국 관방 엘리트의 산실, 칭화대학 학생과 교수들이 만든 플래시몹 비디오를 유튜브로 우연히 봤는데, 중국판 〈아! 대한민국〉이었다. 무엇보다 한두 달 전부터 마을 곳곳에서 이곳 발도르프 학교 아이들과 학부모의 콧노래가 끝도 없이 이어지는 것이 좀 거슬렸다. 이 학교가 칭화대학 플래시몹을 흉내 낸 학생, 교사, 학부모들을 동원해 비디오를 제작하면서 연습을 독려했다는 사실을 나중에 우연히 알게 됐다.

이전에 만났던 자유주의 성향의 일부 중산층은 곧잘 공산당에 대한 거부감을 드러내곤 했기 때문에 발도르프 학부모들의 애국주의 표현은 다소 의외였다. 하지만 하이롱 학교의 운영진이 지역 정부와 사이가 좋은 편이라 비인가 교육기관에 대한 정부의 규제가 엄격해지는 상황에서도 향후 운영에 아마 큰 문제가 없을 것이라는 이야기를 카슈에게 듣고 나서는 어느 정도 이해가 갔다. 불안과 공포에 모든 이들이 한껏 움츠러들었던 코로나19 봉쇄 기간 중 카슈 가족은 3층에서 자가격리를 취하다 저녁 식사 후 1층에서 단란한 가족 합창을 즐겼는데, 가장 사랑받던 레퍼토리는 바로 〈나와 나의 조국〉이었다.

그들과의 공동 주거에 진짜 위기가 찾아온 것은, 석 달간의 봉쇄 시기였다. 당시 설을 보내기 위해 카슈의 노부모가 방문 중이라 그들 가족은 6인으로 불어난 상황이었다. 설 직후 교제를 시작한 지 석 달쯤 된 파트너를 집으로 초대했다. 우한이 막 봉쇄된 시점이라 위기감이 고조되었으나, 나와 내 주위의 친구들은 여전히 상황을 조금은 느슨하게 받아들이고 있었다. 하지만 노인과 아이들이 있는 카슈 가족은 눈에 띄게 긴장하기 시작했다. 외부인 출입을 자제해달라는 마을 주민위원회의 통지서를 공유하며 마을에 살고 있지 않은 내 파트너를 집으로 돌려보낼 것을 넌지시 요구했다. 그러고는 자신들도 두문불출하기 시작했다. 나 역시 마을 밖으로 나가는 것은 엄두를 내지 못했지만, 종종 마실을 다니는 나의 존재도 그들에게는 부담스러운 것 같았다. 대보름을 맞아 카슈에게 미리 알리고 파트너의 집에서 하루 머물고 왔는데, 그들은 이마저도 못마땅하게 생각했다. 내가 시내의 파트너를 방문하는 것도, 그녀가 나를 찾아오는 것도 불가능해졌다. 그래도 매일 마을을 산책하면서 텃밭을 돌아보거나 친구들과 인사를 나눌 수 있는 것은 내게 큰 심리적 위안을 주었다. 반대로 카슈 가족은 오직 가족 성원들의 단합과 '국가에 대한 신뢰'만으로 이 위기를 극복하고 있었다. 국경절부터 3개월이나 옥상에서 펄럭였던 대형 오성홍기가 어느새 다시 등장했다. 마을 밖 세상과 마을 안, 대문 안, 그리고 3층 공간으로 그들의 세계는 촘촘히 나누어졌다.

외국인인 나는 고립된 봉쇄 상태에서 더 무력감을 느낄 수밖에 없었고, 한편으로는 인터넷을 통해 전해 듣는, 한국인들의 다양한 사회적 연대의식의 실천이 부럽게 느껴졌다. 이를테면 어떤 아파트 단지 주민들이, 동네에서 고생하는 위생/방역 담당자들에게 격려의 인사와 함께 지원 물품을 보낸다든가, 내가 아는 한 농업 관련 커뮤니티에서 질병관리본부에 유기농 밀감을 보낸다든가 하는 작은 실천들이 위기상황에 대처하는 좋은 시민 행동의 사례로 여겨졌다. 봉쇄 조치가 거의 해제될 무렵, 나는 뒤늦게나마 우리 마을에서도 이웃과 함께 해볼 만한 실천이 있는

봉쇄 기간 중에도 마을의 환경미화원들은 하루도 빠짐없이 마스크를 착용한 채 자기 역할을 했다. (2020년 3월 촬영)

지 알아보고 싶어졌다. 건강한 먹을거리와 관련한 작은 비즈니스를 하는 청년 신주민 친구들에게 마을의 위생·방역 담당자들이나 취약계층에게 유기농 과일을 전달하면 어떻겠냐고 제안했다. 경제적 여력이 있는 그들 주위의 발도르프 학부모들도 동참한다면 실현 가능성은 더 높을 것 같았다. 혹시 마을에서 이런 일을 실행한 사람이 있었는지도 물어봤다. 하지만 친구들은 고개를 가로저었다. "상당수 발도르프 가정들이 석 달 동안 전혀 문밖출입을 하지 않았어요. 지금도 다른 마을 주민들보다 더 조심하고 있고요." 내게도 익숙한 모습이었다. 그들이 봉쇄 기간에 관찰한 유일한 움직임은 건강한 먹을거리 공동구매가 평소보다 크게 늘어난 것과,

마스크 등 방역용품이 추가된 정도라고 했다. 카슈 가족도 봉쇄 조치가 서서히 해제되는 시점부터는 예전처럼 차오샨 특산물을 이웃 학부모 가정들과 공동구매해서 나눴다. 친구들은 이런 '국가 대사'는 정부나 대기업에 맡겨둘 일이고, 우선 우리끼리 서로 돕는 게 급선무 아니겠느냐고 내게 반문했다.

중산층의 대안적 삶

1990년대 중반부터 대안교육을 시작한 한국의 586세대들은 대학 시절 학생운동 경험도 있고, 이후엔 시민운동에도 지속적으로 관여한 이들이 적지 않다. 마을 만들기의 중심에 대안학교와 지역의 환경운동이 놓여 있는 서울 성미산 마을의 사례는 대만과 홍콩을 비롯한 중화권에도 널리 알려져 있다. 중국도 선징 마을처럼 발도르프 학교를 포함한 대안학교 소재지에 유사한 커뮤니티가 형성된 사례가 적지 않다.

"하지만 아이들 교육을 목적으로 이주해왔기 때문에 이 마을에 애착을 갖는 경우는 거의 없어요. 아이들 졸업과 동시에 대부분 마을을 떠나더군요." 발도르프 학부모들이 주 고객인 마을 빵집 운영자이자 마을에 6년간 거주한 청년 신주민 아무의 설명이다. "아이가 졸업하면 마을을 떠나실 건가요? 앞으로 아이들의 진로 문제는 어떻게 생각하시나요?" 마침 빵을 사러 온 발도르프 학부모 천팅에게 물었다. "아직 아이가 어려서 깊이 생각하고 있진 않아요. 하지만 다른 사람들처럼 형편이 되면 유학을 보낼 수도 있고, 학교에서 고등과정에는 국내 대학 진학반을 만들어주지 않을까 기대도 하고 있어요."

"여건만 된다면, 아이들을 미국으로 유학 보내고 현지에 집을 사서 가족도 뒤따라 이민 가는 것이 중국 중산층의 중국몽이자 미국몽입니다. 아이를 대안학교에 보낼 만큼 경제적 여력이 있는 부모라면, 결국 유학을 보낼 가능성이 높지 않을까요? 주입식 교육에서 탈피한 대안교육 자체가 사전 준비 과정인 '국내 유학'으로 볼 수도 있고요." 2013년 서울의 하자센터를 방문했던 인연으로 알게 돼, 상하이에서 가깝게 지내던 지역의 공립고등학교 교사 판 선생은 중학생 아들이 학업에 시달리는 현실을 어쩔 수 없는 것으로 받아들이곤 했다. 주말에는 학업 과외 외에도 장기와 라틴댄스 교습까지 받게 했는데, 내가 자연교육이나 발도르프 학교를 소개하자 상당히 냉소적인 반응을 보였다.

아이들의 교육뿐 아니라 학부모 자신의 '대안적 삶'에 대한 막연한 동경도 이곳 마을로 이주한 동기의 일부이기도 하니, 유학이나 이민만이 능사는 아닐 수도 있다. 홀벌이 발도르프 학부모들은 소일거리를 찾기 위해, 혹은 자신의 못다 이룬 꿈이나 '사회적 가치 실현'을 위해 이런저런 커리어 변신을 꾀한다. 이들이 생각하는 '사업'들은 청년 신주민들의 일과 겹치는 것이 많다. 우선 건강식품, 유기농 제품과 관련한 온·오프라인 비즈니스가 있다. 발도르프 학부모들의 단체 위챗방(중국식 카톡방)에서

발도르프 학부모들의 커뮤니티 유기농 제품 매장 (2020년 8월 촬영)

는 작은 거래들이 일상적으로 일어난다.

　두 번째로 많은 경우는 수공예를 비롯해 예술과 관련한 교육사업이다. 학부모 중에는 예술가들도 있어서 자연스럽게 자신의 기량을 발휘해 클래스를 오픈한다. 그 외에 수양 혹은 심신단련의 성격을 갖는 다양한 전통문화 강좌와 체험도 사업 아이템이 된다. 세 가지 유형 모두 각종 워크숍 등을 비롯한 교육사업이 필수적이라 다양한 프로그램들이 마을 곳곳에서 상시적으로 운영된다. 이런 이벤트가 자녀 교육뿐만 아니라 부모들의 자기계발과 네트워킹의 장으로도 기능하기 때문이다.

　발도르프 네트워크를 벗어나 마을을 기반으로 사업 범위를 확대하는

칭차오의 전통의상 스튜디오 (2018년 7월 촬영)

사례도 드물게 존재한다. 광둥 지역 고유의 비단 샹윈샤香雲紗로 만드는
전통 복색을 수작업으로 만드는 기술을 무료로 전수하고, 옷을 직접 디
자인하고 만드는 사회적 기업을 운영하는 칭차오의 스튜디오는 마을의
사당을 개조한 전통가옥 안에 자리 잡고 있다. 그녀는 마을 원주민들, 나
아가서 기층 공무원들이나 지역의 많은 단체와 협력관계를 맺고 있는데,
그의 두 아이는 이미 마을 공립초등학교로 전학을 했지만, 사업장과 집
이 모두 마을에 남아 있다.

　중국은 당, 국가, 사회의 분화가 잘 이뤄지지 않은 상태이고, 출신 지역
과 혈연 등의 연고 중심 네트워크가 사회 전반에 깊게 뿌리내리고 있다.

주로 서구 사회와 그 발전 경로를 따라간 사회 안에서 대안운동은 시민들에 의해 주도되어 국가와 시장 외의 제3의 영역인 '공'을 만들어나가는 전위 중 하나로 인식되고 있다. 나는 거대한 중국이라는 나라의 수많은 사람 중에는 극소수일지언정 대안의 가능성을 믿고 실천하는 사람들이 있을 것이라고 가정하고 이러한 커뮤니티와 사회운동 네트워크를 '겪어' 보고 있다. 행운이 따르면 매우 급진적이거나 자유주의적이며, 스스로를 변화의 주체로 인식하는 경우도 만나게 된다. 이를테면 청년 신주민들 중에서 이런 사례들을 발견할 수 있다. 하지만 대개의 경우 국가와 사회를 분리된 것으로 바라보지 않는 중국의 오랜 관행에서 벗어나기는 쉽지 않아 보인다. 국가가 대안적 흐름을 전유해 정책으로 발전시키는 경우를 더 빈번히 관찰한다. 내가 생각해온 '공'을 보편으로 삼는 것도 문제가 있지만, 가족과 국가의 틈새 사이에서 자율적 대안 실험들을 더 많이 보고 싶은 바람은 쉬이 꺾이지 않는다.

"수신제가치국평천하修身齊家治國平天下라는 말을 들어보셨죠?"

최근에는 광저우를 비롯한 중국의 몇몇 지방정부들도 민간이 중심이 되어 '공'을 만드는 공중참여公衆參與의 필요성을 인식하기 시작했다. 그래서 추진되는 마을 만들기社區營造의 일환으로 크고 작은 커뮤니티 가든社區花園이나 마을 텃밭 관련 행사가 열린다. 이곳에서 우연히 마주쳤던 발도르프교육재단山海源慈善基金會 관계자에게 봉쇄 시기에 내가 관찰한 우리 마을 학부모들의 모습에 대해서 어떻게 생각하느냐고 물어봤다. "행복하고 건강한 아이들과 가정, 학교 커뮤니티를 만드는 것이 저희의

우선적인 목표예요. 커뮤니티가 어느 정도 성숙해지고 역량도 갖춘 후에
는 지역과 사회로 눈을 돌리는 것도 가능해지겠죠." 그다지 자신감에 찬
대답은 아니었지만, 봉쇄 조치가 끝나고 활기를 되찾은 카슈 가족의 그
림같이 밝은 모습全家福이 떠올라, 나는 하릴없이 고개를 끄덕였다.

참고문헌

費孝通, 2015,《鄕土中國》, 人民出版社 (페이샤오퉁, 2011,《중국사회문화의 원
　　형 - 향토중국》, 비봉출판사).

梅峰, 2017,《不成問題的問題》, 北京聯合出版公司.

錢理群, 2019, [5.4 특집 향촌건설과 청년] – 첸리췬錢理群: 향촌건설과 청년의 정
　　신적 성장, 다른백년 웹사이트 (http://thetomorrow.kr/archives/12456).

3부

선전深圳,
도시에서 민간 읽기

'자기혁신'하는 도시의 명암

———— 김미란 ————

'두 얼굴'의 선전, 그리고 40년의 개혁

중국 사회에서 개혁개방의 가장 성공적인 모델이 선전특구深圳特區라는 데 이견을 다는 사람은 없다. 세계 최고 성능을 자랑하는 드론의 생산지이자 마윈馬雲 같은 벤처기업가를 탄생시킨 IT산업의 천국이란 점에서 이 주장은 일리가 있다. 그러나 수출량과 경제 규모로 보자면 상하이의 푸둥특구가 단연 1위다. 그럼에도 선전이 '가장 성공적인 개방 모델'로 불리는 이유는 무엇일까?

선전특구는 천안문 사태로 민심을 잃은 공산당이 개혁정책의 운명을 걸고 무제한에 가까운 자금을 투입해 완성한 상하이의 푸둥특구와 구별된다. 지리적으로 볼 때 중국 경제의 심장부인 상하이와 달리, 선전은 남쪽 변경에 있는 인구 3만 명의 한적한 어촌에 불과했다. 설사 시장주의 개혁이 실패하더라도 사회적 파장이 거의 없는 외진 '실험장'이었다. 때문에 1980년 중앙정부는 별다른 경제적 지원 없이 선전에 '자율권'만 주었고, 선전시는 '중국 최초의 특구'라는 지위에서 파격적으로 '홍콩식 자본주의'를 배워가며 1979년부터 2017년까지 40년 사이에 GDP가 만 배 증가하는 '기적'을 이루어냈다. 상주인구 천만 명의 대도시가 된 선전은 1인당 GDP가 중국 전체 도시인의 평균 수입의 세 배이고, 이미 2017년에 한국의 1인당 GDP를 추월했다. 이처럼 '파격'을 통해 자력으로 초고속 성장을 이룬 선전은 그 자체로 하나의 '모델'이었으며, '가장 성공한 특구'라 할 만했다.

그러나 선전을 이야기할 때 빠뜨릴 수 없는 것이 폭스콘Foxconn 노동자의 '잇단 투신자살' 사건이다. 전 세계 애플 스마트폰의 90퍼센트를 생산하는 선전의 외국 기업인 폭스콘은 2010년에 미국의 《포춘》이 선정한 세계 500대 기업 중 112위를 차지했다. 그러나 바로 그해에 폭스콘 공장의 노동자 18명이 연달아 투신자살을 했고, 2016년까지 총 30명이 투신해 목숨을 잃었다. 그럼에도 본토에서 이들의 죽음에 항의하는 '시위'는 없었으며 오히려 폭스콘은 중국의 20개 도시에 100만 명의 노동자를 거느린 '제국'으로 성장했다.

이처럼 선전은 최첨단 과학지식을 지닌 두뇌들의 '꿈의 경연장'이자, 스스로 목숨을 끊을 만큼 고된 육체노동자들의 일터가 '글로벌'이라는 이름으로 불리며 공존하는 곳이다. 계층적으로 단절되고 공간적으로도 구분되는 오늘날의 선전은 어떠한 '혁신'을 통해 오늘에 이르게 되었을까? 특구 선전의 탄생과 '혁신' 과정, 그리고 혁신을 가능케 한 '사람들'에게 주목하며 답을 찾아보자.

선전은 국가의 제도적 변화 없이 지도자 1인의 결단으로 태어난 도시다. 개혁의 제도적 타당성을 검토하며 준비하던 시기(1980~1990년대 초), 외자유치를 통한 OEM(주문자 상표 부착 생산) 중심의 초고속 산업화 시기(1990년대 초~2010년대)를 거쳐, 첨단 정보과학 기술을 기반으로 이른바 4차 산업혁명의 기지로 발전했다.

선전은 특구로 선정된 후 두 차례의 위기를 겪었다. 첫 번째는 1989년 천안문 사태로 인해 개혁이 중단된 시기로, 덩샤오핑은 1992년에 선전과 상하이를 시찰하면서 "자본주의에도 계획이 있고 사회주의에도 시장이 있다"라고 연설(남순강화南巡講話)함으로써 중단된 개혁에 활기를 불어넣었고, 이를 계기로 '선전의 홍콩화'를 위한 물꼬가 트였다. 2001년 중국의 WTO(세계무역기구) 가입은 두 번째 위기를 낳았다. WTO 가입 이후 전국에서 시장주의 개혁이 가속화되면서 선전의 '특별함'이 사라졌다. 기업의 부도가 속출하고 2002년 익명의 기고문 〈누가 선전을 버렸는가深圳, 你被誰放棄〉가 대중적 논쟁으로 확산하면서 선전의 미래에 대한 우려가 들끓었다. 이러한 위기감은 OEM 방식이 선도하는 기존의 발전

정책을 수정하고 IT 등 핵심적인 첨단 과학기술을 육성하는 새로운 정책 방향을 견인했다.

이러한 4차 산업혁명 단계로 진입하는 과정에서 기억해야 할 사건이 2008년 미국발 세계 금융위기다. 개혁개방 후 미국을 모델로 삼은 '추격형' 전략을 택했던 중국은 상상조차 못한 '미국의 파산'을 보면서 기존의 수출 주도형이 아닌 '중국' 스스로 모델이 되는 자립형 산업 발전 전략으로 선회하기 시작했다. 이 전략이 2015년에 화웨이 같은 반도체와 첨단 IT산업 발전을 목표로 한 '중국 제조 2025^{Made in China 2025}' 정책으로 구체화되었고, '중국의 실리콘밸리'라 불리는 선전이 그 대표적인 성과다. 이제 선전은 '성공한 개혁도시'를 넘어, 바닥의 '돌을 더듬으며 강을 건너는' 중국의 탐색과 성과를 상징하는 '중국식' 경제개혁의 모델이 된 것이다.

시험적인 성공 모델이라는 점 외에 선전이 상하이나 여타 특구와 구별되는 또 하나의 특징은 중국의 '통일'을 위한 교두보라는 점이다. 특구가 된 선전은 홍콩을 통한 자본과 기술력에 의지해 홍콩에서 팔리는 물건을 생산하는 '후방의 공장' 역할을 충실히 수행했다. 영화 〈첨밀밀〉(1996)에서 장만옥의 애인 여명이 가난한 상하이를 떠나 설레는 마음으로 홍콩행 열차에 몸을 실은 1987년의 배경이 당시의 분위기를 잘 보여준다. 그러나 2014년에 선전항의 대외수출량은 홍콩항을 추월했고, 2020년 홍콩의 민주화운동 시기에 선전의 국경지대에는 무력진압용 탱크가 배치되었다. 당시 홍콩의 시위대들이 가장 두려워했던 것 중 하나가 '물'이었다.

중국으로부터의 식수 공급이 중단되면 홍콩인들은 당장 베트남이나 제 3국에서 물을 사다 먹어야 하는 처지였기 때문이다. 홍콩은 선전에 자본을 투자하는 중요한 역할을 했지만, 동시에 섬이라는 지리적 약점 때문에 대륙과 섬을 연결해주는 선전에 의존해야 했다. 즉 선전과 홍콩의 인접성은 아무도 주목하지 않았던 한적한 어촌이 통일의 사명을 부여받아 특구로 선정된 결정적 이유였다.

그렇다면 2020년의 선전은 어떠한가? 2018년에 마카오와 홍콩을 잇는 세계 최장 55킬로미터의 해상육교 '강주아오 대교'가 개통되었다. 이로써 세 시간 30분이 소요되던 육로는 30분대로 단축되었고, '일국양제' 지역인 마카오와 홍콩은 광둥성의 9개 도시와 함께 아예 하나로 묶여 '광둥-홍콩-마카오 거대 해안벨트Guangdong-Hong Kong-Macao Greater Bay Area(GBA)특구로 재편되었다. 2019년 2월 18일 중공중앙은 "광둥-홍콩-마카오 거대 해안벨트 발전규획 요강"을 통해 인구 7천만 명의 이 해안벨트가 향후 미국의 실리콘밸리와 경쟁하는 세계 3대 첨단기술 지대의 하나가 되고, 일대일로一帶一路 사업의 해상 출발지가 될 것이라고 선언했다. 40년 동안 자본주의 도입의 '창구' 역할을 하던 선전은 '홍콩의 중국화'가 진행되는 오늘날, 일대일로를 통해 '중국이라는 기회'를 '세계에 선사'하는 진격지로 거듭나고 있다.

돌아보면 선전은 홍콩이라는 키다리의 어깨에 올라타고 '최소비용'으로 '무'에서 '유'를 창출해낸 도시다. 그 과정을 좀 더 들여다보자.

경제특구의 탄생과
'자기혁신'

　　　　　　　　　　1979년 4월 5일부터 28일까지 베이징에서
개최된 국무원 중앙공작회의에 참석한 중국 공산당 광둥성 서기 시중쉰
習仲勳(시진핑의 부친)은 당 지도부에 다음과 같이 보고했다. "만일 광둥성
이 하나의 독립된 국가라면 수년 내에 경제를 급성장시킬 수 있다. 그러
나 현재와 같은 체제에서는 쉽지 않다." 비록 우회적으로 표현했으나 그
가 하고 싶은 말의 요점은 '현 체제에서는 경제를 발전시킬 수 없으니, 현
체제를 벗어나서 일을 할 수 있는 재량권을 달라'는 것이었다. 그렇게 해
준다면 자신은 선전과 주하이珠海, 그리고 화교들의 무역 전통이 활발한
산터우汕頭항에 수출가공 지역을 만들어 획기적인 발전을 이루어내겠다
고 했다. 이에 덩샤오핑은 "그럼 중앙은 돈이 없으니 당신들이 특구를 만
들어 필사적으로 혈로를 개척해나가라"라고 답했다. 오늘날 선전시 정
부를 굽어보며 연화산 등성이에서 금방이라도 뚜벅뚜벅 걸어 내려올 기
세로 서 있는 덩샤오핑의 동상은 이 역사적인 순간을 상징한다.

　　당시 덩샤오핑이 선전의 상황을 물었을 때 시중쉰은 선전 주민들이 홍
콩으로 탈출하기 위해 줄을 섰다고 답했다. 다음 장에서 자세히 다루겠
지만, 1980년 선전 '뤄팡촌羅芳村' 주민의 수입이 134위안이었을 때, 선
전하深圳河를 건너 탈출한 홍콩 거주 뤄팡촌 주민의 수입은 1만 3천 위안
으로 100배 차이가 났다. 1960~1970년대 중국 사회는 공산풍(당에서
계획을 세워 지시하면 하급기관이 무조건 경쟁적으로 지침을 추진하고 성과를 과장

선전 시내 연화산에 있는 덩
샤오핑의 동상

하여 보고하던 풍조)으로 인해 경제 침체의 악순환에서 벗어나지 못하고 있
었다. 파산이 불가능한 국영공장과 종업원 해고 제도가 없는 계획경제의
'비효율성'을 심각한 문제로 인식하고 있던 덩샤오핑은 시중쉰의 제안으
로 '정치특구'만 존재하던 중국에 최초로 '경제특구'를 허용하게 되었다.

자율권을 확보한 선전의 기업들은 국가에 이윤을 모두 납부하던 제
도가 세금 납부로 전환되자 활력을 얻었다. 토지를 외국 기업에 임대해
수익을 얻었으며, 노동자를 계약제로 채용하고 주식 제도를 도입했다.

1984년에 선전에는 기계설비와 부품 원재료를 모두 홍콩에서 가져와 임가공만 하는 위탁가공 공장이 최초로 생겨났고 이 방식은 점차 연해지역과 광둥성 전역으로 전파되었다. 외국 자본의 중국 투자가 급증해 홍콩의 주요 수출품인 섬유, 구두, 완구, 가방, 전기제품의 95퍼센트 이상이 중국의 공장에서 생산되었고 광둥성은 '중국 제조업의 메카'로 성장했다.

그러나 오늘날 우리가 알고 있는 선전은 경공업 제품을 가공무역하는 곳이 아니라 드론과 애플 스마트폰을 생산하는 곳이다. 선전은 어떻게 대자본을 통해 첨단제품을 생산하는 '세계의 공장'이 되었을까?

공정하게 말하자면, 오늘날의 선전은 덩샤오핑의 결단에 의해서만 만들어진 것이 아니다. 지도자의 결단은 필요조건이었고, 실제로 특구가 형성될 수 있었던 배경에는 미국 경제의 '과잉축적' 위기가 놓여 있다. 글로벌 자본의 과잉축적 위기가 중국의 경제개혁에 미친 영향을 대만 기업 폭스콘의 중국 진출 과정을 통해 간단히 살펴보자.

전후 자본주의 체제는 1950~1960년대에 유례없는 호황을 누리며 '황금기'를 맞았다. 그러나 1960년대 이후 미국은 달러를 기축으로 하는 통화 체제의 위기에 봉착하여, 독일·일본의 달러 보유액이 급증하면서 미국의 금 보유고가 줄어 달러의 금 태환성이 불안정해졌다. 이에 닉슨은 1971년 8월 15일에 금 태환 정지를 선언했고, 이 '닉슨 쇼크' 직후인 1972년에 중국을 방문하고 1974년에 43억 달러의 거액을 중국에 차관으로 제공했다.

1960년대 중반 미국 사회는 완전고용이 현실화하면서 일자리는 넘쳐나고 노동력이 부족한 상황이었다. 그 결과 노동자들의 실질임금이 상승하면서 노동시간 단축과 노동조건 향상, 복지에 대한 요구가 높아졌고, 기업은 국제 경쟁력 상실을 우려해 그 요구를 거부했으며 정부 역시 노동운동을 압박했다. 이에 노동자들의 불만이 파업으로 분출되면서 1960년대 후반 전 세계 좌파운동의 배경이 되었다. 이러한 상황에서 글로벌 자본은 세계적 범위에서 '산업 이전'을 단행했다. 제조업의 자국 내 생산비용이 상승하자 노동집약형 산업을 개발도상국으로 이전하고, 자국은 기술집약형, 혹은 자본과 기술만을 집중적으로 발전시킨 것이었다.

대만의 폭스콘이 타이베이 신지구新區에 흑백 TV용 플라스틱 부품 생산 공장을 설립하게 된 1974년이 바로 이 무렵이다. 폭스콘은 대만의 기업인 홍하이정밀공업HongHai Precision Industry의 자회사이자 위탁생산 거래상호trade name인데, 1988년 처음으로 중국 선전에 진출했다. 1991년에 생산거점을 쿤산昆山으로 확대하면서 대륙 석권의 기반을 마련했고, 2005년에는 세계 최대 휴대전화 위탁생산 공장이 되었다.

공상철(2020)은 선전 특구의 성립 과정을 글로벌 자본의 이동을 통해 밝힌 바 있다. 홍하이鴻海가 중국 대륙으로 진출해 폭스콘이라는 이름으로 글로벌 기업의 입지를 다지게 된 시기를 1988~1991년으로 보면서, 이 시기가 아시아의 신흥공업국들이 하이테크나 조선 등 중공업 부문으로 영역을 확장하면서 약진을 이어간 시기라고 설명한다. 중국은 바로 이 대열에 뒤늦게 뛰어들었으며, 그 후 1980~1987년 사이에 수출 11.7 퍼센트, 투자 19퍼센트, GDP 10퍼센트 증가라는 놀라운 성장률을 기록했다.

그러나 '적자'가 누적되는 계획경제 시스템으로는 중국에 투자한 외국 자본의 원금은커녕 이자도 상환할 수 없었다. 이 때문에 덩샤오핑 체제는 신흥공업국 대열에 합류하기 위해 특단의 조치를 내려야 했다. 이 '구조조정'이 바로 1980년대 초반에 추진된 '개혁개방'의 본질이다. 개방을 위해 14개의 경제특구와 3개의 연해 개방구가 만들어졌으며, 특구는 '원재료도 국외에서, 판매도 국외에서, 대량으로 들여오고 대량으로 수출한다兩頭在外, 大進大出'라는 전략 아래 값싼 노동력을 제공하는 '세계의 공장'이 되었고, 그 대표 지역이 선전이었다.

요컨대 미국의 과잉축적의 위기가 대만으로 전가되고, 반半 주변부인 대만의 과잉축적 위기가 다시 주변부인 중국 대륙으로 전가된 결과 선전에 폭스콘 공장이 세워졌다. 그 후 폭스콘은 서진과 북진을 거듭하며 내륙으로 진출해 오늘날의 '제국'을 형성하게 된다.

'젊은 도시' 선전, 인재를 빨아들이는 "천인계획千人計劃"

선전은 중국의 도시 가운데 거주자의 평균 연령이 30세로 가장 젊은 도시다. 선전에는 폭스콘과 같은 글로벌 기업, 인공지능, IT 유니콘 기업, 그리고 지구상의 모든 생명체의 유전자 정보를 보유하고 있는 세계 최대의 게놈 데이터베이스인 베이징 게놈 연구소

Beijing Genomic Institute(BGI) 같은 바이오, 항공우주, 친환경 신생 에너지 연구기관과 산업단지가 존재한다. 2019년 한 해에 선전으로 유입된 대졸 인력은 23만 명이었는데 이들의 평균 연령은 27세였다. 선전에서는 40세가 넘으면 '자연도태'되지만 젊은이들에게는 '기회의 땅'으로 여겨진다. 각지에서 젊은이들이 선전으로 몰려들면서 홍콩은 뒷전으로 밀려난 지 오래다. 2010년대 중반까지 '한 자녀 정책'을 피해 '초과' 출산을 하러 홍콩으로 향했던 임산부들의 긴 행렬도 2015년 정책 변화 이후에 사라졌다. 청년들은 '비록 홍콩만큼 월급이 많지는 않지만, 집값이 상대적으로 저렴하고 삶의 속도가 홍콩보다 여유가 있으며 무엇보다 기회가 많아서' 선전에서 살고 싶어 한다.

선전이 '기회의 땅'이 된 배경에는 앞서 간단하게 소개한 국가 주도하의 첨단기술 육성책(중국 제조 2025)이 자리한다. 중국 정부는 자국의 현재 IT 첨단기술 수준을 한국, 영국과 동급인 제3등급에 속한다고 자평하면서, 2025년에는 제2등급인 일본과 독일을 따라잡고 2045년에는 세계 1위인 미국을 따라잡아 미국과 동등한 세계 최대 IT 강국이 되겠다는 계획을 수립했다.

세계 1위를 꿈꾸는 이 계획을 실현할 주체는 누구인가? 중국 정부는 이른바 '천인계획千人計劃'에 따라 2008년 이래 미국, 인도, 독일, 일본, 한국 등을 대상으로 대규모 인재를 스카우트하는 한편, 유학파 중국인海歸의 귀국을 독려하고 있다. 천인계획은 2008년부터 향후 5~10년 사이에 IT 반도체, 바이오, 인공지능, 신생 에너지, 경영관리의 세계적인 인재를

500명에서 천 명까지 초빙한다는 계획으로, 이에 따라 중국은 2017년 초까지 10차에 걸쳐 총 6074명의 인재를 영입했다. 이 인재 영입 계획은 중외의 첨단지식 분야의 전문가들을 A급, B급, C급으로 분류하고 각각 연봉 3억에서 5억 원, 계약 기간을 3년 혹은 5년으로 하여 초빙하는데, 노벨상 수상자가 A급에 속한다. 초빙 대상의 연령은 55세 이상이며 이들은 천인계획의 제1조 원칙인 '중국의 국익에 봉사'해야 한다. 일단 선발이 되면 대상자는 늦어도 1년 이내에 중국에 입국해야 하지만 초빙 후 중국 내 체류 기간은 최소 6개월 이상이라고 명시되어 있다. 제도적으로 겸직이 가능하다는 의미다.

최근 전직 삼성전자 사장이 중국의 반도체 회사 ESWIN의 부사장으로 영입된 것이나 국내 자동차 자율주행의 권위자인 카이스트 연구원이 국내 핵심 기술을 중국으로 유출한 사건, 화웨이와 산업스파이, 지적 재산권을 둘러싸고 중미 간에 충돌을 빚고 있는 작금의 현실은 이 계획의 추진 과정에서 발생한 일이다(2020년 4월 18일 기준. 중국 당국은 국제적인 비난을 의식한 듯 바이두 검색어에서 '천인계획'을 삭제해 검색이 불가능해졌다).

지방정부인 선전은 천인계획의 선전시 버전인 '공작새 계획孔雀計畵'을 수립해 매년 10억 위안(한화 약 1700억 원) 이상을 투입해 시내에 난산南山 기술단지를 육성하고 있다. 실행 지침인 '파일럿航導2020'에 따라 인재 육성과 영입, 금융서비스 세 부문을 결합시켜 운용하고 있으며, IT 업종 창업을 육성하는 '인큐베이팅' 사업을 활발히 추진하고 있다. 그 결과 지난 40년 동안 선전은 '세계 최초' 기록을 120건, '중국 최초' 기록을 500

건 달성했다.

오늘날 선전의 연구기관에서 일하고 싶어 하는 중국의 청년들은 그 준비 과정으로 해외 유학을 떠난다. 선전 외에도 상하이, 항저우杭州, 우한武漢 등지에 첨단기술단지가 조성되어 있으며, 이들은 정부의 인재 영입 정책에 적극 호응하는 데 그치지 않고 예산을 따내기 위해 무리한 유치 경쟁을 벌여 각종 문제를 낳기도 한다. 또한

서울 코스트코 매장의 선전산(DJI) 드론

초빙 대상의 (이중)국적 문제에 정부가 과도하게 개입해 이들의 자유를 제한하면서 계약을 파기하고 돌아가는 사례도 발생하고 있다.

서울 양재동에 있는 코스트코 매장 1층에는 138만 원의 가격표가 달린 드론이 전시되어 있다. 그리고 선전을 방문하는 외지인들은 시내의 대형 드론 전시관을 관광코스로 관람하며, 50여 개 소수민족의 삶을 전시하는 중국판 민속촌인 '금수중화錦繡中華', 그리고 스펙터클한 소수민속 의상 라이브 쇼를 관람한다. 이런 풍경들은 '최첨단'이지만 '유서 깊고', '화려하고 다양하지만 오케스트라와 같은 장중한 중국'이라는 이미지를 갖게 만든다. 하지만 이 풍경이 선전의 전부일까?

선전 시내의 드론 전시관

선전시 민속촌의 소수민족 의상 쇼

글로벌 가치사슬의 밑바닥, 폭스콘의 노동자들

외지인 노동자들이 주로 일하는 선전의 폭스콘 공장은 첨단기술 단지인 시내에서 떨어진 외곽 롱화구龍華區에 있다. 환경오염 개선과 미래형 스마트 도시 건설을 위해 시내에 있던 폭스콘 공장은 2014년에 외곽의 롱화구로 옮겨졌으며 폭스콘의 공장과 기숙사는 외부인의 접근이 금지된 구역이다. 그러나 2010년 노동자들의 잇단 투신자살 보도 이후 중외의 학자들은 애플의 명성에 가려져 있던 폭스콘의 실상과 그곳의 '사람들'에게 관심을 갖기 시작했다.

17세의 농촌 출신 여공 티엔위田玉는 2010년에 입사해 37일 만에 기숙사 건물 4층에서 뛰어내렸다. 다행히 목숨은 건졌지만 하반신마비가 되었다. 그녀의 이야기는 2014년에 다큐멘터리 〈비상飛昇〉으로 만들어졌다. 도입부에서 투신 이유를 묻는 감독에게 티엔위는 "모른다, 생각이 나지 않는다"라며 대화를 거부했다.

폭스콘 연쇄 투신 보도 이듬해인 2011년 2월, 미국에서는 '핸드폰 이야기Cell Phone Story'라는 스마트폰 게임이 개발되었다. 작업장에서 일하던 노동자가 견디다 못해 투신을 하면 지상에서 대기 중이던 구급용 침대를 재빠르게 밀고 가서 투신자를 받아내는 이 게임은 시판된 지 세 시간 만에 애플에 의해 판매가 중지되었다. 다큐멘터리는 죽은 노동자들의 피를 연료로 제품을 만들어 달러를 챙겨가는 미국 기업을 희화화했으나 정작 노동자들이 왜 투신하는가를 충분하게 설명하지 못한다. 과중한 업

폭스콘 공장 기숙사에 설치된 자살 방지용 그물 (다큐멘터리에서 캡처)

무 때문인가?

다큐멘터리에 등장하는 노동자들은 아침이면 공장 입구를 향해 구름처럼 무리 지어 들어가 방전용 신발과 작업복을 입고 눈만 내놓은 채 작업라인에 앉아 손을 움직이다 8~9시 무렵 야근을 마치고 썰물처럼 빠져나와 숙소로 향한다. 긴 노동에 지친 노동자들은 퇴근길이나 기숙사에서 서로 대화하기보다 혼자 게임을 하며 시간을 보낸다. 이러한 일상이 반복되면서 '친구'를 사귀는 것은 점점 불가능해지고, 이 외지인 노동자들의 기숙사에는 정부가 허용한 '자살 방지용 그물'이 설치되어 있다.

투신한 지 4년이 흐른 뒤에야 티엔위는 입을 열었다. 첫 출근 날 그녀는 아무런 설명도 듣지 못한 채 내용을 알 수 없는 계약서에 서명을 했고, 아무런 설명도 듣지 못한 채 곧바로 작업라인에 배치되었다. 그녀가 하는 일은 컨베이어벨트처럼 빠르게 돌아가는 작업대 앞에서 "사각 금속판에 털이나 섬유가 묻어 있는지, 얼룩이나 긁힌 자국이 있는지"를 점검하는 것이었다. 이 동작을 매일 2800번씩 반복해야 했다. 품질 검사관은 불량품이 나왔다고 그녀를 질책했다. 옆 사람이 잘못한 것이 분명한데도 감히 말대꾸도 하지 못했고, 속도를 맞추지 못해 금속판이 쌓이면 사람들 앞에서 선 채로 훈계를 들어야 했다. 티엔위가 반복적으로 이야기한 가장 큰 고통은 "자신이 만지는 이 네모진 금속판이 무엇인지 알 수 없고 무엇이 불량인지 왜 불량인지 물을 수가 없어, 아무것도 모르는 상태"에서 속도에 쫓기며 반복적으로 일해야 하는 답답함과 피로감이었다.

"인간이 어떻게 기계 속도를 따라가겠어요?"라고 말하는 티엔위는 날마다 똑같은 금속판을 닦으며 아무것도 배우는 것 없이 지쳐 쓰러질 때까지 작업대에 앉아 있어야 했다. 기숙사 룸메이트와도 이런 작업의 고충을 나누지 못했고, 선임이 후임에게 회사 내 시설이나 생활에 관해 설명해주는 법도 없었다. 구내식당이 있다는 것을 아무도 알려주지 않아 한참 지나서야 알게 되었다고 말한 뒤 잠시 침묵하던 그녀는 "룸메이트가 익숙한데, 서먹하다沒有感情"고 말했다.

'모래알 같은 노동자들 간의 관계'는 직원을 '나사못'과 같이 배치했다가 고갈되면 '버리는' 폭스콘의 직원 사용 매뉴얼의 요체다. 폭스콘은 동일사업장 단위로 숙소를 배정하거나 입사 기수에 따라 방을 배정하지 않고 기숙사 자리가 비면 신입으로 채운다. 이렇게 배치된 신입은 고립감을 느끼지만 연차와 업무가 달라 대화가 어렵고 피로한 탓에 대화 자체를 포기하게 된다. 퇴근 후 기숙사에 오면 모두가 자고 있어서 괜히 욕먹지 않으려면 조심스럽게 잠자리에 들고 혼자 고충을 해결하는 수밖에 없다. 이러한 환경을 견디지 못해 노동자들은 한 달을 채우지 못하고 떠나기도 하고 티엔위처럼 극단적인 선택을 하기도 한다. 그러나 '생존' 자체를 위해 모든 것을 포기하고 수년씩 다니는 기혼자도 많다. 회사는 이러한 '퇴직 사이클'을 정확히 파악하고 있다. 그래서 한 달에 2~3회 상시 채용을 하며, 신입은 결원이 생기는 즉시 작업대에 배치된다.

40만 명이 일하는 거대한 선전의 폭스콘 공장은 직원을 관리하는 시스템이 13개 단계로 층층이 조직화되어 있다. 티엔위가 투신하게 된 발단은 체불임금 때문이었다. 월급수령 카드를 분실해 월급을 받지 못하자 상사에게 문의를 했으나 해결을 하지 못했다. 사무실을 찾아갔지만 역시 아무도 답을 주지 않았다. 사방을 헤매다 휴대전화를 분실해 연락할 방법까지 없어진 17세의 티엔위는 밤이 깊자 수중에 남은 1위안으로 버스를 탔다. 차비가 모자라 중간에 내려 기숙사까지 걸어온 날 밤, "버려진 느낌이 들었고, 무너져 내렸다"라고 투신 당시의 심경을 밝혔다.

폭스콘 노동자에 대한 선구적 연구자인 판이潘毅는 치밀한 관리 시스템에 의해 운영되는 거대 조직에서 개인은 티엔위처럼 아무도 책임지지 않고 방기될 수 있으며 임금체불은 항상 일어난다고 말한다. 그에 따르면, 애플은 첨단 IT기업으로 글로벌 가치사슬의 맨 꼭대기에 위치하지만 아이폰을 생산하는 폭스콘은 가치사슬의 맨 하단에 위치한다. 케네스 크래머(Kraemer et al. 2011)는 판매 가격이 549달러인 아이폰4의 경우, 원자재 비용을 제외하고 애플 본사가 가져가는 가치포착(이익 배분)이 58.5퍼센트, 미국·한국·일본·중국·대만·유럽 등 기타 공급상을 포함한 기업이 14.5퍼센트, 중국은 노동자의 인건비 몫으로 1.8퍼센트를 가져간다고 밝힌 바 있다. 애플이 이처럼 대부분의 이익을 가져가고 가치사슬 최하단의 OEM 기업이 가져가는 이윤은 극히 적다. 이 때문에 폭스콘 같은 기업은 생산량을 늘리거나 노동력 원가 절감을 통해서만 이익을 최대화할 수 있다. 2014년 기준으로 폭스콘 노동자의 기본급은 1800위안(한화 약 30만 8천 원)으로, 야근을 하면 3300위안 정도를 받을 수 있었다. 기밀 유지가 중요한 아이폰은 출시 직전에 도면이 내려오기 때문에 노동자들의 야근은 필수적이며 생활이 가능하려면 야간노동을 하지 않을 수 없다.

2010년 투신자살로 여론이 나빠지자 폭스콘은 애플의 수주를 계속 따기 위해 충칭重慶, 정저우鄭州, 칭다오靑島 등 단가를 싸게 맞출 수 있는 내지로 공장을 이전했고, 지방정부들은 세수와 일자리를 위해 치열한 유치전을 벌였다.

지아장커賈樟柯 감독의 옴니버스 영화 〈천주정天注定〉(운명)에서 폭스콘 노동자의 투신자살은 네 번째 에피소드로 등장한다. 시골에서 올라와 폭스콘에 입사한 청년 샤오휘小輝는 업무상의 사고 책임을 뒤집어쓰고 월급을 받지 못하게 되자 이직을 하지만 결국 폭스콘으로 돌아온다. 마음속에 품었던 여자친구(아이가 있는 성매매 여성)와의 연애는 시작도 못한 채 좌절되고, 고향의 어머니는 아들의 사정도 모르고 도시에서 돈을 버는데 왜 생활비를 안 보내느냐고 독촉한다. 생활고에 쪼들리던 샤오휘는 갑자기 기숙사에서 나와 공장 창문으로 뛰어내린다.

지아장커 감독의 영화에는 자살, 유혈, 살인과 같은 폭력적 장면이 빈번하게 등장하는데, 폭력의 저변에는 '어찌할 수 없는 무력한 슬픔'이 깔려 있다. 선택할 수 있는 저항이 자살이나 자기 목숨을 담보로 한 살인뿐이기 때문이다.

폭스콘은 대졸 노동자를 뽑지 않는다. 학력을 속이고 위장취업을 한어느 대졸 폭스콘 노동자는 회사가 원하는 것이 바로 저학력의 농촌 출신들이 지닌 '고유하고 귀한' 속성, 즉 '고통을 견디는 인내'라는 점을 발견한다. 폭스콘을 분석한 크리스틴 루카스(Kristen Lucas 외 2013)는 노동자에게 자신을 포기하게 하는 방법이 개인의 이름을 부르지 않는 것이며 그것이 상대를 복종하게 만드는 비결이라고 설명한다. 공순이打工妹라불리며 '자신이 무엇을 하고 있는지도 모른 채' 시키는 대로만 일했던 티엔위는 고향으로 돌아와 조립 부품이 아닌 온전한 신발을 만들면서 '말'을 하기 시작했고 생기를 되찾았다. 폭스콘을 '존엄dignity'이란 관점에서애플 본사와 비교한 크리스틴 루카스는 외형으로만 보자면 선전 폭스콘공장지대는 실외 수영장과 농구장, 식당, 기숙사를 갖춘 현대적 시설로미국 애플 본사와 다를 바가 없다고 설명한다.

그러나 양자는 두 가지 뚜렷한 차이가 있는데, 하나가 현격한 임금 차이, 다른 하나가 폭스콘의 기숙형 시스템이다. 애플 본사의 직원은 높은임금을 받기 때문에 휴식과 취미활동을 작업장이 아닌 외부에서 즐길 수있고, 일상을 '통제'받지 않는다. 반면 최소한의 임금을 받는 폭스콘 노동자는 돈이 없어 외부로 나가 취미생활을 할 수 없고, 이 때문에 강요된 것은 아니지만 폭스콘 기숙사를 벗어나지 못하고 마치 '감옥'의 수감자처럼 화장실 출입 횟수까지 제한된 생활을 해야 한다.

루카스의 논의에서 주목할 만한 지점은 모욕과 수치심으로 인간의 존엄이 손상될 때 동양인과 서양인의 대응 방식이 다르다고 밝힌 것이다. 그에 따르면, 서양의 경우에는 존엄을 인간의 타고난 '권리'로 간주하기 때문에 침해를 당하면 피해자는 즉각 가해자에게 저항하고 반발한다. 그러나 체면을 중시하는 아시아 문화에서 존엄은 권리라기보다는 상대의 평가에 의해서 부여되거나 박탈될 수 있는 '취약하고 불안정'한 것이며, 때문에 존엄이 침해당하면 피해자는 저항하기보다는 자기 탓을 하는 경향이 심해서 자책을 하거나 자살을 하기도 한다.

그의 논의는 자살의 원인을 '과로'가 아닌 '존엄'과 연관 지어 해석했다는 점에서 시사하는 바가 크지만 앞서 티엔위의 언술을 참고할 때 충분한 설명이 된다고 생각되지 않는다. 몸을 회복한 뒤 자신이 직접 디자인한 신발을 만들어 팔면서 티엔위는 "만약 지금 내가 그런 모욕을 당한다면 당장 대들 텐데…"라고 분해하며 그때 왜 참고 고분고분하게 굴었는지 입술을 깨물며 애통해한다. 아시아의 '체면 문화'와 자살의 상관성은 문화대혁명 시기 지식인의 자살이나 더 이상 명예를 지킬 수 없게 된 명사들의 경우엔 어느 정도 설득력이 있다. 그러나 폭스콘의 노동자는 자신이 '말'하는 주체가 된 적이 없고 손상될 사회적 명예도 없이 오로지 '인간에서 기계로 추락하는 것에 저항할 수 있는 유일한 수단'으로 죽음을 택했다.

선전의 첨단과학 기술 연구단지인 난산 지역은 오늘날 친환경, 인공지능을 활용한 스마트 도시로 구축되고 있다. 반면 사람들의 시선으로부터 차단된 룽화구의 폭스콘 공장 주변에는 중국 사회의 독특한 풍경인 '도시 속 농촌城中村'이 여전히 존재한다. 도시 호구가 없어 자녀를 교육시키거나 의료혜택을 받을 수 없는 외지인 노동자들이 도시 외곽 농촌과의 접경지에 모여 사는 '성중촌'은 빈곤과 호구제가 결합된 결과다. 선전시 외곽에 살던 농민들은 2004년에 일제히 도시 호구를 취득해 외지인에게 방을 임대하는 건물주 신분이 되었다. 이들은 외지인 노동자들이 언제 떠날지 모르기 때문에 불결하고 위험한 주거환경을 개선하는 데 돈을 지출하지 않고 불법 건물을 증축해 수익을 쥐어짜려 하고, 외지인 노동자들은 월세가 저렴하기 때문에 이곳으로 모여든다.

2008년 이후 세계 금융위기로 중국 경제 성장이 둔화되고 도시 물가가 급등하면서 외지인 노동자들은 도시에서 경쟁력을 상실해 귀향하기 시작했고 이들의 도시 진입 자체가 감소하고 있다. 일상이 된 뉴노멀New Normal(新常態), 즉 저성장 시대에 이들은 새 직장을 구해보지만 기존과 별반 다를 바 없는 일터를 만난다. 도시에서 일하지만 도시에 정주할 수 없는 이들은 려도(2017)가 말했듯 "고향에 돌아가면 일자리가 없고 도시에서는 머물 집이 없기 때문에" 고향과 도시를 오가며 떠돌고 있다.

폭스콘, 그 후

개혁개방 40년 동안 선전은 역사적으로 자신에게 주어진 임무를 단계마다 '성공적'으로 완수하여 스스로 하나의 '모델'이 되었다. 그러나 경제 발전의 청사진인 '중국 제조 2025'의 실행 과정이 보여주듯 선전특구는 지구 어느 곳에서나 실행 가능한 보편적인 모델이 될 수 없다. 내부적으로는 산업화 시기의 '역군'을 2등 시민으로 주변화하는 정책을 국가가 공공연히 시행하고 있다는 점과 대외적으로 성장주의에 경도된 인재 영입으로 국가 간의 마찰과 저항을 야기하고 과도한 '애국주의'를 요구한다는 점에서 그러하다. 그러나 다른 무엇보다도 경제개혁의 실착은 이 이민 도시가 근대국가의 기본 단위인 '가정 만들기'에 실패했다는 데 있다.

개혁개방과 함께 도농 간 인구 이동이 허용되자 도시는 필요한 노동력을 공급받아 산업화를 달성했다. 그러나 그 결과로 천만 명의 상주인구 가운데 700만 명이 외지인인 선전, 그리고 전국적으로 2억 4천만 명에 달하는 비도시 호구 노동자들은 전국에 6천여만 명의 농촌 '잔류아동 leftover children'을 사회적 문제로 남겼다. 부모와 떨어져 농촌에 남겨진 잔류아동들은 도시가 성인의 노동력만을 요구하고 노동자의 가족 형성에 드는 부담을 거부한 결과였으며, 국가의 입장에서 보면 6천만 명의 차세대가 교육과 돌봄을 받지 못해 '국민의 질'이 저하되는 '손실'을 초래한 것이었다. 이러한 문제가 발생한 근본적인 이유는 개혁정책이 '국민'으로서의 보편적 권리보다 호구제에 따라 '도시민'의 특권을 우선시한 데 있다.

그러면 가족 형성 실패라는 문제를 논외로 하고 한 개인이자 노동자로서 폭스콘의 노동자들은 산업화의 진전에 따라 국가 및 사회와 맺는 관계가 어떻게 달라졌는가? 조문영(2014)은 중국 정부의 NGO 활동가 양성을 통한 '조화로운 사회' 실현 전략을 선전 사례를 통해 분석한 바 있다. 성장 위주의 압축적 경제개발이 초래한 여러 사회적 모순들이 중국의 체제 위기를 낳을 정도로 심각해지자 중국 정부는 2000년대 중반 이후 민생民生에 주목해 '사회복지사(사회공작사) 인재대오 건설 중장기 계획'을 세워 복지사를 양성했다. 2012년에 5만 4천 명이던 복지사를 2015년까지 50만 명, 2020년까지 145만 명으로 확대한다는 계획이었다.

롱화구 폭스콘 공장지대에서 사회복지사들은 '선전에 온 건설자들來深建設者'의 스트레스를 줄이고 이들의 사회적 네트워크를 확대하고 귀속감을 심어준다는 목표 아래 폭스콘 노동자들을 대상으로 활동을 벌였다. 논문에 등장한 "행복한 주방': 청년 민공 영양 생과일주스 만들기 워크숍" 행사를 예로 살펴보면, 복지사들은 폭스콘 공장에서 퇴근한 청년 노동자들에게 망고, 수박, 오렌지, 하미과 등 각종 과일을 제공해 믹서에 갈아 다양한 주스를 만들게 한 후 정부에 보고할 기념사진을 찍었다.

이런 식의 사회 통합을 위한 복지 성격의 NGO 활동과 구별되는 단체 중 하나가 '베이징 노동자의 집北京工友之家'이다. 베이징시 교외에 있는 '베이징 노동자의 집'은 전국을 떠도는 1980~1990년대생 외지인 노

베이징 노동자의 집 문화센터

동자들을 대상으로 문화예술 활동을 펼치는 NGO 단체로, 2009년부터 '노동자 지식인' 양성을 목적으로 노동자대학工人大學을 운영해왔다.

이 NGO 단체가 주관하는 활동 가운데 인터넷으로 전국에 유포되는 〈노동자 설 특집쇼打工春晚〉는 노동자들이 실직을 감수하면서까지 참가하고 싶어 하는 행사다. 설 전에 열리는 이 행사를 나는 2016년에 관람했고, 내부평가회에서 처음으로 폭스콘 노동자들의 '목소리'를 들었다. 평가회에서 폭스콘의 청년 노동자는 얼마 전 한 여성 노동자가 '휴대전화를 보다가' 사내에서 화물트럭에 부딪혀 사망한 사고가 있었다고 전한 뒤, 회사의 대응 방식을 강하게 비판했다. 회사는 직원들에게 "길을 걸을 때는 절대로 휴대전화를 보면 안 된다"는 교육을 계속 반복하고 있다면서, "왜 사내에서 화물트럭은 인명사고를 낼 수밖에 없는가?"라고 반문했다. 그는 물량이 쉴 새 없이 쏟아져 나오는 폭스콘 공장에서 화물차 기사들은 정해진 시간을 맞추기 위해 회사 담장 안에서도 과속을 하는 등 난폭운전을 한다고 설명했다. 이런 노동환경은 언급하지 않은 채 여성 노동자가 휴대전화를 보다가 "한심하고 우연하게" 죽었다고 보도하는 행태에 그는 분노를 터뜨렸다.

노동자들은 자신들이 과도하게 착취당하고 있으며 회사는 이를 은폐함으로써 생산성을 높이려 한다는 것을 분명하게 알고 있었다. '노동자 시인'으로 불리며 193편의 시를 남기고 2014년에 자살한 폭스콘 노동자 쉬리즈許立志(1990년생)는 쉴 새 없이 쏟아져 항구로 달려가는 완제품과 '드릴'처럼 움직이며 '척척' 일을 해내는 자신의 '손'을 다음과 같이 노래했다.

조립라인의 조각상

조립라인에서 펜이 아래로 툭 떨어진다
나는 내 청춘이
꿀렁꿀렁 흐르는 것을 보았다. 마치 피 같은,
메인보드, 클립, 외장…이 하나씩 번개처럼 스쳐 지나간다
아무도 내 일을 도울 수 없다
다행히 내가 있는 작업반이 나에게

기계와 같은 두 손을 내려줘서

피곤한 줄 모르고 척, 척, 척

손에 화려한

못과 피나는 상처가 가득 피고서야

나는

내가 진즉에

오래된 조각상이 된 것을 알았다.

(김정수 옮김)

사회주의 중국에는 두 부류의 노동자가 존재한다. 개혁개방 이전부터 국영기업에서 일하면서 도시의 대표 '인민'으로 인정받았던 '구노동자'와 1980~1990년대에 태어난 농촌 출신의 '외지인 노동자'가 그들이다. 구노동자들은 임금체불과 정리해고를 당하면 마오쩌둥의 사진을 들고 나와 "우리는 마오쩌둥의 시대가 그립다"라고 외치며 집단 시위를 벌인다. 반면 농민공이라 불리는 외지인 노동자들은 도시의 잠재적 '불법체류자'로 간주되기에 이들의 시위를 지지해줄 가족도, 주민 네트워크도 없어 '점'처럼 고립되고 만다. 신·구노동자 간의 이질성은 '사회주의 경험'의 유무만이 아니라 호구 문제와도 결합되어 있는 것이다.

노동자들이 '목소리'를 내는 〈노동자 설 특집쇼〉의 입장권은 무료이며, 노동자 지식인을 양성하는 6개월 과정의 노동자대학은 학비와 숙식비를 받지 않는다. 2016년 베이징 시내 금융가인 차오양구의 문화회관에서 열린 〈노동자 설 특집쇼〉는 역설적이게도 기업가의 후원으로 열렸고 후원자들은 무대에서 '(공)치사'를 했다. 광산 노동자들의 진폐증 치료에 기부를 했다고 밝힌 한 기부자는 무대에 올라 "여러분, 제발 마스크를 쓰세요, 건강이 중요합니다. 부탁드려요, 꼭!"이라며 마스크 쓸 것을 '간곡히' 당부했으나 평가회에서 이 장면은 편집, 삭제하는 것으로 결론이 났다. 광부들이 병에 걸리거나 사망하는 이유가 갱 내 안전설비의 부재와 초과노동, 낮은 임금 때문이라는 것은 참석한 광부뿐만 아니라 모두에게 상식이어서 '마스크' 발언이 성토의 대상이 되었기 때문이다.

노조를 통해 계급의 목소리를 낼 수 없는 '외지인 노동자'들은 기금을 모아 〈노동자 설 특집쇼〉를 진행할 여력이 없으며 자원봉사자들로 구성된 교수진과 학비를 받지 않는 노동자대학은 더 이상 지속되기 어렵다. 교사의 자질 문제와 재정난이 겹쳐 노동자대학은 2019년에 학생 모집을 중단했다.

노동자들의 '목소리'가 기업이나 (옥스팜 같은) 외국 비영리단체의 기부금에 의존하던 방식으로 온전히 전달될 수 없다면, 폭스콘으로 대표되는 글로벌 가치사슬의 최말단이 내지로 확장되는 이 시점에 '베이징 노동자의 집'을 이끄는 쑨헝孫恒은 어떤 대안을 모색하고 있을까? 2016년 〈노동자 설 특집쇼〉에서 쑨헝과 친구들은 〈임을 위한 행진곡〉을 합창했고, 쑨헝의 서가에는 《한국노동자韓國工人》(구해근, 2004)가 꽂혀 있다. 2020년 10월, 그는 전태일 기념 50주년을 기념하여 자작곡을 불러 반세기 전의 한국 노동자에게서 힘과 영감을 얻고자 하는 간절함을 드러냈다. 곡의 가사를 번역해 싣는다.

찬란한 빛
— 전태일에게 바치는 노래

작사, 작곡, 노래: 뤼투, 쏜헝

고통받는 이들을 보며 넌 괴로움에
어둔 밤 허기진 걸음으로 집에 돌아와
올곧게 사는 삶이란 한없이 아득하나
넌 보지 못하는 이들에게 네 눈을 주려고 했지
아름다운 청년이여, 그대의 힘은 어디서 오는가
아침 이슬처럼 어찌 그리 선한가
그대의 진실한 사랑은 찬란한 빛으로 타올라
당신이 있어 난 더 이상 두렵고 슬프지 않아
먹구름이 몰려와, 눈송이가 흩날리니
석별의 아쉬움에 그대를 우러러보네
보라, 검던 구름이 층층이 갈라져
한 줄기 햇살이 내 얼굴을 감싸네
한 줄기 햇살이 내 얼굴을 감싸네

중국의 관영방송 CCTV의 채널17은 농업농촌 전문 채널이다. 2020년에 이 채널은 쑨헝이 만든 '신노동자밴드(신공인예술단)'를 수차례 방영함으로써 민간에서 자발적으로 만들어진 노동자들의 목소리를 관방이 '전달'하는 역할을 했다. 농촌과 소수민족 출신 젊은이들의 음악 세계를 보여주겠다는 게 프로그램의 취지였다. 이와 같이 기업의 후원과 정부의 '포섭' 사이에서 '족쇄를 차고 춤을 추어야 하는' 노동자들의 활동은 향후 어떻게 지속 가능한 것이 될 수 있을까? 지난 수년 동안 농장 경영을 통해 자립을 시도하기도 했던 쑨헝의 '베이징 노동자의 집'은 2019년부터 NGO 조직에서 사회적 기업으로 개편을 진행하고 있다. 자원봉사와 기부에 의존하지 않는 노동자 문화의 진지는 어떻게 구축될 것인지, 노동자들의 사회적 '신분'은 어떻게 획득되는지 지켜볼 일이다.

참고문헌

공상철, 2020, 〈폭스콘은 어떤 장소인가〉, 《중국어문논역총간》 46, 135~156.

김정수, 2018, 〈이미 도착한 미래: 정보통신기술의 발전과 노동의 의미-폭스콘 노동자 쉬리즈의 유고시집 새로운 하루를 중심으로〉, 《중국현대문학》 87, 199~228.

려도(呂途), 정규식·연광석·정성조·박다짐 옮김, 2017, 《중국 신노동자의 형성》, 나름북스.

박인성, 2009, 〈경제특구의 발전과정과 역할 변화-경제특구에서 종합연계개혁구로〉, 《국토》 338, 138~148.

이종화·장윤미, 2017, 《열린 중국학 강의》, 신아사.

조문영, 2014, 〈사회복지(社會工作)의 일상적 연행을 통해 본 중국 국가의 구조적 폭력: 선전 폭스콘 공장지대를 중심으로〉, 《중소연구》 38(1), 217~255.

傅帥雄·黃順魁, 2020, 〈'一帶一路'背景下廣東企業'走出去'發展戰略探析〉, 《開發性金融研究》. 출처: https://kns.cnki.net/kcms/detail/detail.aspx?-doi=10.16556/j.cnki.kfxjr.20200608.001

陶一桃, "深圳 : 從"先行先試"到"先行示範區"", 2019. 8. 6, 深圳特區报.

Lucas, Kristen, Dongjing Kang, and Zhou Li, 2013, "Workplace Dignity in a Total Institution: Examining the Experiences of Foxconn's Migrant Workforce," *Journal of Business Ethics* 114(1), 91~106.

Zhang, Xiaodan, 2012, "Bringing Ideology Back In: Chinese Labor Studies in a Time of Transformation," *International Labor and Working-Class History* 82, 143~154.

뤄팡촌, 개혁개방 1번지 선전과
자본주의 홍콩 사이에서

윤종석

선전경제특구는 하나의 시험이며, 걷는 길이 올바른지 올바르지 않은지는
한 번 가봐야만 한다. 선전경제특구는 사회주의의 새롭게 태어난 산물로서,
성공하는 것이 우리의 바람이지만, 성공하지 못해도 하나의 경험이다.
우리가 사회주의를 하는 중심임무는 사회 생산력 발전에 있고,
사회 생산력 발전에 유리한 방법(외자 이용과 선진기술 도입을 포함해서)은
뭐든지 채택할 것이다. 이는 매우 큰 시험이며, 책 안에도 없는 것이다.

– 덩샤오핑, 알제리 민족해방전선 당대표단과의 회견에서(1985년 6월 29일)

중국몽보다 먼저
'선전몽'을 꾸다

개혁개방 이후 40여 년, 중국 사회는 상전벽
해란 말이 무색할 정도로 빠르게 변해왔다. 그중 개혁개방의 1번지라 불
리는 선전深圳의 변화는 가장 극적이다. 개혁개방 직전 30만 명을 약간
웃돌던 농어촌 지역은 30여 년 만에 베이징, 상하이, 광저우에 필적할 만

한 '1선도시一線城市'로 급성장했다. 2019년 말 선전은 1343만 8800명의 상주인구, 2조 6927억 900만 위안의 경제규모GDP, IT 제조업과 창업, 혁신 등에서 글로벌 경쟁력을 갖춘 거대도시로 변화해왔다. 중국 내륙으로부터 수많은 인구가 꿈을 찾아 선전으로 몰려들었고, 선전 시민은 시진핑의 중국몽中國夢보다 훨씬 앞서 '선전몽深圳夢'을 꿨다.

선전의 경제 발전에 대한 많은 연구들은 주로 제도나 지리에 초점을 맞춘다. 즉 중국 최초이자, 최대의 경제특구로서 누려온 우대 정책과 제도적 자율성은 선전 발전의 기반이었다. 또한 선전이 마주하고 있는 홍콩은 서구의 식민지이자 자본주의의 성공적 모델로서, 중국이 배워야 할 대상인 동시에 궁극적으로는 정치적 통합을 완수해야 할 역사적 사명이 담긴 공간이기도 했다. 이런 점에서 선전과 홍콩은 서로를 비추는 창과 거울로서, 자본주의 세계와 사회주의를 절충하는 시험대이자 밀접하게 연결된 이중 도시로서 발전해왔다.

하지만 개혁개방 과정에 적극적으로 결합하고 새로운 돌파구를 찾아냈던 민간 영역의 경험 또한 무시하지 못한다. "중앙은 돈이 없으니 광동성 스스로 방법을 찾아보라"는 덩샤오핑의 말은 개혁개방 초기 선전경제특구의 어려운 현실을 보여준다. 개혁개방 초기, 중국의 개혁개방과 경제성장은 상당히 의심스러웠다. 중국 내 자본은 절대적으로 부족했고, 기술수준이 높지도 관리 경험이 충분하지도 않았다. 오직 저렴한 노동력과 미개발 토지만을 비교우위로 내세웠을 뿐이다. 2010년 선전의 발전을 상징하는 10대 표어에는 결사적인 자세와 저돌적인 방식으로 개혁개방을 감행했던 선전의 경험이 온전히 드러났다. "죽을힘을 다해 혈로를 뚫는다殺出一條血路", "과감하게 돌진하고 과감하게 시험한다敢闖敢試", "한 걸음 먼저先走一步", "용감히 천하에서 가장 먼저敢爲天下先"라는 표어는 선전을 개혁과 혁신의 주체자로서 위치 지었다. "시간은 금이고 효율은 생명이다", "개혁과 혁신은 선전의 근본이고, 선전의 혼이다"라는 실용주의적 개혁과 혁신의 마인드는 '선전 속도'로 대표되는 선전의 급속한 도시화와 경제 성장의 아이콘이 되었다.

개혁개방 이후 중국이 시대의 변화에 '격하게 휩쓸리며激蕩' 급속한 경제 성장과 동시에 사회적 논란과 무질서를 양산하는 동안 뤄팡촌羅芳村이라 불리는 선전의 마을 또한 거대한 변화에 동참해왔다. 선전과 홍콩의 경계에 위치한 작은 농촌 마을에 불과했던 뤄팡촌은, 개혁개방 1번지 선전의 대표적인 성공 사례이자 축소판으로 여겨졌다. 특히 선전하深圳河를 경계로 마주 본 선전과 홍콩에 각각 자리 잡은 2개의 뤄팡촌은 선전과 홍콩의 관계의 역사적 변화를 드러낸다.

2개의 뤄팡촌은 지난 40여 년의 역사 속에서 극적으로 변화했다. 개혁개방 직전 선전과 홍콩의 뤄팡촌 촌민 간 소득 격차는 100배가 넘었고 홍콩으로의 대탈주가 끊이지 않으면서, 개혁개방과 경제 발전의 필요성을 극적으로 제기했다. 지금은 정반대다. 뤄팡촌은 개혁개방의 성공적인 결과를 보여주는 공간으로 중국에서 다시금 주목받고 있다. 개혁개방 이후 홍콩으로의 탈주는 극적으로 멈췄고, 선전의 뤄팡촌은 다층 건물이 즐비한 공간으로 변화했다. 주민들은 홍콩과의 교역과 임대소득을 통해 거대한 부를 쌓았고 선전과 홍콩에서 '두 도시 생활'의 이점을 충분히 누리고 있다. 2018년 제작된 드라마 〈면향대해面向大海〉는 개혁개방 초기 뤄팡촌의 젊은이들을 주인공으로 내세우며 개혁개방의 성공적 경험을 자축하기도 했다.

2개의 뤄팡촌 (출처: 《南方都市報》)

선전의 뤄팡촌은 지난 40여 년간 개혁개방 과정에서 중국 사회가 겪었던 복잡한 경험을 보여주는 일종의 축소판이다. 특히 중국식의 공식 담론이 개혁개방 이후의 거대한 실험을 강조하며 개혁개방 이전을 백지 상태로 놓는 데 반해, 500여 년 이상의 역사를 지닌 뤄팡촌의 경험은 우리에게 보다 장기적인 역사적 시야를 제공해줄 수 있다. 공식적인 기록이 파편적으로 존재해 그 전모를 헤아리기란 결코 쉬운 일은 아니지만, 여러 기록을 간신히 꿰맞추며 하나의 스토리를 만들어봄직하다. 개혁개방 이전 뤄팡촌의 경험에서부터 시작하여 주요한 국면마다 등장했던 몇몇 기록을 토대로 뤄팡촌의 궤적을 따라가보자.

첫 번째 변화:
대탈주촌에서 부촌으로

뤄팡촌은 면적 1.4제곱킬로미터로, 개혁개
방 이전 100여 가구, 인구 300명 전후인 선전과 홍콩 경계선에 위치한
작은 마을에 불과했다. 선전하라는 작은 강을 사이에 두고 '선전의 뤄팡
촌'과 '홍콩의 뤄팡촌'이 존재했다. 사실 두 뤄팡촌은 신계新界 지역이 홍
콩으로 99년간 조차되기 전에는 500여 년 이상 지속되어온 하나의 마
을이었다. 오래전 중원에서 이주해온 객가인들이 정착한 마을로서, 대부
분의 주민이 뤄씨羅氏와 팡씨芳氏 성이었고, 언젠가부터 뤄팡촌이라 불리
기 시작했다.

1898년 홍콩 신계 지역이 99년간 영국에 조차되면서 과거 하나였던
공간은 2개로 분리되었다. 하지만 1949년 중화인민공화국이 수립된 이
후에도 양안 간 연결은 끊어지지 않았다. 1969년 양안 간 분리를 명확히
하는 철조망이 둘러쳐지기 전까지, 선전 뤄팡촌의 촌민들은 늘 하던 대
로 강을 넘나들며 홍콩 신계 지역의 농지를 경작했다. 철조망이 쳐진 후
에도 국경을 넘나드는 작은 문이 있었고, 약 10미터 길이의 작은 다리가
두 마을을 연결했다. 뤄팡촌의 촌민들은 소소한 증빙서류만 갖추면 이
문을 드나들 수 있었고, 페이디飛地라고 불렸던 홍콩 신계 지역의 농지는
국경 주변 마을의 촌민이면 모두 갖고 있었다. 뤄팡촌의 아이들은 홍콩
으로 학교를 다닐 수도 있었다. 매일 아침 뤄팡촌의 어른과 아이들이 강
건너편의 홍콩으로 들어갔다가, 저녁에는 다시 강을 건너 선전의 마을로

돌아오곤 했다.

하지만 1950~1960년대 자본주의 홍콩의 발전과 사회주의 중국의 저발전이 극명하게 대비되면서 이러한 일상은 변화되기 시작했다. 1960년대 자본주의 홍콩이 아시아의 네 마리 호랑이 중 가장 먼저 경제적으로 도약하는 동안, 사회주의 중국은 대약진운동이 실패하면서 양안 간 격차는 크게 벌어졌다. 그 결과는 홍콩으로의 대탈주였다. 중국의 경제적 실패와 혼란이 발생할 때마다 가난한 촌민들은 생존을 위해 홍콩으로 도망가곤 했다. 1960년대 초 바오안현寶安縣의 한 마을에서는 10가구 중 9가구가 홍콩으로 탈출해 마을이 거의 없어졌고, 주로 청장년층이 탈출하면서 마을에는 노인과 부녀자, 아이들만 남기도 했다.

사회주의 건설로 인민을 배부르게 하겠다는 구호가 넘쳐나고 계급투쟁을 위주로 한 정치적 분위기 속에서 자본주의 홍콩에 대한 정치적 비난이 거셌지만, 선전과 홍콩 간의 차이는 너무나도 극명했다. 선전 뤄팡촌 주민들이 홍콩에 볏짚을 팔면 수백 홍콩달러를 받을 수 있어 쌀보다 몇 배나 더 이득이었다. 또한 홍콩은 세계 제1의 면세항구로 도약하면서, 임금이 높고 물가가 저렴했다. 홍콩에 수입된 전 세계의 상품들은 매우 저렴했고, 중국 내륙에서 파는 밀수의 유혹 또한 커져갔다. 자본주의 도시 홍콩과 마주 보고 있는 사회주의 농촌 선전은 거대한 경제적 격차를 온전히 감당하기 어려웠다. 대탈주의 물결 속에서 국경 철조망에는 군데군데 한 사람이 드나들 만한 구멍이 생기곤 했지만, 그렇다고 매일 오가는 농민을 막을 수도 없었다. 몇 만 명의 공안이 단속한다 해도 도저히 막

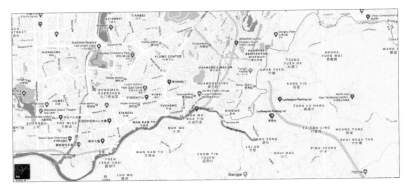
2개의 뤄팡촌: 선전과 홍콩 (구글지도)

을 수 없다는 지방정부 간부의 한탄이 이어졌다. 지방정부 차원에서는 대탈주를 막아낼 방법이 없었고, 오히려 중앙에 알려지면 문책을 당할까 봐 두려워했다.

국경을 가르는 작은 강은 홍콩으로 도망가는 탈출로가 되었다. 1969 년 강을 따라 철조망이 쳐지기 전까지 국경은 느슨했다. 더욱이 국경을 단속하는 경비대원들은 도망가는 촌민의 이웃이거나 친척이기도 했다. 뤄팡촌 촌민들은 더욱 쉬웠다. 농지 경작을 위해 홍콩으로 건너갔다가 돌아오지 않거나, 10미터 남짓의 다리를 건너기만 하면 되었다. 일부는 온 가족을 이끌고 강을 건넜다. 1950년에서 1969년 사이 홍콩에 머물렀던 마을 사람들은 645명에 달했고, 선전의 마을에 남은 사람들의 두 배가 넘었다. 이들은 원래의 마을이 보이는 곳에 집을 지으며 홍콩 뤄팡촌을 새로이 건설했다.

1979년 중국 내륙에서 개혁개방이 태동하는 가운데, 2개의 뤄팡촌은

1985년 뤄팡촌 촌민이 홍콩 신계 지역에서 경작하는 모습 (http://iluohu.sznews.com/content/2019-04/15/
content_21627599.htm)

중국 사회에서 많은 주목을 받았다. 같은 마을 출신들이 2개의 마을을 만들었으니 인적 구성은 별반 차이가 없었지만, 두 뤄팡촌 촌민의 소득 격차는 100배가 넘었다. 개혁개방 직전, 선전 뤄팡촌 촌민들의 연평균 소득은 134위안인 데 반해, 홍콩 뤄팡촌 촌민들은 1만 3천 홍콩달러에 달했다. 홍콩달러와 위안화의 환율을 고려하면 100배도 넘는 격차였다. 바오안 촌민의 하루 소득은 0.7~1.2위안인 데 반해, 홍콩 농민은 60~70 홍콩달러에 달했다. 덩샤오핑이 남방을 순회하면서 했던 말이 다시금 회자되었다. "이것은 우리 정책에 문제가 있다는 것입니다." '동방의 진주'이자 '아시아의 네 마리 호랑이' 중 하나로 성장한 홍콩의 제조업과 무역업은 중국의 수준을 훨씬 상회했다. 건축 경관도 극명하게 대비되었다.

홍콩에는 40~50층 고층건물이 즐비했지만, 선전에서 가장 높은 건물은 3층에 불과했다. 결국 중국과 홍콩의 경제적 격차가 대탈주의 근본 원인이며, 정책이 격차를 야기한 주범임이 명백해졌다.

중국 정부는 선전하 너머 홍콩을 자본주의라고 비판해왔지만 대탈주를 감행하는 인민들을 막을 방법이 더는 없었다. 결국 개혁개방이 단행되었고, 선전은 최초이자 최대의 경제특구로서 커다란 실험의 길목에 들어섰다. 뤄팡촌은 그 선두에 서서 가장 빠른 성공적 결과를 보이기 시작했다. 1980년 최초의 변경 소액무역 시험구로 지정된 이후, 뤄팡촌은 집중적으로 채소를 재배하고 수확물을 홍콩 시장에 내다팔면서 빠르게 부를 축적했다. 촌민들은 가족 수에 따라 농지 경작권을 분배받아 더욱 농사에 온 힘을 기울였다. 아침에 신선한 채소를 홍콩 시장에 보내면 한 번에 1천~3천 홍콩달러를 벌어들일 수 있었다. 많은 가정의 생활수준이 홍콩 신계 농민의 수준에 거의 근접해졌다. 그 결과 1981년 뤄팡촌을 포함한 뤄후 지역의 3개 마을은 가구당 1만 위안의 소득을 달성했다. 개혁개방을 단행한 지 불과 1~2년 만의 일이었다.

뤄팡촌의 간부, 특히 천티엔러陳天樂가 주요한 역할을 했다. 당시 선전시 정부는 "용감하게" 부자가 되고 인민을 부자가 되도록 이끌 것을 장려하는 분위기였다. 뤄팡촌의 촌서기였던 천티엔러는 이러한 분위기를 이용해 '부자마을' 건설에 온 힘을 쏟았다. 사회주의식 생산대를 해체하고 인구수에 따라 경작지를 분배하는 실험을 빠르게 진행했고, 자신도 홍콩 신계 지역의 농지에서 채소를 재배해 막대한 소득을 올리기 시작했다.

아울러 홍콩으로 도망갔던 사람들이 홍콩 상인이 되어 선전을 방문하면서 교역은 더욱 활발해졌다. 그들은 홍콩에서 시장경제를 익혔고, 선전과의 관계가 회복된 뒤 본격적으로 변경 소액무역에 투자했다. 뤄팡촌에도 사람들이 돌아오기 시작했고, 홍콩 뤄팡촌 촌민들이 선전에 상주하기 시작했다. 홍콩에서 벌어들인 소득 외에도 홍콩에서 터득한 시장 경험과 안목이 커다란 밑천이 되었다. 단순히 생계만이 아니라 잠시 끊어졌던 일상도 다시 이어졌다. 친척 방문이 늘어났고, 매일 아침 차와 음료를 들고 국경을 넘어 마실 다니는 것이 일상이 되었다. 뤄팡촌 사람들은 채소를 길러 집을 장만하고, 자녀들은 홍콩에서 학교를 다녔다. 농사를 짓는 사람들은 점점 줄어들었지만, 다시금 선전과 홍콩을 넘나드는 일상이 이어졌다.

요컨대 뤄팡촌의 급속한 발전은 홍콩과의 관계 회복이 없었다면 불가능했을 것이다. 1989년 뤄팡촌의 1인당 연평균 소득은 8096위안에 달해 개혁개방 이전 가장 높았던 때의 57배에 달했다. 홍콩 시장을 통해 막대한 수익을 올리면서, 촌민들 사이에 부자가 되고자 하는 열의는 크게 고조되었다. 부를 좇는 과정은 "시간은 돈이고, 효율은 생명이다"라는 선전의 유명한 표어 그대로 거침이 없었다.

하지만 개혁개방 초기 홍콩과의 연결성 회복은 정치적으로 많은 의구심과 논란을 낳았다. 당시에는 사회주의 계획경제 체제의 이데올로기를 고수하며 체제전환의 성격에 의구심을 품은 사람들이 많았다. "특구는 국기가 홍색인 것 빼고는 이미 사회주의 느낌이 없다"거나, 선전을 둘러

본 관리가 집에 돌아와서는 침대에 엎드려 "수십 년을 고생했는데, 하룻밤 사이에 해방 전으로 돌아가버렸다"라며 통곡했다는 이야기가 전해질 정도였다. 1984년 특구의 효과와 성격을 두고 개혁파와 보수파 사이에 정치적 풍파가 발생한 가운데, 덩샤오핑이 주요 지도자들과 함께 선전을 방문했다. 그가 뤄팡촌 인근의 위민촌漁民村을 방문하던 그때, 보수파의 리더 중 하나인 보이보薄一波가 뤄팡촌을 두 차례 방문해 천티엔러와 면담했다. 40년 넘게 촌간부로 일해온 천티엔러는 당시의 경험을 또렷이 기억한다. 특구 반대론자였던 보이보는 그에게 "도대체 자본주의가 좋은 거냐, 사회주의가 좋은 거냐"고 물었다. 천티엔러는 이렇게 대답했다. "어떠한 주의든 관계없이 인민 생활이 좋아지고 평안히 살면서 즐겁게 일할 수 있다면 그들은 당을 옹호하고, 우리의 국가와 제도를 옹호할 것입니다." 1984년 특구에 대한 무수한 비판에도 불구하고 덩샤오핑이 특구의 존속을 옹호할 수 있었던 것은, 바로 이러한 기층 인민들의 열의가 있었기 때문이다.

두 번째 변화:
농민에서 촌민주식회사의 주주로

뤄팡촌 촌민들의 두 번째 변화는 채소 농사를 짓던 농민에서, 과거 촌민 집체集體 단위에 기반한 주식회사의 주주가 된 것이었다. 1980년대 홍콩 신계 지역의 경작과 변방 교역이 개별적 차원에서 기초적인 부를 쌓는 데 이바지했다면, 1980년대 중반 이후 주식회사의 설립과 주주로의 전환은 부를 확대하고 공고화하는 데 크게 기여했다.

개혁개방이 진전되고 탈집체화되어 영농 생활이 가족 단위로 재구성되면서, 가족 차원에서 많은 부가 쌓이기 시작했다. 하지만 보다 성공적인 결과를 위해서라면 시장 요소의 외부적인 도입 외에도, 시장경제 원리를 반영하는 법 제도의 구축, 나아가 보다 근본적인 경제체제로의 전환이 필수적이었다. 뤄팡촌 촌민들은 천티엔러를 주축으로 1984년 9월 19일 선전시 뤄후구 뤄팡촌기업회사深圳市羅湖區羅芳村企業公司를 설립했다. 처음에는 자본금 없이 집체 토지를 기반으로 한 집체기업으로, 1999년까지 15년 기한을 설정했다. 마을 발전에 필요한 공동 사업은 집체가 아니라, 이제는 촌기업을 기반으로 조직되기 시작했다.

당시 사정을 정확하게 파악하기는 어렵지만, 동남 연해 지역의 향진기업 및 집체기업 설립 열풍이 주요한 배경이라 추정해볼 수 있다. 촌민들은 인민공사 및 생산대(대)를 거치면서 공동의 조직적 경험을 갖춘 데다 집체 토지라는 집단적인 자산을 갖고 있었다. 또한 자본주의 홍콩을 마주 보는 변방 지역으로서 일상적인 군사훈련과 동원의 유산이 그들의 조직적 연계를 더욱 강화한 측면도 있었다. 아울러 홍콩에서 먼저 자본주의와 시장을 경험한 사람들이 돌아오면서 그들의 경험을 빠르게 흡수했다. 그 결과 자본주의 세계와의 연계를 위한 현대적인 기업 형태로의 전환이 과거 사회주의 집체경제를 동시다발적으로 대체해나갔다.

1990년대 선전시 정부의 정책 변화는 현대적인 기업으로의 변화를 더욱 촉진했다. 1992년 선전시 정부의 '선전경제특구 농촌 도시화에 대한 잠행규정'으로, 농민들은 하룻밤 사이에 행정적 차원에서 도시 주민으로 전환되었다. 하지만 이러한 전환은 기존 촌민들의 저항을 초래했다. 도시 주민으로 전환되는 데 따른 이익보다는, 그들의 농촌 집체 토지가 국유화됨으로써 잃는 손실이 더 컸기 때문이다. 농촌 토지에 의존해 생계를 꾸려온 촌민들에게 도시 주민으로의 전환이란, 삶의 터전이자 대대로 물려줘야 할 토지를 빼앗기고 실업자가 되는 것으로 여겨졌다. 1990년대 초중반 선전 각지에서 정부와 촌민 간에 벌어졌던 수많은 갈등은 도시 정부의 행정에 적잖은 영향을 끼쳤고, 이러한 갈등은 뤄팡촌에서도 현저했던 것으로 보인다.

1995년 천티엔러가 225명의 촌민들을 모아 한 장의 협의서에 서명하면서, 뤄팡촌에서 가장 좋은 땅이 정식으로 국유화되어 뤄팡오수처리공장으로 사용되었다. 1992년 뤄팡촌 촌민들은 모두 농사에 종사했지만, 1995년 뤄팡촌의 토지는 모두 몰수되었다. 그나마 다행인 점은 100에이커에 달하는 홍콩 신계의 토지 경작권을 유지했다는 것이다.

모종의 타협적 결과는, (선전의 다른 지방과 마찬가지로) 토지 국유화 과정에서 국가로부터 받은 배상금을 가지고 주식회사를 설립하는 것이었다. 선전시 뤄후구 뤄팡촌기업회사의 이사회는 정부로부터 받은 토지 보상금 300만 위안의 일부를 촌민에게 나눠주고, 나머지 금액은 집단관리하는 자본금으로 확보했다. 1993년 선전시 뤄팡실업주식유한회사深圳市羅

芳實業股份有限公司로 이름을 바꾸고, 1996년 뤄팡촌 집체자산관리위원회가 보유한 집체 주식 2771만 위안(전체의 51.0031퍼센트)과 촌 간부 천티엔러 등 225명의 촌민이 보유한 합작주식 2662만 위안(전체의 48.9969퍼센트)을 자본금으로 충당해 본격적인 기업 형태를 갖추기 시작했다. 아울러 1998년 집체기업에서 주식합작회사股份合作公司로 변경하는 등 점차 현대적인 기업 형태로 변모했다. 또한 촌기업회사는 더욱 공고한 마을과 가족회사로 거듭났다. 1984년 최초 설립 시 잠재적으로 규정했던 기한은 1999년이지만, 성공적인 운영 성과에 힘입어 2004년으로, 다시 2034년으로 연장되었다. 2013년 천티엔러가 회사 경영에서 물러나고 그 자녀 세대가 이사장과 총경리를 담당하는 등 세대교체가 이뤄졌지만, 가족 경영, 집체 경영의 성격은 여전했다. 이 과정에서 회사의 자산 규모는 초기 5333만 위안에서 2008년 8200만 위안으로, 다시 1억 위안 이상으로 크게 성장해왔다.

뤄팡실업주식유한회사의 주요 사업은 생산 및 도소매업이었지만, 부동산 개발 및 부동산 임대·관리로 빠르게 전환되었다. 8만 제곱미터에 달하는 부동산 자산을 관리하면서, 주요 자회사인 뤄팡용성물업관리유한회사羅芳永勝物業管理有限公司를 통해 차량 출입 관리, 임대주택 통일적 관리를 맡았다. 회사 소개는, 과학적이고 체계적인 부동산 자산 관리를 통해 관리의 품질과 기업 경쟁력을 높이는 동시에, 지역의 기초 행정단위인 사구社區의 사회적 질서 유지와 관리에도 많은 협조를 이뤄냈음을 강조한다. 말 그대로 뤄팡촌 마을에 대한 종합적인 개발과 관리를 책임져온 것이다.

결과적으로 1990년대 선전이 본격적으로 개발되면서 촌민들은 커다란 기회를 갖게 되었다. 뤄팡실업주식유한회사가 지은 공장이 완공되면서 1만 명 이상의 이주 노동자가 유입되었다. 공장에서는 이윤이 창출되었고, 이주 노동자들의 소비는 촌민의 소득으로 이어졌다. 또한 선전의 본격적인 도시 건설이 시작되면서 수많은 외지인들이 뤄팡촌에 들어왔다. 촌민들이 임대소득을 위해 건물을 빠르게 증축하면서 뤄팡촌은 빽빽하게 밀집된 주거단지로 변모했다. 다음 절의 성중촌 풍경에서도 등장하겠지만, 간격이 너무 좁아 옆 건물 사람하고 악수할 수 있을 정도라 해서 악수빌딩握手樓이라 불리는 고층 빌딩들은 홍콩 도심을 방불케 한다.

뤄팡촌 주민들은 집주인이자 주식회사의 주주가 되면서 다층적인 소득을 얻게 되었다. 그들은 행정적 차원뿐만 아니라 실제적 차원에서도 더 이상 농민이 아니다. 건물 임대소득을 올리고, 생업에 종사하면서 추가 소득의 기회를 거머쥐었고, 주식회사의 연말 배당금도 받게 되었다. 원래의 촌민은 110호에 불과하지만 건물은 300여 동에 달하면서, 각 세대가 평균 잡아 세 채의 건물을 보유했다. 촌민들은 농민에서 건물주가 되었고, 뤄팡촌의 부동산 집체 자산은 1억 위안을 초과하는 수준에 이르렀다.

개혁개방으로부터 40여 년이 지난 현재, 선전 뤄팡촌은 강 건너 홍콩의 뤄팡촌보다 훨씬 부유해졌다. 그들은 여전히 신계 지역의 농지 경작권을 갖고 있고, 정부 차원에서 발행되는 국경 통과 경작증을 가지고 홍콩과 선전을 자유로이 왕래한다. 경작권은 나이가 들면 자녀에게 양도되지만, 실제 농사를 짓는 사람은 극소수에 불과하다. 몇몇 가구는 소일 삼아 계속 농사를 짓지만, 촌민들은 농사를 짓지 않아도 되는 부유한 계층으로 거듭났다. 주말이면 가족과 함께 신계 뤄팡촌에 가서 안락한 전원생활을 즐기기도 한다. 또한 선전과 홍콩 양안에 흩어져 있는 조상의 묘지와 사당을 오가면서 장구한 마을과 가문의 역사를 되살리려고 노력한다. 이들은 선전과 홍콩을 오가면서 두 도시 생활의 안락함을 즐기며 개혁개방의 직접적인 성과를 온전히 체감하고 있다.

확실히 뤄팡촌의 사례는 기존 촌민들과 선전시 정부에게는 커다란 성공담이다. 급속한 도시화와 경제 발전으로 농민이 토지로부터 강제로 내몰리면서 빈곤해지는 다른 사례와 달리, 뤄팡촌의 경험은 오랫동안 터전을 닦아왔던 촌민들이 부자로 거듭나는 풍경을 보여준다. 다른 지역의 농촌과 달리 광둥 지역, 특히 주강 삼각주 도시의 촌민들이 도시 주민으로 행정적으로 전환된 이후에도 과거 농민으로서 가졌던 토지 기반의 수익을 잃지 않은 대표적인 사례이기도 하다. 더욱이 뤄팡촌 사람들은 자본주의 홍콩을 자유로이 왕래하면서 안락한 생활을 누리는데, "선전에 가면 선전 사람이 없다"는 말은 바로 여기에 딱 어울린다. 뤄팡촌 주민들은 일종의 '지주'처럼 뤄팡촌 공간의 계층 사다리의 가장 꼭대기에 자리 잡았고, 일반 주민들과의 왕래란 임대인과 임차인, 고용인과 피고용인의 위계적인 상황에서 발생한다. 천티엔러 등 촌 간부들은 선전 지방인민대표대회 대표로 선출되는 등 정치적 지위 또한 안정적으로 유지하고 있다. 그들은 선전의 원주민으로, 홍콩의 식민화 이전에 가졌던 선전과 홍콩 간의 밀접한 연계를 복구했다. 이들에게 선전과 홍콩의 거리는 다시 가까워졌고, 장구한 역사적 전통은 개인과 가족의 삶에서 되살아났다.

세 번째 변화 :
2017년 이후 도시 재생의 빛과 그림자

2017년 뤄팡촌은 도시 재생 프로젝트의 본격적인 가동과 더불어 다시금 주목을 받고 있다. 2017년 선전시 정부의 도시 재생 계획에서 뤄팡촌은 뤄후구의 첫 번째 기지로 커다란 변화를 맞이할 전망이다. 뤄팡촌의 대부분을 차지하는 300여 동 빌딩의 12만 제곱미터에 달하는 건축 면적이 철거되고, 13만 4천 제곱미터의 새로운 건축 면적이 지어질 계획이다. 과거 빽빽하게 밀집되어 안전을 위협하던 뤄팡촌의 낡은 모습이 상당 부분 사라지고 주거 및 상업 기능이 강화된 현대적인 경관으로 거듭날 예정이다.

도시 재생 계획의 시행에 발맞춰 뤄팡촌의 촌민들은 빠르게 철거와 이주 보상에 대한 협의를 마쳤다. 2018년 3월 28일, 뤄팡실업주식유한회사는 300여 명의 촌민이 지켜보는 가운데, 징지京基그룹과 뤄팡촌 도시 재생 프로젝트의 시작을 알리는 협의를 공식 선포했다. 뤄팡촌의 촌 서기와 촌장을 오랫동안 역임한 70세 노인 천티엔러가 촌 주민을 대표하여 협의에 서명한 것은 상징적이었다. 도시 재생 프로젝트로 조화롭고 뤄팡촌 도시 재생 시범 단지 구역도 (https:// baijiahao.baidu.com/ s?id=1622267614728 414992&wfr=spider& for=pc)

아름다운 새로운 보금자리를 건설한다는 촌민들의 기대감이 집중 조명 되었다. 산과 강을 배경으로 사면이 녹지로 둘러싸인 뤄팡촌의 입지는 선전과 홍콩의 경계에 있는 "빛나는 진주"이자, "희귀한 지리적 보석"으로 치켜세워졌다.

현재 대부분의 뤄팡촌 촌민에게 도시 재생 프로젝트는 아름답고 행복한 생활을 위한 또 다른 기회로 여겨진다. 개혁개방 이후 40여 년 동안 난개발로 인한 빽빽한 건축 경관은 더 이상 안정적인 임대 수입 공간이 아니라, '더럽고 어지럽고 뒤떨어지는' 낙후된 모습으로 인식된다. 뤄팡 실업주식유한회사 이사장 천즈후이陳志輝는 축사에서 뤄팡촌의 변화에

뤄팡촌의 도시 재생 프로젝트 개념 설계도 (http://www.yidianzixun.com/article/0LndVRQk)

대한 기대감을 드높였다. 그는 변경에 가장 가까운 성중촌인 뤄팡촌에서 기초 인프라가 부족해 주민들이 생활하는 데 큰 불편을 겪었다고 강조했다. 기존 마을은 산기슭의 구불구불하고 좁은 도로에다 낡은 주택으로 화재 위험이 높은 낙후된 모습으로 묘사되었다. 촌의 주식회사는 뤄팡촌이 도시 재생 개혁시범지역으로 선정된 것을 기회로 삼아, 조화롭고 아름다운 뤄팡 신도시를 건설하겠다는 비전을 밝혔다. 아름답고 정갈한 주거환경을 조성해 행복한 생활을 누리고 싶어 하는 촌민들의 바람은, 선전시 정부의 도시 재생과 산업 전환 및 업그레이드 노력을 뒷받침하고 있다.

이러한 변화를 지켜보는 천티엔러의 감회는 새롭다. 촌 간부이자 촌 기업회사의 이사장, 선전 지방인민대표대회 대표로서 뤄팡촌에서 40년 넘게 일해온 그에게, 도시 재생 프로젝트는 뤄팡촌의 두 번째 도약을 위한 힘찬 발걸음으로 여겨진다. 그는 만약 당의 개혁개방 정책이 없었다면 선전의 토착민에게 행복한 생활은 없었을 것이라는 감회를 내비치며, 도시 재생 프로젝트가 촌 집체경제를 급속하게 발전시킬 촉매제가 되기를 기대한다. 환경을 개선해 경제 성장을 촉진하는 것은 집체경제 발전의 필수적인 길이라 주장하며, 그는 도시 재생을 통한 성중촌의 환골탈태야말로 "현실적"인 경로라고 강조하며 촌민들의 적극적인 지지와 동참을 바란다.

하지만 도시 재생을 통해 아름다운 터전을 가꾸고자 하는 뤄팡촌 촌민들의 꿈이, '낙후된' 성중촌 생활을 통해 선전 생활의 근거지를 마련해왔던 이주민들의 꿈을 부수면서 진행된다는 점은 중대한 문제다. 촌민, 집체, 기업이 힘을 모아 도시 재생을 추진하는 뤄팡촌의 현재 모습 어디에도, 뤄팡촌에 실제 거주하는 인구의 대부분을 차지하는 이른바 외지 인구의 목소리는 담겨 있지 않다. 2019년 현재, 1만 8천 명의 뤄팡촌 인구에서 호적 인구는 1949명에 불과하고 대부분의 인구는 현지 호적을 갖고 있지 않다.

정부가 《선전시 성중촌 총체규획(2018-2025)》에서 일정 기간 일부 성중촌을 그대로 둘 필요성을 언급하면서 '종합적인 리노베이션'을 제안한 것 또한 이러한 우려와 무관하지 않다. 종합적인 리노베이션이란, 부동산 개발업자의 이익을 보장하는 철거 및 재건축과는 완전히 다른 방식이다. 정책기획자들은 도시의 경관 문제를 조속히 해결하기를 바라지만,

선전하 양쪽의 선전과 홍콩의 대비되는 경관 (http://www.yidianzixun.com/article/0LndVRQk)

지역의 생태적 환경을 파괴하고 주민들의 바람과 현실적 역량에 대한 고려가 부족하다는 비판도 제기된다. 《선전임대深圳租賃》(2018) 백서에 따르면, 선전시의 2017년 임대주택 거주 인구는 1600만 명으로 선전 인구의 80퍼센트를 차지하고, 그중 1100만 명이 성중촌에 거주하고 있다. 선전시 정부가 성중촌 재개발 이후 장기 임대아파트로 전환한다고 해도, 임대료가 크게 인상될 것을 우려하는 목소리가 있다.

한때 "선전에는 모기, 파리, 굴이 3대 특산품인데, 다들 홍콩으로 도망가 집 10채 중 9채는 비었고 노인과 아이만 남았다"는 노래가 유행하던 공간은, 이제 고층 빌딩과 소비시설이 가득한 현대적인 도시로 거듭났다. '선전 속도'라 불릴 정도로 빠른 변화와 발전은, 허허벌판에 마법의 신기루 같은 '인스턴트 시티instant city'를 현실에 구현해냈다. 선전의 원주민으로서, 뤄팡촌 촌민들은 필사적인 노력을 통해 개혁개방 과정에 동참해왔고, 그 결과 농민에서 도시 주민으로, 일종의 지대계급으로 큰 부를 쌓을 수 있었다.

하지만 뤄팡촌의 혁신과 발전은 원주민뿐만 아니라 이주민의 목소리를 어떻게 반영할 것인가라는 숙제를 남겼다. 뤄팡촌의 경험이 홍콩과의 거리는 가깝게 했을지 몰라도, 중국 내부의 거리는 더욱 멀게 했는지도 모른다. 뤄팡촌 주민들의 공고한 성채가 그들보다 훨씬 더 많은 이주민들에 의해 지속되어왔음은 상식에 가깝다. 그런 점에서 뤄팡촌의 경험은 동남 연해 지역의 일부 농촌의 눈부신 성공에만 빛을 비추고, 낙후된 수많은 농촌과 이주노동에 종사할 수밖에 없는 수억 명의 농민들에게는 짙은 그림자를 드리운다. 도시 재생 논의 과정에서 "뤄팡촌 촌민들은 이미 1억 위안 이상의 자산을 갖고 있다"라는 이야기가 온라인에서 심심찮게 등장하는 것처럼, 이후 확대될 부가가치가 그들의 부를 더욱 공고화할 것에 대한 사회적 우려와 불만 또한 적지 않다. 그런 점에서 뤄팡촌의 기록과 회고담은 선전 성중촌을 다룬 다음 장의 이주민 서사와 교차하여 독해할 필요가 있다. 과연 뤄팡촌의 성공 스토리는 뤄팡촌 촌민이 아닌 선전 사람들에게 수용되고 정당화될 수 있는가? 뤄팡촌이 정부와 언론 보도에서 파편적으로 다뤄질 수밖에 없는 이유 또한 여기에 있을지도 모르겠다.

참고문헌

우샤오보어, 박찬철·조갑제 옮김, 2014,《격탕 30년: 현대 중국의 탄생 드라마와 역사 미래》, 새물결.

이일영 편, 2008,《경제특구 선전(深圳)의 복합성: 窓과 거울》, 한신대학교 출판부.

윤종석, 2016, 〈중국의 급속한 도시화: 이중도시. 이민도시로서 선전의 도시발전〉, 《역사비평》 115, 45~76.

徐明天, 2008,《春天的故事: 深圳創業史 1979-2009 上》, 北京: 中信出版社.

舒雲, 1998, 〈新華社關於深圳大逃亡的四份內參〉, 《黨史博覽》 6, 3~5.

鍾堅, 2010,《大實驗: 中國經濟特區創辦始末》, 北京: 商務印書館.

〈拆遷簽約啦! 羅湖這個中國最早萬元戶村將迎大變化〉,《深圳商報》, 2018. 3. 29. (http://news.sina.com.cn/o/2018-03-29/doc-ifysszmx7879866.shtml)

〈滄海桑田30年: 羅湖原住民故事〉,《深圳商報》, 2010. 9. 6. (https://finance. qq.com/a/20100906/001266.htm)

陳銘, 〈兩個羅芳村的故事: 深圳村民到香港後建立起新的羅芳村〉,《南方都市報》, 2015. 4. 29. (http://shenzhen.sina.com.cn/news/ga/2015-04-29/ detail-ichmifpz0229300.shtml)

〈羅芳村: 從貧窮到富裕的巨大跨越〉,《深圳商報》, 2011. 11. 24. (https://www. sohu.com/a/195309614_99950450)

Chen, Xiangming, and Tomas de'Medici, 2012, "From a Fishing Village via an Instant City to a Secondary Global City: The 'Miracle' and Growth Pains of Shenzhen Special Economic Zone in China," in Xiangming Chen and Ahmed Kanna (eds.), *Rethinking Global Urbanism: Comparative Insights from Secondary Cities*. New York: Routledge.

O'Donnell, Mary Ann, Winnie Wong, and Jonathan Bach (eds.), 2017, *Learning from Shenzhen: China's Post-Mao Experiment from Special Zone to Model City*, Chicago: University Of Chicago Press.

Wang, Da Wei David, 2016, *Urban Villages in the New China: Case of Shenzhen*, London: Palgrave Macmillan.

성중촌의 소문 —
재개발 현장의 폭력과 돌봄

김도담

선생님, 안녕하세요, 이렇게 편지를 쓰는 건 처음인 듯하네요. 저는 진 즉에 중국 광둥성 선전深圳에서의 생활을 정리하고 떠나왔습니다. 다들 제게 신종코로나바이러스 발현으로 중국 내 이동이 어려워지기 전에 떠 나서 다행이라고 했는데, 이제는 전 세계 어느 곳도 코로나에서 벗어날 수 없게 되었네요. 퇴근 시간이면 길게 늘어서 있던 선전 지하철역 입구 의 줄이나, 시원한 에어컨 바람을 쐬기 위해 쇼핑몰로 몰려들던 인파의 수런거림이 아스라한 옛 기억만 같습니다. 이제는 사람들이 서로 살갗 을 맞대고 같은 공간에서 함께 공기를 마시는 사진들만 보아도, 심지어 그 기억만 떠올려도 몸속 깊은 곳에서 거부감과 경이로움이 함께 끓어오릅니다. 코로나 창궐의 경험이 가장 본능적인 미적 감각조차 모조리 바꿔버린 것만 같아요. 그래서일까요, 어느새 과거가 되어버린 선전에서의 조우들과 경험들을 현재의 시점에서 어떻게 대해야 할지 유난히 고민이 됩니다. 이처럼 온 세상이 코로나 이전과 이후로 나뉜다고 하더라도, 인간의 삶과 사회의 모습은 필연적으로 연속성을 지니기도 하죠. 제가 이어지는 편지들에서 들려드릴 어느 동네의 재개발 소문들, 그리고 이런 소문들의 강력하면서도 한정된 힘 역시 편지를 쓰는 지금 이 순간에도 계속되고 있는 이야기의 조각들입니다.

제가 선전에서 주로 지낸 곳은 선전 도심에 있는 한 성중촌城中村입니다. 이곳의 재개발 문제는 여전히 진행 중인 사안이기도 하고, 제게 이 이야기들을 공유해준 사람들에게 신의를 지키기 위해 동네의 실명을 사용하는 대신 중국어로 바다와 우물을 뜻하는 하이징海井이라고 부르겠습니다. 구체적 지명이 언급된 글이나 신문기사를 인용할 때에도 어쩔 수 없이 출처를 생략했습니다. 글로 남기는 기록이다 보니 신중에 신중을 기하는 게 옳다고 생각하는데, 제가 자신들의 이야기를 널리 알려주길 바라는 사람들도 있는지라 언젠가는 이름을 밝히는 게 옳은 일이 될지도 모르겠습니다. 성중촌은 글자 그대로 '도시 안의 촌락'을 의미합니다. 급격한 도시 팽창과 함께 농촌 마을들이 다소 모호한 물리적·행정적·법적 형태로 도시에 통합되면서 형성된 곳이죠. 주로 도시와 향촌이 만나는 도시 외곽

덩샤오핑이 1992년 남순강화 때 방문했다고 하는 궈마오國貿 건물에서 찍어봤어요. 화살표 끝의 낮은 건물들이 보이시나요? 근처 어느 성중촌의 일부입니다.

의 '성향결합부城鄉結合部'에서 많이 나타납니다만(장호준 2016: 18), 선전은 워낙 단기간에 급격하게 확장한 곳인지라 도심 내에도 수많은 성중촌이 산재합니다. 일찍부터 도시개발이 중점적으로 이뤄진 선전의 관내關內 지역, 그러니까 도심 지역인 푸톈구, 뤄후구, 난산구, 옌톈구만 해도 현재 약 90여 개의 성중촌이 있다고 들었습니다. 도시 변두리로 나가면 성중촌이 수백 개나 되고요. 그 수나 규모만 미루어 보더라도 성중촌이 선전의 도시개발과 떼려야 뗄 수 없는 관계라는 것을 알 수 있습니다. 하이징 역시 선전 관내 지역에 있지만, 불과 20~30년 전만 해도 개발의 중심지와는 꽤 거리가 있는 몇 개의 촌락들이었습니다. 그런데 선전이 빠르게 확장하면서 어느새 선전 도심의 노른자위 땅이 되어버렸습니다.

하이징도 그렇고, 성중촌은 대체로 주변의 도시 환경과 쉽게 구분이 됩니다. 아마 선생님도 직접 가보신다면 한눈에 알아보실 수 있을 겁니다. 선전 관내 지역은 현대성을 지향하는 계획도시이기 때문에 쭉쭉 뻗은 차도나 유리로 번쩍이는 고층건물 숲이 시내를 메우고 있습니다. 그런 건물들과 길들 사이사이에 성중촌이 점점이 박혀 있는데, 이들 촌락 안쪽은 대개 좁고 복잡하게 얽힌 골목과 '옆 건물에 사는 이웃과 악수'할 수 있을 정도로 다닥다닥 붙은 건물들握手樓로 가득합니다. 촌락의 출입구 길목에는 작은 치안 담당 사무실이나 차단기가 설치되어 있어서 바깥과 구분되는 관할구역이라는 것도 금방 알 수 있습니다. 꽤나 멋들어진 정문을 어귀에 세워둔 마을도 종종 있고요. 하이징은 바깥으로 빠지는 차도마다 차단기가 설치되어 있었는데, 코로나가 발생한 후에 이 길목들을 폐쇄해 바깥세상으로부터 마을을 격리했다고 들었어요. 이처럼 성중촌은 나머지 도시 지역과는 꽤 뚜렷한 물리적 경계를 가진 곳인데, 이게 사회적·심리적 장벽처럼 작용하기도 하나 봅니다. 선전에 성중촌이 그렇게 많은데도 한평생 성중촌에 발을 디뎌본 적이 없다는 선전 사람도 간혹 맞닥뜨리곤 했습니다. 반대로 선전의 성중촌에서 10년, 20년씩 살았는데도 마을 바깥의 지리를 모르는 사람도 가끔 있었고요.

하이징은 여러 개의 촌락이 행정적으로 하나의 성중촌을 이루고 있는 곳입니다. 촌락마다 정착 시기가 다르고, 영향력이 센 종족집단도 다르고, 심지어 언어도 달라서 어떤 마을은 광둥어를 사용하고 어떤 마을은 객가어를 사용합니다. 그래도 모든 촌민의 수를 합쳐봤자 공식적으로

재개발 논쟁의 중심에 있던 한 촌락의 입구입니다. 대문에 새겨진 글자들은 제가 지웠는데, 위에는 촌락의 이름이, 좌우로는 촌락의 이름을 활용한 시구가 새겨져 있습니다. 오른쪽에 경비실이 있습니다.

는 5천 명이 안 되는 것으로 알고 있습니다. 상당히 많은 촌민들이 홍콩에 살고 있는데, 두 곳의 거리가 무척 가까워 일주일에 한 번씩 하이징으로 장을 보러 오는 사람들이 있을 정도였습니다. 반면 하이징의 빽빽한 건물에 세 들어 사는 외지인 세입자는 10만 명이 훨씬 넘습니다. 월세가 비교적 싸고 교통이 편리해서 형편이 어려운 사람들에게 인기가 좋아요. 제가 지낼 적에만 해도 하이징에서는 거실에 침실이 하나 붙은 방一房一廳도 1천~1500위안(약 17만~26만 원) 정도에 구할 수 있었고, 방 2개나 3개짜리도 잘 찾으면 2천~3500위안으로 구할 수 있었습니다. 그에 비해 하이징 바깥의 아파트 단지나 젊은 싱글족을 대상으로 하는 청년 아파트靑年公寓에서는 아무리 못해도 매달 2천 위안 이상은 내야 겨우 몸 하나

널 수 있는 작은 원룸을 얻을 수 있었습니다. 하지만 하이징의 건물들은 그만큼 낡고 열악합니다. 대부분 건물은 6~8층 정도인데도 엘리베이터가 없어서 비좁은 계단을 오르내려야만 했어요. 촌 내에 가스관이 설치되어 있지 않아 집에서 요리하려면 어린아이 크기의 가스통을 주기적으로 사야 했고요. 게다가 고공행진을 하는 선전의 부동산 값을 따라가듯, 월세가 계속해서 널뛰기하다 보니 새로 이사를 오는 만큼 떠나는 사람도 많았습니다. 사람들의 유입과 유출이 얼마나 꾸준하게 이뤄지는지, 아예 중고가구만 취급하는 기다란 골목이 있을 정도였어요.

보통 성중촌 세입자라고 하면 혈혈단신으로 도시로 몰려든 노동자를 상상합니다만, 하이징은 워낙 도심 지역에 있어서 그런지 출신 지역이나 직업, 배경 등이 무척 다양한 사람들이 모인 곳이었습니다. 제가 자주 가던 한 식당가에서는 저녁 8시만 되면 20대 중반의 젊은이가 돌아다니며 땅콩을 팔곤 했어요. 소문에 따르면 근처 IT 기업에서 일하면서 퇴근 후 소일거리로 땅콩을 팔기 시작한 건데, 수입이 꽤 짭짤하다고 들었습니다. 식당 근처 잡화점에서는 가끔 차오산潮汕 출신 노인들이 모여서 차오산 전통음악을 연주하곤 했습니다. 동네 코흘리개 아이들이 악기를 만지러 다가와도, 안전모를 쓰고 지나가던 인부들이 와글와글 모여들어 스마트폰으로 동영상 촬영을 해도 그저 내버려두더군요. 후텁지근한 저녁에는 종종 광둥식 보양 음료를 파는 량차凉茶 가게를 찾아가 주인 할머니를 찾는 손님들을 구경하기도 했어요. 최근에 대학원을 졸업했다는 북쪽 네이멍구 출신의 음악 선생님, 홍콩 접경지역의 명품 판매장에서 일한다는 서글서글한 아주머니, 쓰고 뜨거운 량차를 한입에 털어 넣고는 우거지상을 한 채 말없이 갈 길을 가던 젊은 남성, 허름한 차림의 할아버지, 칭얼대는 어린 아들에게 차갑고 달콤한 디저트 탕수이糖水를 사주며 달래는 젊은 부부 등등 정말 다양한 사람들이 있었습니다. 가끔 맥주가 생각나는 밤엔 신장 위구르 사람들이 운영하는 길거리 좌판에서 양꼬치를 사먹기도 했어요. 어떻게 알고들 찾아왔는지, 중국어를 못하는 외국인 손님들이 손짓발짓을 하면서 주문하는 모습도 종종 볼 수 있었답니다.

이렇게나 가지각색의 사람들이 모인 데다가 인구 유동성이 워낙 큰 곳이다 보니 세입자들끼리 안정적이고 지속적인 커뮤니티를 형성하는 것은 어려울 수밖에 없습니다. 물론 제가 고작 몇 년 드나들고 지냈다고 해서 시시각각 변하는 동네의 모든 면모를 알 수는 없는 노릇입니다. 장기간 하이징에서 가게를 운영한 상인들의 네트워크나, 차오산이나 메이저우梅州 등을 중심으로 한 동향同鄕 커뮤니티, 혹은 인근 학교에 다니는 자녀를 둔 학부모 네트워크 등은 분명히 존재했어요. 그리고 저녁이 되면 하이징의 좁고 어두컴컴한 골목들은 밥 짓는 냄새, 마작하는 소리, 현란한 TV 화면, 좁은 방 대신 바깥에 책상을 놓고 숙제를 하는 초등학생들의 스탠드 불빛 등으로 가득 차 정겨운 느낌을 주기도 했습니다. 선전에 들른 김에 저를 만나러 하이징에 찾아왔던 한 이탈리아인 선생님이 그러더라고요. 선전 대로에 도열한 차가운 유리 건물의 숲과 달리 하이징에서는 사람 냄새가 나서, 나폴리의 오래된 골목들이 떠오른다고요.

하지만 이런 점들과는 별개로 세입자들 사이에는 혈연으로 묶인 촌락 사람들만큼 촘촘한 공동체는 물론이고, 다양한 사람들을 품을 만한 구심점은 찾아보기 어려웠습니다. 더군다나 하이징 세입자 규모에 비하면 공원이나 광장, 놀이터 같은 공공장소도 부족한 편이었어요. 특별한 계기가 없다면 하이징에서 친구를 사귀거나 다른 이들과 연대의 끈을 확인하기는 쉽지 않았습니다. 그러고 보니 종종 만나서 수다 떨고 어울리던 이린依林이라는 또래 친구의 이야기가 떠오릅니다. 이린은 벌써 몇 년째 하이징에서 월세 방을 얻어 살고 있었는데, 같이 사는 사촌과 저를 제외하고는 마을 안에 같이 밥 먹을 지인이 없다고 가끔 한탄하곤 했어요. 객지 생활을 하며 동네 친구를 갈망하던 저의 예전 모습이 떠올랐습니다. 무척이나 낯익은 고민이면서도 어떻게 위로할 방법이 없어서 서글프더라고요. 골목의 촘촘한 불빛 너머와 그 많던 철문 건너에도 외로운 사람들이 참 많았겠죠.

워낙에 복닥거리는 곳이라 그랬을까요? 하이징에는 늘 온갖 소문이 돌았습니다. 그중에서도 동네가 곧 철거된다는 소문은 세입자들에게는 오랜 원수와도 같았습니다. 저는 선전에서 지내는 동안 여러 활동에 참여하거나 현장을 관찰한 경험을 필드 노트에 기록해왔는데, 아마 제 필드 노트 제목에 가장 많이 등장하는 단어가 바로 '소문'일 거예요. 몇 년 전 하이징을 처음 방문했을 때에도 철거 소문이 파다했고, 그다음 해에 방문했을 때엔 하이징 내 한 공업단지 구역의 상가 건물이 철거되는 과정을 목격했습니다. 매년 선전을 방문할 때마다 하이징의 풍경은 조금씩 달라졌고, 또 아예 선전에 자리 잡고 2년에 가까운 시간을 보내던 시기에

대규모 부동산 회사들이 한때 눈독을 들였던 어느 성중촌의 골목길 풍경입니다.

도 하이징에서는 크고 작은 철거와 재건축이 계속됐습니다. 게다가 노른 자위 땅이라는 하이징 주변의 부동산 값은 끝을 모르고 치솟으니, 재개 발에 대한 소문이 끊일 리가 없었죠.

그런데 아무리 새로운 소문이 등장해도 세입자들은 대책을 세우거나 하이징을 떠나려고 하지 않더군요. 언젠가는 우선 퇴거 지역과 분기별 계 획 이행 시기까지 포함된 아주 구체적이면서도 그럴듯한 소문을 들은 적 이 있습니다. 그래서 제가 종종 왕래하던 가게 주인들에게 혹시 이번 소 문은 진짜가 아니냐며 운을 떼워도 봤는데, 대부분 적어도 3년, 아니 5년 내에는 절대 철거가 이뤄질 수 없다고 대답할 뿐이었습니다. 가게 주인들 과 세입자들의 말을 듣고 있자면, 하이징에서는 절대 철거가 이루어질 수 없다던 그 5년이라는 세월의 앞자락만이 영원히 이어질 것만 같았어요. 그때 돌던 소문은 결국 그대로 실현되지 않았습니다. 나중에 자주 가던 식당가에서 듣기로는, 재개발을 지지하던 어느 높으신 분이 체포되는 바람에 모든 계획이 중단되었다고 하더라고요. 꽤 신빙성 있는 이야기라고 생각했지만, 저나 주변 사람들이나 소문의 진위를 확인할 방법도, 이유도 없었습니다. 어쨌든 당장은 철거가 안 될 거라는 안도감이 가장 중요한 사실이었거든요.

그렇다고 해서 하이징 사람들이 철거 소문에 관심이 없는 건 아니었습니다. 오히려 그런 소문들이 늘 떠돈다는 게 그 방증이죠. 하이징은 면적만으로 따지면 그렇게 큰 동네는 아니었습니다. 하지만 싼 방 값에 이끌려 새로운 세입자들이 끊임없이 유입되는 곳이었고, 심지어 아예 하이징 내에서 10년, 20년씩 생활하며 단단한 사회적 기반을 닦은 외지인 가족들도 많은 곳이었습니다. 만약 정말로 철거가 이루어진다면 십수만 명의 세입자들이 삶의 터전을 잃게 되는 상황이라, 거주민들은 철거 문제에 민감할 수밖에 없었습니다. 한편 하이징 안팎으로는 부동산 신화를 꿈꾸는 호사가들과 투기세력이 언론이나 입소문, 소셜미디어 등을 통해 끊임없이 재개발 가능성을 거론했습니다. 하이징을 담당하는 구區 정부, 부동산 개발회사들, 대규모 자본들도 역시 촌락 재개발에 계속 눈독 들이고 있었고요. 그리고 이 모든 소문은 개발과 현대화를 예찬하는 주류 담론 내에서 재생산되고 공유되었습니다. 다들 하이징 같은 성중촌은 더럽고 어지럽고 지저분해서 현대적인 선전에는 어울리지 않는다고 말했어요. 심지어 철거가 이뤄진다면 큰 타격을 입는 데다가 한 푼도 보상받을 수 없는 세입자들조차 하이징은 언젠가 재개발되어야 한다고 말할 정도로 주류 담론의 힘은 막강했습니다.

재개발에 대한 소문과 기대가 이렇게 활개를 치는데도 사람들은 철거가 한참 뒤에나 이뤄질 거라고 계속해서 점치더군요. 설령 재개발이 이루어지더라도 어차피 개개인은 윗선의 결정이나 큰 시류에 아무런 영향을 미칠 수 없다고 하는 말도 자주 들었습니다. 이처럼 개인이 사회를 변화시키기 어렵다는 보편적인 사고방식이 필연적으로 예견된 철거라는 미래를 어떻게든 미루고자 하는 태도로 이어진 것일지도 모르겠습니다. 하이징에는 현재의 삶이 너무 버거운 사람이 많았고, 이들은 아마 각자의 삶의 반경에서 벗어나는 실천을 고민하기엔 생활이 빠듯했을 겁니다. 하이징 사람들은 남녀노소를 불문하고 다들 얼마나 바쁘게 사는지, 처음 동네에 도착한 후 몇 개월 동안은 사람들에게 도통 말을 붙일 수가 없어서 집을 옮겨야겠다는 생각도 많이 했을 정도였거든요. 그렇다고 해서 하이징 사람들이 철거 소문을 대하는 태도가 그저 현실 도피성의 낙관론이라는 건 절대 아닙니다. 이 편지에서 구구절절 설명하긴 어렵지만, 하이징 재개발 건은 사안이 유난히 복잡했어요. 재개발 소문을 접하는 이들은 재개발이 확정되고 본격적인 철거가 이루어지는 데만 한세월이 걸릴 정도로 복잡하다는 설명을 주된 추측 판단 근거이자 모호한 태도의 귀결로 삼곤 했습니다. 더 나아가 이들의 설명은 미래를 내다보기 어려운 불확실한 삶을 잘 반영합니다. 상황이 닥치면 대처할 시간을 벌 수 있을 것이라는 세입자들의 경험에서 나온 말이기도 하고, 상황이 변하면 무언가 새로운 대안이 생길 것이라는 말일 수도 있겠죠. 혹은 그만큼 절박한 상황이 임박하기 전까지는 달리 도리가 없다는 말일 수도 있고요. 제가 하이징에서 지낼 때 종종 듣던, "한 걸음 내디디고 한 번 둘러본다走一步看一步"라는 말이 있습니다. 그때그때 상황을 봐가면서 산다는 뜻인데, 장기적인 계획을 갖기 어려운 환경에서는 그저 하루하루에 충실하면서 스스로 살아갈 방도를 찾아야만 한다는 의미를 지닌다고 생각해요.

하이징에서의 삶은 원래 불안정하고 예측하기 어려운 부분이 많았는데, 제가 선전을 떠나기 불과 몇 달 전, 갑자기 수많은 하이징 세입자들이 대규모로 쫓겨나면서 상황이 급격하게 나빠집니다. 이 이야기는 다음 편지에서 이어 들려드릴게요.

◆　◆　◆

선생님, 그동안 어떻게 지내셨나요? 저는 지금까지 작성해온 필드 노트들과 휴대전화 기록들을 살펴보기 시작했어요. 새삼 생경해진 풍경과 소문, 지우고 싶었던 폭력의 목격담, 잊고 지냈던 돌봄의 순간들이 한데 뒤섞여 떠오르더군요. 코로나 때문에 외출도 잘 못하는데, 온종일 방구석에 앉아 이런저런 기억을 되새기다 보면 다시 선전으로 돌아간 것만 같아 묘한 기분이 듭니다. 이번 편지는 하이징에서 가게를 운영하고 있는 언니가 들려준 이야기로 시작할까 합니다.

아칭阿晴 언니는 하이징에서 8년째 장신구 가게를 운영해왔습니다. 원래는 하이징 중심가의 상가 코너에 입점해 있었는데, 상가 건물이 근방 부지의 철거와 관련된 소송에 휘말리면서 어쩔 수 없이 상가를 나와야만 했어요. 그래서 언니는 상가 건물주에게 받은 보상금에 모아둔 돈을 보태 하이징초등학교 근처에 아주 작은 가게를 열었습니다. 서너 명만 들어서도 움직이기가 힘들 정도로 협소한 공간이었지만, 그래도 다른 도시의 친지에게 맡겨둔 자식들을 생각하면 장사를 그만둘 순 없었겠죠.

그런데 새 가게를 연 지 채 1년도 되지 않아서, 건물주로부터 곧 재개발될 예정이니 1~2개월 안에 가게를 빼라는 갑작스러운 퇴거 통보를 받았습니다. 그리고 이맘때쯤 하이징 곳곳의 다른 건물주들도 동시다발적으로 세입자들을 쫓아내기 시작했습니다. 정말로 철거가 임박한 건 아닐까 하는 불안감에 하이징의 분위기는 점점 흉흉해졌습니다. 아칭 언니는 한국으로 치면 권리금과 비슷한 양도금轉讓費 때문에 이미 금전적 손해를 꽤 많이 본 상황이었어요. 계약 기간이 많이 남아 있었는데도, 두루뭉술한 계약서 조항 때문에 짐을 빼면 건물주로부터 아무런 보상도 받지 못할 것 같다며 시름에 잠기곤 했습니다. 게다가 건물주는 홍콩에 산다며 본인이 필요할 때가 아니면 얼굴을 비치기는커녕 연락조차 되지 않았어요. 언니는 어떻게든 타협해서 금전적 손해를 조금이라도 만회하기 위해 건물주의 일방적인 회유와 협박을 견디며 가게를 열어둔 채 버티기 시작했습니다.

저는 이 시기에 종종 언니 가게에 놀러가서 주변 변화에 대한 어수선한 마음을 함께 토로하곤 했어요. 불과 몇 주 전만 해도 저녁 시간이나 주말이면 하이징 거리는 그렇게나 사람들로 북적이고 활기찼는데, 이제는 주말마다 이삿짐 트럭들이 가뜩이나 좁은 길을 꽉꽉 메웠습니다. 중고가구 가게들도 대부분 퇴거당하면서 쓰레기장은 사람들이 버린 가구들로 가득 찼죠. 주말이 지날 때마다 거리는 점점 한산해졌고, 수십 개 수백 개의 건물 창문들은 점점 빛을 잃어갔습니다. 아칭 언니는 사람 한 명이 간신히 지나다닐 수 있는 건물 틈새 끝 막다른 골목에 혼자 살았어요. 타지에서 일하는 남편이나 다른 성중촌에 사는 친척들이 가끔 드나들긴 했지만, 대부분의 시간을 혼자 보냈던 것으로 알고 있습니다. 그래서일까요, 언니는 골목길이 나날이 스산해지고 어두워져서 무섭다는 말을 점점 더 자주 했습니다.

어느 날 가게에 찾아가니 아칭 언니가 친구와 얘기를 나누고 있더군요. 언니의 친구는 이미 하이징에서 이사 나간 지 몇 년 된 옛 이웃이었는데, 동네가 철거된다는 소식을 듣고 한번 둘러도 보고 일도 처리할 겸 오랜만에 들렀다고 했습니다. 저는 비좁은 가게에 같이 끼어 앉아 세입자들에게 월세를 탕감해줬다는 인심 좋은 이웃 건물주의 이야기라든가, 부동산 회사와 건물주들 간에 암묵적인 거래가 있지 않겠느냐는 추측, 어느 건물에서 세입자가 자살하고 2주나 지나서야 발견됐다는 소문 등 둘이 나누는 이야기를 들었어요.

그중에서도 아칭 언니가 얼마 전에 이웃 상인으로부터 전해 들었다는 이야기가 아주 인상적이었습니다. 가게 뒤쪽 건물의 주인도 세입자들에게 퇴거 통보를 했다는데, 그 건물에는 한 젊은이가 마지막 세입자로 남아 있었다고 합니다. 그런데 하필 부동산 개발회사 직원들이 건물이 비었나 확인하러 왔을 적에 그 젊은이가 곯아떨어져 있었던 모양입니다. 직원들은 세입자가 모두 퇴거했다고 여겨 작업반을 보내 건물을 폐쇄해버렸습니다. 어둑해질 무렵에 젊은이가 일어나 보니 전기와 수도가 모두 끊기고, 건물의 유일한 출입구는 밖에서 용접해버려 열리지 않더래요. 엎친 데 덮친 격으로 휴대전화 배터리도 거의 다 떨어졌고, 무엇보다도 이 젊은이는 하이징에 연락처를 알고 지내는 사람이 딱히 없어서 도움을 구하기가 마땅찮았다고 합니다. 그래서 광저우에 사는 친구에게 전화를 걸었는데, 배터리가 다되어 바로 끊겼다고 합니다. 결국 친구는 광저우에서 밤버스를 타고 선전으로 찾아왔고, 경찰이 출동해 용접된 문을 뜯어낸 후에야 젊은이가 건물 밖으로 나올 수 있었다고 합니다.

이 소문의 진위나 출처는 확인할 길이 없습니다. 하지만 사실 여부를 떠나 이런 이야기들이 떠돈다는 것 자체가 소문을 소비하는 사람들의 관심사와 상상의 저변을 보여줍니다. 저는 이 이야기를 듣고 나서야 언니가 동네 골목길이 무섭다고 했던 말이 조금 다르게 와닿았습니다. 그동안 언니가 무섭다고 할 때마다 "밤늦게 돌아다니지 마라"라든가, "집에 도착하면 문자 남겨"와 같은 관심 어린 말 속에서 엿볼 수 있는 그런 맥락의 공포로 이해했어요. 늦은 밤 어두운 골목길에 도사리고 있을지도 모르는 폭력에 대한 두려움이랄까요? 하지만 돌이켜보니 언니는 2천만 인구가 바쁘게 살아가는 이 도시에서 아무도 모르게 홀로, 조용히 죽어

갈지도 모른다는 현대 도시 사회 특유의 근원적인 공포에 대해 토로하고 있었던 건 아닌가 싶어요. 예전 같았으면 바쁜 일상생활 속에서 죽음이라는 가능성을 애써 외면하고 부인할 수 있었을 겁니다. 하지만 재개발과 잇단 퇴거로 인해 사람들이 썰물처럼 빠져나간 곳에서, 무기명의 죽음이라는 가능성은 그 어느 때보다도 더 적나라하게 드러나게 된 거죠. 생사의 끝자락을 매일 걷는 체험은 아칭 언니처럼 사회적·경제적 자본이 취약해 물리적·사회적 기동성이 떨어지는 사람들에게는 피할 도리가 없는 것이었습니다. 이러한 경험의 상대적 불가피성을 보건대, 점점 유령화되는 하이징을 견뎌내고 목격하는 과정은 이미 자본주의 중국 사회와 현대 도시 사회의 구조적인 폭력을 답습하고 있었습니다.

건물에 갇힌 젊은이의 이야기 이외에도 죽음을 쉽사리 망각하지 못하게 하는 소문들은 계속해서 들려왔습니다. 개중에는 아는 사람이 친한 경찰관한테 들었는데 최근 한 달 동안 하이징에서 몇 명이 죽었다더라 하는 이야기나, 사실상 조직폭력배나 다름없는 마을 내 하청업자들 사이에 갈등이 발생했다더라 하는 소문들도 있었습니다. 그 외에도 위챗의 단톡방이나 개인 피드, 소셜미디어의 각종 공개 계정에 도는 사진이나 영상, 글귀에 기생해서 도는 소문들도 있었습니다.

지난 편지에서도 말씀드렸듯이 하이징에서 친밀한 집단이 형성된다는 것은 여건상 다소 어려운 일입니다. 게다가 위챗 단톡방은 특별한 허가 과정을 거치지 않는 이상 최대 수용인원이 500명으로 제한되어 있어, 십수만의 하이징 세입자 전체를 아우를 만한 단톡방은 존재할 수 없었습니다. 다만 철거 문제가 불거진 후에는 점점이 존재했던 여러 종류의 느슨한 정보 교류 단톡방이 급격하게 규모가 커지고 활발해졌습니다. 이해관계나 참가자 성향, 혹은 서명운동이나 정부 탄원서 제출 등의 크고 작은 움직임을 중심으로 새로운 단톡방이 우후죽순처럼 늘어나기도 했고요. 이런 단톡방에는 대체로 초대코드만 있으면 누구나 들어갈 수 있었지만, 어떤 단톡방은 특정 건물에 거주하는 세입자라든가 하이징에 집을 구매한 외지인 등 특수한 조건을 달아 철저하게 가입을 차단하기도 했습니다.

위챗 단톡방에서는 참가자 모두가 서로의 눈과 귀가 되어 주변에서 들려오는 갖가지 소문들을 공유하곤 했습니다. 한번은 하이징의 다른 구역에 사는 페이옌飛燕 언니 집에 놀러갔는데, 그 언니가 간밤에 단톡방에 올라온 영상을 제게 보여주더군요. 어두컴컴한 건물 안에서 사람들 여럿이 경찰들과 어떤 남자들을 향해 고함치는 영상이었는데, 내용을 들어보니 부동산 개발회사가 한밤중에 철거 동의가 이루어지지 않은 건물의 입구를 용접해 폐쇄해버리고 전기와 수도까지 끊었던 모양입니다. 그 바람에 세입자들이 건물에 갇혔고, 결국 경찰을 불러 문을 뜯었다고 하더라고요. 당사자들의 해명과는 별개로 부동산 개발회사가 고의로 문을 용접한 게 아니냐는 의구심은 언니가 속한 단톡방에서도 그렇고, 그 이후에도 사람들 사이에 나날이 커지기만 했습니다.

또 한번은 촌락 중심가 건물의 옥상 난간에 매달려 있는 자살 기도자의 영상이 하이징의 여러 단톡방에 실시간으로 돌았습니다. 소문에 따르면 영상 속 남자는 친척 돈과 빚을 끌어 모아 마을 큰길가에 가게를 내려고 했대요. 그런데 인테리어 시공을 마친 직후 가게 오픈을 바로 앞둔 시점에 갑자기 건물주로부터 퇴거 통보를 받았고, 너무나 억울했던 나머지 옥상 난간에 올라갔다고 하더군요. 그 당시 제가 들어가 있던 500명 규모의 한 단톡방은 그야말로 메시지의 홍수였습니다. 자살 기도자를 안타까워하며 경찰과 소방관을 찾는 메시지, 그 남자를 자살로 몰아간 "사람이 사람을 먹는人吃人" 사회를 개탄하는 메시지, 우리도 다 같이 건물에서 뛰어내리면 부당한 퇴거를 막을 수 있을까 하는 울분의 메시지, 너무 흥분한 나머지 다른 사람들은 알아듣지 못하는 고향 사투리로 다급하게 외치는 음성 메시지 등등 수백 개의 메시지가 끝없이 올라오더군요. 그들의 감정이 얼마나 격해졌는지 제발 냉정해지자며 절박하게 호소하는 목소리도 있었습니다. 다행히도 몇 시간의 대치 끝에 그 남자는 목숨을 구했다고 하는데, 그 후의 행방이나 신변에 대해서는 듣지 못했습니다.

보통 소문이라고 하면 활자로 쓰인 글과는 달리 증거가 부족하고 권위가 떨어진다고들 합니다만, 선생님께서도 보시다시피 소문이라고 해서 꼭 증거나 출처가 전혀 없는 것은 아니에요. 중국처럼 스마트폰이 널리 보급되어 누구나 손쉽게 사진과 영상을 촬영할 수 있는 환경에서는 오히려 온갖 기록들이 넘쳐나겠죠. 물론 이런 소문 중에는 가짜이거나 황당한 내용도 많습니다. 예를 들자면 홍콩 시위가 한창일 때 홍콩 사이완호에서 경찰이 횡단보도를 걷는 시위자를 향해 코앞에서 총을 쏜 영상을 기억하시나요? 한국에서도 크게 보도되었던 영상이죠. 그런데 제가 속해 있던 하이징의 한 단톡방에서는 시위자가 무기를 들고 있는 것처럼 손 부분을 모자이크한 저화질의 영상이 떠돌더군요. 전형적인 가짜뉴스였죠. 이런 종류의 가짜뉴스들은 당연히 경계해야 합니다만, 그렇다고 해서 소문이 모두 가짜뉴스인 것은 절대 아닙니다.

의도적으로 조작된 가짜뉴스와 달리 소문은 보통 "누구누구한테 들었는데"라든가, "누가 말하던데" 등과 같이 책임을 전가하거나 보류하는 단서가 붙곤 합니다. 정부나 언론이 장악한 권위적인 공적 담론들과 거리를 두는 거죠. 그러나 소문은 공적 담론들과 완전히 분리된 별개의 영역에서 형성되거나 유통되는 건 아닙니다. 소문을 소비하는 그 어떤 개인도 공적 담론으로부터 자유로울 수 없을뿐더러, 애초에 소문의 가치와 역할을 결정짓는 건 그 사회의 지배적인 담론과 이데올로기이기 때문입니다(Stewart&Strathern 2004). 그리고 소문의 힘은 오로지 소문의 내용으로부터 나오는 게 아닙니다. 소문에 대한 발화 행위 그 자체가 매개하는 언어의 힘이 여러 사회적 효과를 초래하기도 하죠(Das 2007: 108~134). 소문을 전해줄 수 있는 우리와 그렇지 못한 타자를 구분해 내부 결속을 공고히 하는 효과를 발휘하기도 하고, 특정 개인에게 유리한 정보를 전파하는 전략으로 활용되면서 집단 내 분열을 일으키기도 합니다. 그리고 그 과정에서 새로운 관계성이 형성되기도 하고, 한 집단이나 사회의 정체성과 역사에 대한 재해석이 발생하기도 하지요(Paz 2008).

하이징에서의 소문 역시 다양한 기능을 발휘했습니다. 페이엔 언니가 속한 단톡방은 언니가 살던 구역 사람들의 모임이었는데, 말이 새어나가지 않도록 단속을 꽤 심하게 하는 편이었어요. 아칭 언니처럼 다른 곳에 사는 사람들은 모르는 내용이 내부적으로 많이 돌곤 했는데, 그래서일까요. 누군가 파출소에 끌려갔을 때 이웃 주민들이 모여 기습적으로 파출소를 방문하는 등 단체행동력이 대단하더라고요. 참고로 하이징 파출소는 한국 광역시의 웬만한 지구대보다 규모나 인원이 훨씬 크기 때문에 항의하러 찾아가기 쉬운 곳은 아니었습니다. 그 밖에도 소문은 사람들의 분노나 절박함 같은 감정을 더욱 부채질하기도 했습니다. 자살 미수 사건이 발생했을 때, 제가 속했던 단톡방에서는 누군가가 적당한 시기에 길거리로 나서자고 말 한마디만 하면 다들 나갈 것 같은 그런 기류가 형성될 정도였습니다.

소문은 때때로 뜻밖의 사람들을 연결해주기도 합니다. 한번은 저한테 아칭 언니의 사정을 들은 한 아주머니가 언니를 찾아간 적이 있었어요. 그분도 상황이 여의치 않은 편이었는데, 이럴 때일수록 서로 도와야 한다며 아칭 언니에게 이것저것 자기 경험을 공유해주었습니다. 이처럼 벼랑 끝에 몰린 하이징 사람들에게 소문이란 삶의 향방을 가늠하는 데 요긴한 자원 중 하나였습니다.

보시다시피 소문의 내용뿐만이 아니라 소문을 전달하는 행위가 갖는 힘은 큽니다. 이러한 말들의 저력을 지역 정부가 모를 리 없었죠. 다음 편지에서는 민간이라는 공간에서 폭력과 돌봄의 책임을 규명해나가는 과정이 어떻게 소문 및 검열 문제와 얽히는지에 대해 말해볼까 합니다. 그럼 그때까지 건강하게 지내세요.

．．．

　선생님, 혹시 중세 유럽의 마녀사냥에 대해 생각해보신 적이 있나요? 마을에 역병 같은 불길한 일이 발생하면 마녀를 찾아내 단죄하려 했다지요. 그런데 전 세계 곳곳에서 그와 비슷한 형태의 마법사witch 사냥과 마법 의뢰자에 대한 보복이 이루어지곤 했다고 합니다. 왜 이렇게 비이성적이고 잔인한 마법사 사냥이 장소와 시간을 불문하고 존속해왔을까요? 인류학자들은, 마법witchcraft이 기존의 사회적 관계나 질서를 무너뜨릴 수 있을 정도로 강력하면서도 난해하고 불길한 사건들을 설명하는 데 유용하기 때문이라고 분석합니다(Evans-Pritchard 1976). 즉 마법사 사냥은 도대체 누가 마법을 부려 사람들을 해하는가, 혹은 공동체에 죽음을 불러오는가를 밝히는 과정인 셈이죠. 달리 말하자면 폭력과 공황의 근원을 추적하여 인과관계와 책임 소재를 규명하는 과정입니다. 그 과정을 통해 공동체의 도덕적 기준과 정체성에 대한 치열한 성찰이 이루어지기도 합니다. 그렇지만 애초에 인과관계가 불명확한 난해한 문제를 규명하는 작업인 만큼 구체적인 정보를 얻기 힘들다 보니, 마법사를 사냥할 때에는 대체로 소문이 매우 중요하게 작용합니다. 그리고 때때로 마법사 사냥은 그 시작과 끝에 폭력, 심지어는 죽음을 동반합니다. 개인의 생사가 몇 마디 말에 갈릴 수도 있는 위험한 과정인 거죠.

　조금 뜬금없이 마법사 이야기를 꺼낸 이유는 마법사 사냥의 과정과 위험이 하이징의 세입자들이 마주한 상황과 유사하다고 느껴서입니다. 하이징 재개발 소문은 분명 하루 이틀 이야기가 아니었어요. 하지만 무더기로 발생한 세입자 퇴거는 너무나 갑작스럽고도 강력하며, 불가해에 가까운 상황이었습니다. 수백, 어쩌면 수천 가구가 하루아침에 퇴거 통보를 받았던 첫날엔 정말로 길에 가다가 차에 치인 것만 같은 충격이 온 동네를 휩쓸었습니다. 이 사건은 하이징이라는 느슨한 공동체의 삶에 대한 사형 선고나 다름없었고, 그로 인해 세입자 개개인은 그 어느 때보다 적나라하게 삶과 죽음의 문제를 대면하게 됩니다. 물론 중국은 사회주의 국가이자 세속화된 사회인 만큼 세입자들이 사특한 '마법사'를 찾아 나서거나 하진 않았어요. 그 대신 중국이라는 현대 국가의 구성원답게 자신들의 생계가 걸린 난해한 상황에 대해 법적·행정적·도의적 책임을 물을 수 있는 대상을 추적하기 시작했습니다. 과연 이 청천벽력 같은 상황은 누가 일으킨 건지, 어떻게 문제를 해결할 수 있는지 알아보고자 한 것이죠.

하지만 첫 번째 편지에서도 말씀드렸듯이 세입자들을 포함한 대다수 사람은 하이징과 같은 성중촌은 현대적인 선전의 미래를 위해 역사의 뒤안길로 사라질 수밖에 없다고 늘 말하곤 했습니다. 그래서일까요, 세입자들은 재개발을 원천적으로 막기보다는 삶의 급격한 변화로 인한 충격을 조금이나마 완화할 시간과 자원을 확보하고자 했습니다. 이를 위해 세입자들은 주로 입소문과 위챗의 여러 단톡방을 중심으로 온갖 정보를 그러모았습니다. 이 과정에서 연대 서명이라든가 온라인 댓글 운동, 각급 정부와 부처에 탄원하는 등의 다양한 움직임들이 나타났습니다. 또한 많은 이들의 생각 끝자락엔 도로나 사무실 점거처럼 시위의 가능성도 항상 머물러 있었습니다. 단톡방에서 홍콩이나 선전 다른 지역의 크고 작은 시위 영상들이 종종 돌곤 했거든요. 그러나 중국에서는 허가받지 않은 시위를 모두 불법으로 규정하기 때문에, 시위 조직에 적극적으로 나선다는 것은 개인의 정치적 죽음의 가능성을 의미합니다. 그래서 사람들은 적극적으로 나서는 것을 꺼릴 수밖에 없었고, 적어도 제가 지내던 기간 동안 시위는 그저 하나의 가능성으로만 남아 있을 뿐이었습니다. 이처럼 세입자들을 중심으로 모인 집단을 시민사회 조직이라 칭하기는 어렵지만, 그렇다고 해서 군중이라고 부르기에는 이들의 목적이 비교적 뚜렷했습니다. 세입자들은 이러한 모임을 통해 자신들이 경험하는 폭력의 근원을 규명하고, 자신들의 삶에 대한 돌봄의 책임을 나눌 대상을 찾기 위해 부단히 노력했습니다.

이는 결코 쉬운 과정이 아니었는데, 재개발 일정이나 관련 법규처럼 가장 기본적인 정보를 확인하는 것조차 세입자들에겐 어려운 일이기 때문입니다. 일단 이들은 정부 부처는 물론이고 재개발을 담당한 부동산 회사나 촌락 사람들보다 경제적·사회적·문화적 자본이 부족했기 때문에 적절한 행동을 모색하는 데 여러 어려움을 겪었습니다. 특히 퇴거 기한이 임박한 세입자들에게는 절대적인 시간도 부족했고요. 그뿐만 아니라 성중촌은 애초부터 시 정부와 다소 모호한 법적·행정적 관계를 맺고 있는 데다가(정종호 2008: 43~50), 여러 촌락이 하나의 성중촌을 이룬 하이징은 특히 사안의 규모가 크고 복잡했습니다. 하이징 재개발에 관여하는 대규모 재개발 회사도 다수였고, 마을에 따라 영향력이 센 종족도 달랐습니다. 심지어는 선전시 정부가 도시 전역의 토지를 '도시화'하면서 사문화시켰던 촌민위원회가 여전히 하이징 내에 존재할 정도였습니다. 이렇게 다양한 기관들과 단체들의 관할권과 이해관계가 복잡하게 얽혀 있다 보니, 사람들은 끝없이 책임을 전가하는 기관들 사이에서 이리저리 휘둘리기 일쑤였습니다. 게다가 세입자 퇴거가 이뤄지던 시점은 언론과 정치적 활동에 대한 검열과 단속이 그 어느 때보다 심했습니다. 강 건너 홍콩에서는 범죄자 인도 법안을 반대하는 대규모 시위가 나날이 벌어지고 있었고, 중화인민공화국 수립 70주년을 기념하는 국경절을 앞둔 시기와 겹쳤기 때문입니다. 원래도 민감한 사안인 재개발에 대해 심도 있게 다루는 것을 중국 국내, 특히 선전시에 속한 언론사들은 부담스러워했고, 기껏 작성된 기사들은 종종 사전검열 또는 사후검열을 받곤 했습니다. 무엇보다도 세입자들은 그들이 겪는 고통을 스스로가 고스란히 뒤집어쓸 위험을 늘 감수해야만 했습니다. 그 어떤 보상과 지원도 받지 못하는 세입자들을 마치 보상에 눈이 멀어 선전의 발전을 저해하는 세력으로 매도하는 사람들이 있었고, 이들을 향해 왜 애당초 철거에 대비하지 않았는지, 왜 진작에 더 노력해서 경제적 성취를 얻지 못했는지 다그치는 사람들도 종종 있었습니다. 소위 마법사 사냥의 칼끝이 세입자를 향할지도 모르는 불안한 상황이었던 거죠. 세입자들은 폭력의 근원과 책임 소재를 따지기 이전에 생존을 위한 몸부림의 도덕적 정당성부터 입증해야 했습니다.

이처럼 절박한 환경에서 그나마 소문만이 세입자들이 접근할 수 있는 중요한 자원이었습니다. 저 역시 이 시기 이린이나 페이옌 언니, 아칭 언니를 마주칠 때면 요즘 뭐 들은 거 없냐고 묻는 것이 인사말이나 다름없을 정도였습니다. 하지만 소문이 세입자들만의 전유물은 아니었기 때문에 다루기 무척 까다로웠습니다. 부동산 개발회사나 촌락 사람들은 물론이고, 정부 또한 소문을 활용한 여론전에 적극 참여했습니다. 정부의 선전 구호나 정부의 지도와 시장 논리와의 타협 속에서 나오는 주류 언론의 보도와 달리, 소문은 필연적으로 민간의 영역에 속합니다. 간쑤성 회족이 어떻게 중국의 세속주의 법과 이슬람 종교 율법을 받아들이는가를 연구한 법인류학자 매슈 이리는 민간*minjian*을 "국가가 허용한 규범의 세계에서 제외된 영역"(Erie 2016: 85)이라고 정의합니다. 하지만 제외되었다는 것은 금지를 뜻하기보다는 제재 부족이나 필요에 의한 국가의 묵인 혹은 용인을 의미합니다. 따라서 이리는 애매모호한 민간 영역의 성격이야말로 국가의 통치성을 강화하거나 약화할 수 있는 양날의 검과 같은 잠재성을 지녔다고 평가합니다. 마찬가지로 하이징의 민간 영역에서 떠도는 소문은 공적 담론에서 완전히 분리된 영역이 아니었습니다. 오히려 양날의 검과 같은 성격 때문에 세입자나 정부 모두 조심스레 접근한 대상이었습니다.

하이징 파출소는 소문에 대해 모호한 태도를 보이면서 제재를 가하기도 하고 적극적으로 활용하기도 했습니다. 지역 경찰이 촌락 사람들과 아주 긴밀한 관계라는 소문이 파다했지만, 적어도 표면적으로 경찰이 가장 우선시한 사안은 지역사회의 안정을 유지하는 것이었습니다. 경찰은 지역사회 안정을 해칠 우려가 있다며 적지 않은 세입자들을 "차를 마시러喝茶" 오라고 지역 파출소에 초대하곤 했습니다. 주로 온라인에서 적극적으로 활동하는 사람들에게 비공식적으로 경고하기 위해서였죠. 경찰은 이들에게 잘못된 정보를 기반으로 말을 꾸며내는 것은 곧 유언비어를 퍼뜨리고 사회 질서를 해치는 것과 다름없으므로 소란 난동 및 분규 조장죄尋釁滋事罪로 처벌받을 수 있다고 다그치곤 했습니다. 이미 말씀 드렸다시피 세입자들은 소문과 주변의 경험에 크게 의지할 수밖에 없었고, 어떤 정보에 대해 옳고 그름을 공식적으로 판단할 만한 힘이 부족했습니다. 따라서 세입자들의 언사는 근거 없는 소문이라고 비난받을 여지가 항상 존재했습니다. 이렇게 누군가가 파출소에 다녀왔다는 이야기가 하이징에 돌 때마다 사람들은 자신의 행동을 돌이켜보곤 했습니다. 하지만 애당초 어떤 소문이 유언비어에 해당하고, 어떤 소문의 전달 행위가 사회 질서를 해치는가는 무척 애매한 문제이지 않습니까? 경찰은 분명 세입자들보다는 법적 판단에 필요한 정보와 권한을 더 많이 갖고 있었지만, 그렇다고 해서 절대적인 힘을 가졌던 것은 아닙니다. 때로는 경찰들의 조치가 과했다거나, 공정하지 못하다거나, 혹은 인정머리가 없다는 말이 돌면 도리어 경찰 측이 한발 물러서는 경우도 생기곤 했습니다. 분위기가 과열되어 행여 시위라도 일어난다면 지역 경찰로서는 무척 곤혹스러울 테니까요. 그리고 적어도 소문 건에 관해서는 경찰의 법이나 상황에 대한 해석이 언제든지 법관이나 언론, 상위 기관 등에 의해 뒤집힐

여지도 있었습니다. 그래서 세입자들만이 아니라 지역 경찰 역시 소문이라는 민간 영역에서 어디까지가 용인되는 영역인지, 어디까지가 활용할수 있는 부분인지 끊임없이 탐색하고 조율했습니다.

보시다시피 민간의 영역에 속하는 소문은 왠지 명확하고 엄숙할 것만같은 법의 해석과 집행에조차 팽팽한 긴장을 부여했습니다. 이 긴장 속에서 하이징 세입자들뿐만 아니라 경찰들 역시 모호한 법적·도덕적 잣대를 끊임없이 가늠했습니다. 그러나 소문의 영역은 어디까지나 국가가묵인하는 영역에 가까웠기 때문에, 사람들은 용인된 법적·도덕적 범위내에서 자신들이 겪는 폭력의 근본 원인을 파헤치고 돌봄의 책임 소재를찾고자 했습니다. 이는 필연적으로 세입자 개개인이 국가나 사회와 맺은관계에 대해 끊임없이 탐구하고 성찰하는 과정이기도 했죠. 생존이 걸린위기 상황이었던 만큼 혼란스럽고 고통스러운 과정이었으며, 때로는 더많은 폭력을 부르기도 했습니다.

이는 아칭 언니의 이야기에서도 잘 드러납니다. 건물주의 연락만 마냥기다릴 수 없었던 아칭 언니는 주변 상인들을 수소문하며 타개책을 알아보려고 했습니다. 이런 아칭 언니를 두고 여자가 드세다며 아니꼬워하던건물주는 어느 날 일방적으로 가게의 전기를 끊어버립니다. 선전시 정부에 탄원서를 냈던 사람들이 별 효과를 거두지 못했다는 소문 때문일까요, 언니는 시 정부 대신 광둥성의 성省급 정부가 위치한 광저우에 탄원서를 내러 갑니다. 이 소식을 접한 하이징 파출소에서는 재빨리 건물주와 언니에게 연락을 취했고, 광저우에 다녀온 다음 날 언니 가게에는 바로 전기가 들어왔습니다. 하지만 건물주가 협박할 때마다 광저우에 다녀올 수는 없는 노릇이었습니다. 급기야 어느 날엔 건물주가 고용한 것으로 보이는 깡패가 가게에 나타나 언니를 몇 차례나 발로 차고, 가게 물건을 죄다 바닥에 내팽개친 후 유유히 사라졌습니다. 큰 충격을 받은 언니는 경찰에 신고했지만, 도처에 널려 있던 그 어떤 방범 카메라도 가게 안에서 언니가 맞는 장면을 담지 못했습니다. 건물주와 깡패의 관계를 소명하는 것 역시 어려웠고요. 게다가 조서를 작성했던 담당 경찰관이 사건 직후 휴가를 떠나버리는 바람에 상황은 흐지부지되었습니다. 도대체 언니가 당한 크고 작은 폭력은 누구의 책임이라고 할 수 있을까요? 끝없는 저주와도 같았던 불통과 폭력의 굴레는 누가 끊을 수 있고, 그 상흔은 누가 돌봐야 하는 걸까요?

선생님, 선생님께서는 아실는지 모르겠습니다만, 저는 원래 도시 재개발 연구를 하겠다고 선전에 간 게 아니었습니다. 재개발에 대한 소문을 모르는 건 아니었지만, 저도 주변 사람들 말만 듣고 하이징은 금방 철거가 안 될 거라 철석같이 믿으면서 전혀 다른 연구를 했어요. 그리고 연구를 마무리 짓던 와중에 갑자기 대규모 세입자 퇴거가 닥치면서 제 필드 노트는 재개발과 철거에 관한 기록들로 가득 차버렸습니다. 마치 코로나가 닥친 이후 모두가 코로나에 대해서만 이야기하듯이, 주변 사람들이 퇴거를 당하는 상황에서 태연하게 원래 연구에 매달릴 수는 없는 노릇이었습니다. 그리고 정말 아이러니하게도, 집단 퇴거라는 위기 상황이 공통의 화제였기 때문일까요. 새로운 사람들을 만나는 게 너무 힘들었던 이전과는 달리 오히려 사람들과 이야기하는 게 더 수월해졌어요. 하지만 외국인인 저는 다른 사람들로부터 쓸데없는 의심이나 미움을 사고 싶지 않았고, 하이징 곳곳에 적나라하게 도사리고 있는 폭력을 가능한 한 피하고 싶었습니다. 그래서 제가 당시 했던 일이라곤 행동거지와 말을 조심하고 바짝 엎드려 지내며 아는 사람들의 한탄을 들어주거나, 도움이 되겠다 싶은 소문을 주변 사람들과 나누는 정도였어요. 그때 저는 이렇게도 무능하고 아무것도 한 게 없는데, 아칭 언니도 그렇고 여러 사람이 제게 자신들의 사정에 꾸준히 관심을 가져줘서 고맙다고 연신 말하더군요. 저는 이 부분이 늘 부담스럽기도 하고 의아하기도 했는데, 돌이켜보니 개인의 불행에 대해 아무도 책임지려 하지 않는 고독하고도 잔인한 사회에서 사람들은 말의 힘을, 소문의 힘을 누구보다도 뼈저리게 느꼈던 건 아닐까 싶습니다.

선생님, 말을 나누는 게 어떻게 구체적인 도움이 되는지 저는 아직 잘 모르겠어요. 그새 수많은 세입자와 촌락 사람들은 하이징을 떠났고, 아직 남아 있는 사람들과 부동산 개발회사 사이의 긴장과 갈등도 계속되고 있습니다. 가만히 사그라지는 것보다야 몸부림이라도 치는 것이 삶에 대한 최선이자 도리가 아닐까 싶기도 하지만, 여전히 퇴거가 이뤄지고 있다는 점, 그리고 그만큼 많은 사람이 더 많은 폭력에 더 오랜 시간 노출된다는 점이 여전히 마음에 걸립니다. 아무쪼록 저로서는 그동안 하기 어려운 이야기였는데, 이렇게 지면으로나마 말씀드릴 수 있어 다행이라고 생각합니다. 긴 편지 읽어주셔서 정말 감사드립니다. 언젠가 선생님을 직접 만나 뵙고 대화할 날을 기대합니다. 그럼 건강하시고 안녕히 계세요.

◆ 부족한 초고를 읽고 피드백을 주신 김소혜 선생님, 조문영 선생님, 홍지수, 홍지예, 그리고 부모님께 감사드립니다. 이 연구의 일부는 미국국립과학재단(National Science Foundation)의 박사학위 논문 연구 지원(Doctoral Dissertation Research Improvement Grant)을 받아 수행했습니다.

참고문헌

장호준, 2016, 〈동향촌의 변화를 통해 본 베이징 성중촌 현상과 개조〉, 《역사비평》 114, 14~47.

정종호, 2008, 〈북경시의 도시재개발 정책과 북경 "동향촌(同鄕村)"의 변화〉, 《현대중국연구》 9(2), 37~79.

Das, Veena, 2007, *Life and Words: Violence and the Descent into the Ordinary*, Berkeley: University of California Press.

Erie, Matthew S., 2016, *China and Islam: the Prophet, the Party, and Law*, Cambridge: Cambridge University Press.

Evans-Pritchard, Edward E., 1976, *Witchcraft Oracles, and Magic Among the Azande*, Oxford University Press.

Paz, Alejandro, 2008, "The Circulation of Chisme and Rumor: Gossip, Evidentiality, and Authority in the Perspective of Latino Labor Migrants in Israel," *Journal of Linguistic Anthropology* 19(1), 117~143.

Stewart, Pamela J. & Andrew Strathern, 2004, *Witchcraft, Sorcery, Rumors, and Gossip*, Cambridge: Cambridge University Press.

4부

일상에서 만난 국경

'상하이 자매들'—
결혼이주자들이 쓰는 양안兩岸의 역사

문경연

대만에 사는 중국 여성들

인구 약 2300만 명의 대만에는 35만여 명의 중국 대륙 출신 결혼이주자들이 살고 있다. 이들은 법률상으로는 대륙배우자大陸配偶라는 이름으로, 때로는 미디어에서 중국배우자中國配偶라는 이름으로 불린다. 이 글에서는 공식적인 명칭인 대륙배우자를 사용할 것이다. 통상 대륙배우자와 결혼한 대만 사람들을 대만배우자臺灣配偶로, 대륙배우자와 대만배우자가 이룬 가족은 양안결혼가정兩岸婚姻家

庭이라고 한다.

양안결혼은 1987년 대만이 중국과의 문호를 개방하면서 시작되었다. 1949년 중국 대륙에서 중화인민공화국이 건국된 후 1987년까지 대만과 중국 사이엔 공식적인 교류가 없었다. 그러다 1970년대 후반부터 중국이 해외 화인 자본가들을 유치했고, 그로부터 10년 후 대만도 공식적으로 중국에 문을 열었다. 이를 가장 반긴 사람들은 1949년 이후 중국 대륙의 고향 땅을 밟아볼 수 없었던 외성인外省人들이었다. 많은 외성인들이 중국 고향을 찾으며 동향 출신인 중국인 아내들을 만났다. 그러나 당시 제도상의 이유로 중국인 아내들은 대만에서 6개월 이상 체류할 수 없었다. 이들은 초기 양안결혼이주자들이라 불렸다(문경연 2020).

한편 1990년대 이후 중국에 진출하는 대만 사업가들이 늘면서 이들은 중국 대륙에서 배우자를 만나기도 했다. 이 양안결혼 부부들은 자신들의 직장이 있는 중국에서 살기도 하고 출산이나 자녀 양육을 위해 대만으로 이주하기도 했다. 이러한 부부들이 많아지면서 대만 정부는 대륙 배우자들이 대만에 정착할 수 있도록 법적, 제도적으로 여러 유예 기간과 조건을 정했다. 대륙배우자들은 대만에 들어올 때 공항 인터뷰를 거쳐야 하고 대만에 들어온 후에는 대만 신분증을 얻기 위해 평균 8년 이상을 기다려야 했다. 2009년이 되어서야 신분증 획득 연한이 가족 만남團聚, 의친거류依親居留, 장기거류長期居留, 정착定居의 4단계, 평균 6년 이상으로 줄어들었다.

이 긴 시간을 기다리는 사이에 어떤 대륙배우자들은 의지했던 대만배우자를 떠나보내기도 했고, 어떤 대륙배우자들은 대만에서 아이들을 낳아 키우기도 했다. '대만 사람과 결혼했다'는 공통점을 제외한다면 대륙배우자들은 이주 시기나 이주 동기도 각각이고 대만 내에서 구성하는 가정의 모습도 다르지만, 같은 고향 출신 대륙배우자들은 그 지역 방언을 사용하며 쉽게 친해졌다. 그중 특히 상하이 출신 여성들은 다른 지역에서 온 대륙배우자들에 비해 만나기만 하면 상하이 사람임을 강조하곤 했다.

상하이 사람들이 이주하는 곳이면 흔히 '작은 상하이小上海' 모임을 볼수 있을 정도로 상하이 사람들의 '상하이 사랑'은 널리 알려져 있다. 호니그(Honig 1992)가 지적하듯 본적原籍이 어디냐에 따라 이 상하이 정체성에 내부 균열이 생기기도 한다. 그러나 여러 차이를 통합해내는 새로운 상하이 정체성의 형성(임춘성 2006)도 주목할 만하다. '상하이 출신'은 중국 다른 지역 출신보다 '더 모던함'을 나타내는 지표로도 통용된다. 대만의 상하이 출신 대륙배우자들에게도 예외는 아니었다.

그렇다면 상하이 출신 대륙배우자에게 '상하이'란 무엇이며 현재 살고 있는 대만은 어떤 의미를 갖는가? 이 글에서는 한때는 상하이를 떠났고 지금은 대만에 정착해 상하이와 대만을 오가는 대륙배우자들의 생애사를 따라가 볼 것이다. 특히 2013년에서 2020년 사이 내가 만나온 대만 거주 '상하이 자매들'(가명) 모임의 회원들을 중심으로 살펴보려 한다. 양안결혼에서 중국과 대만(이후 양안), '상하이'를 경유해 대륙배우자들의 자매애가 세대를 넘어 생성되는 지점들에 대해서도 생각해볼 것이다. 먼저 내가 타이베이에서 상하이 출신 대륙배우자 아리 아주머니를 만난

2013년 초로 시간을 돌려보도록 하겠다.

타이베이에 사는 '상하이 여성'

"원샤오지에文小姐, 환영합니다!"

타이베이시의 겨울은 항상 우산이 필요하다. 2013년 1월 아리 아주머니를 처음 만난 날에도 비가 내렸다. 타이베이시 구시가지의 어느 건물 지하 1층에 위치한 A단체에서 대만에 온 지 20년이 된 아리 아주머니는 자신을 "아라쓰 상하이닌我是上海人(나는 상하이 사람이에요)"이라고 상하이 방언으로 소개했다. 그런데 아주머니는 "나는 상하이 사람 같지 않다"고 덧붙였다. 상하이 사람인데 상하이 사람 같지 않다는 게 무슨 뜻일까. 나는 직설적으로 "상하이 사람다운 게 뭐냐"고 물어보았다. 불쾌할 법도 한데 아리 아주머니는 상하이 사람, 특히 여성은 반드시 화장을 하고 최신 유행을 따르는 세련된 이미지인데 자신은 그 '상하이 여성'이 싫어서 상하이를 일찍 떠나고 싶었다고 말을 이었다. '상하이 여성', 아리 아주머니와의 첫 만남에서 내게 각인된 하나의 이미지이자 단어였다.

자신이 책을 좋아해서 공부하는 사람이 좋다던 아리 아주머니는 설(춘절) 연휴를 맞아 타이베이에 혼자 머무르고 있던 나를 초대했다. 혼자 명절을 보내는 사람들끼리 모이면 외롭지 않겠다는 이유에서였다. 아주머니는 타이베이시 외곽에 혼자 살고 있었다. 나는 대만에서 몇 달을 보냈

타이베이시 교외의 아리 아주머니 방. 아주머니의 일정이 담긴 달력이 눈에 띈다.

지만, 분지의 타이베이를 벗어나 험준한 산지의 교외까지 나갈 일은 거의 없었다. 산길을 굽이굽이 가는 버스가 상당히 무서웠지만 곧이어 버스 정류장에 마중 나온 아리 아주머니를 보자 안도감을 느꼈다. 산속의 마을도 설이라 떠들썩했다. 아주머니를 따라 시장 옆 골목의 이층집으로 향했다.

"혼자 살고, 일해야 하니까 청소할 시간이 없어. 경연아, 와서 이것 좀 먹어봐. 너는 젊어서 뭐를 먹어도 참 풋풋하다. 나는 이미 늙었어!"

아리 아주머니는 푸념처럼 자신이 살아온 이야기를 풀어놓기 시작했다. 아주머니는 1950년대 후반 상하이에서 다섯 남매 중 넷째로 태어났다. 후난성 출신의 아버지는 일찍 돌아가셨고, 90대의 노모가 상하이시에서 홀로 지내고 있었다. 아리 아주머니는 매년 노모를 보러 상하이에 가곤 했다. 하지만 상하이만 다녀오면 마음이 좋지 않았다. 어릴 때부터 부모님이 다투는 모습을 볼 때마다 항상 집을 떠나고 싶었는데, 지금도

11 | '상하이 자매들' ― 결혼이주자들이 쓰는 양안(兩岸)의 역사

노모는 예순이 다 된 딸에게 '넌 인생의 실패자'라며 잔소리를 해댔기 때문이다. 노모의 잔소리와 짜증에도 불구하고 아리 아주머니는 매년 여름마다 독립한 형제들을 대신해 노모를 보살피러 상하이에 다녀온다.

'누군가를 돌본다는 것'은 아리 아주머니의 직업이기도 하다. 대만은 고령화 사회가 되면서 돌봄을 책임질 사람들이 절대적으로 부족했다. 인도네시아나 필리핀 등 동남아시아 출신 입주 돌봄 노동자들이나 아리 아주머니처럼 이미 대만 사회에 익숙해진 나이 든 대륙배우자들이 '돌봄'을 맡게 되었다. 아리 아주머니는 대만 정부가 공인하는 요양보호사看護 자격증을 취득해 병원 등지에서 간병 일을 하고 있다. 아리 아주머니는 대만에서 돌봄 노동을 하며 1인 가구의 생계를 꾸려가고 있었다.

2015년 타이베이시의 '작은 상하이'

2014~2015년의 타이베이시는 여러 사건으로 떠들썩했다. 그동안 아리 아주머니는 타이베이시 외곽의 집을 정리하고 더 비싼 '간병 일'을 하기 위해 시내로 이사했다. 아주머니가 살고 있는 아파트는 내 숙소에서 멀지 않은 곳이었다. 아파트 거실은 공용 공간으로, 중국어를 배우는 외국인과 대만의 대학생, 아리 아주머니와 아리 아주머니의 동향인 '상하이 할머니' 라오둥이 각각 방 하나씩을 차지해 살고 있었다. 아리 아주머니와 라오둥 할머니는 상하이 말로 대화가

가능한 데다 후술할 A단체에서 함께 활동하며 친해졌다. 아리 아주머니에게 이 집을 소개한 사람도 라오동 할머니였다.

70대의 라오동 할머니는 장쑤성江蘇省 태생으로, 일곱 살 때 부모님을 따라 상하이로 이주했다. 여덟 남매 중 막내인 할머니만 유일하게 어머니를 따라 어릴 때부터 교회를 다녔다. 할머니가 어머니를 따라 처음 교회에 갔던 1940년대 후반은 국공내전 중이었고 장제스가 상하이로 온다는 소문이 무성하던 시기라 꽤 혼란스러웠다고 술회한다. 모친과 자신은 그런 혼란 속에서 '성경의 힘'을 믿었고, 이 믿음이야말로 그 뒤 닥쳐올 시련에 한 줄기 빛이 되었다고 말했다.

라오동 할머니의 부모님은 노동자였다. 1950년대 의무교육이던 초등학교小學까지는 겨우 마칠 수 있었지만, 중학교에 입학하자 학비를 내기가 어려웠다. 결국 라오동 할머니는 2학년이 되던 해 학업을 그만두었다. 그리고 부모님의 뒤를 이어 공장 노동자의 삶을 택했다. 돈을 벌어 다시 공부하고 싶은 생각이 간절했지만 20대 중반에 남편을 만나 결혼하고 첫딸을 낳은 뒤에는 안정된 삶을 꾸리려 노력했다. 하지만 딸은 어릴 때부터 잔병치레가 잦았고, 열한 살이 되던 해 제때 병원에 가지 못해 사망했다. 딸이 죽은 이듬해 다시 딸을 낳았다. 하지만 첫딸이 죽은 뒤 남편과의 불화가 지속되면서, 둘째 딸이 아홉 살 되던 해에 이혼했다. 딸은 남편이 데려갔다.

홀로 남은 라오동 할머니는 친척의 소개로 두 번째 남편을 만났다. 남편은 상하이 사람인데 대만에서 살고 있다고 했다. 라오동 할머니는 자식을 먼저 보낸 슬픔과 또 다른 자식하고는 같이 살지 못하는 아픔을 잊고 싶었다. 가장 잊고 싶었던 것은 가난이었다. 결국 1993년 두 번째 남편과 재혼하며 대만에서의 새로운 삶을 다짐했다. 이때 대만에서는 양안조례大陸地區與臺灣地區人民關係條例를 만들어 대만 내 대륙배우자들의 체류와 정착을 규제하고 있었다.

"92년인가, 93년인가? 93년인가 보다, 그때 재혼을 했어. 그때 양안조례가 생겼을 거야. 그런데 대만에 바로 들어가지 못하고 2년을 더 기다렸지. 그때 듣기로 1년에 60명인가? 그렇게 줄을 서야 한대. 나중에 180명으로 늘렸다고 들었어. (내가 통계를 확인해주니) 아? 그래? 240명이었어? 어쨌든 참 고약한 제도였어. 나는 마카오를 거쳐서 대만에 왔는데, (의친)거류 쿼터제에서는 790번째더라고. 거류권을 받아도 언제 정착할 수 있을지 모르는 일이니까." (라오동 할머니)

양안조례에 따르면 대륙배우자는 중국에서 결혼 수속을 밟으면 남편의 초청에 따라 친척 방문 비자를 받을 수 있다(문경연 2019: 66~67). 친척 방문 비자의 유효 기간은 최대 6개월이기 때문에 대륙배우자는 6개월이 지나면 대만을 떠나야 하고, 다시 비자를 신청해서 재입국해야 한다. 결혼한 지 2년이 지났거나 아이가 있는 대륙배우자는 '친척 방문' 단계를 뛰어넘어 거류 자격을 신청할 수 있다. 그런데 이 거류 자격은 쿼터제에 따라 매년 인원이 정해져 있어서 자기 순서가 되어야 거류 단계에 진입

할 수 있다. 거류한 지 만 2년, 그리고 매년 120일 이상 대만을 떠나지 않아야 대만에 정착定居할 수 있다. '정착한다'는 것은 대만 호적이 만들어지고 대만 신분증을 얻게 됨을 뜻한다. 라오둥 할머니는 2년 동안 대만에 입국하지 못했고 대만에 왔을 때는 결혼한 지 2년이 지났기 때문에 '친척 방문' 단계를 건너뛸 수 있었다. 하지만 거류 단계에 진입하기 위한 쿼터제 번호가 790번이라 언제 차례가 돌아올지 기약할 수 없었다.

그런데 1999년에 두 번째 남편이 갑자기 사망하면서 쿼터제 번호에 신경 쓸 이유가 없어졌다. 할머니의 신분을 보장해줄 '대만 남편'이 사라져버린 것이다. 할머니는 상하이로 쫓겨날 위기에 처했다. 또한 할머니는 식당에서 설거지를 하며 번 돈을 대부분 상하이의 전남편이 키우는 딸에게 송금하고 있었다. 당시 양안조례에 따르면, 대륙배우자는 노동권이 없었기 때문에 몰래 일을 하다 적발되면 이유를 불문하고 강제로 출국 조치를 당했다. 할머니는 도움이 필요했다. 물어물어 그때 막 생긴 A단체를 찾아갔다. A단체는 초기 양안결혼 부부들이 만든 단체였다. 할머니는 A단체 회원으로 활동하면서 대륙배우자의 노동권 및 건강권 보장과 쿼터제 폐지를 요구하는 거리 시위에 나섰다. 그때 상하이 출신인 아리 아주머니를 만났고, 다른 상하이 출신 대륙배우자들도 만날 수 있었다. 그러나 A단체의 도움과 거리 시위에도 불구하고 할머니는 중국으로 쫓겨났고, 상하이에서 외성인 할아버지를 소개받아 결혼한 뒤 다시 대만으로 왔다. 그렇게 라오둥 할머니에게는 대만에서 안정적으로 살 수 있을 것이란 희망이 생겼다.

라오동 할머니와 아리 아주머니가 처음 만났을 때, 아리 아주머니는 대만에 온 지 얼마 되지 않은 '신혼'이었다. 1990년대 말 대만의 경제는 호황이라 쉽게 일자리를 구할 수 있었다. 하지만 대륙배우자들은 노동권이 없었기 때문에 몰래 가명을 써서 일해야 했다. 아리 아주머니도 그렇게 공장에서 일했다. 결혼 전 아리 아주머니의 대만 남편은 마카오와 주하이 珠海를 오가며 작은 사업을 하고 있었다. 아리 아주머니는 상하이를 떠나 주하이 공장에서 일을 하다 대만 남편을 만났다. 남편은 자신과 함께 대만으로 가면 더 이상 상하이로 돌아가서 부모님의 구박을 받으며 살지 않아도 된다며 청혼을 했다. 그렇게 해서 혼인신고를 하고 대만으로 왔지만 쿼터제를 기다려야 했다. 아주머니는 8년이 지나서야 신분증을 받을 수 있었다. 그것만 빼면 남편 말처럼 대만은 사람들도 친절하고 조용하고 편안한 곳이었다.

아리 아주머니와 라오동 할머니는 일이 없을 때면 거리로 나가 체류권 관련 시위에 참여했다. 라오동 할머니의 세 번째 남편이 2년 만에 암으로 사망했을 때 같은 '상하이 출신'인 아리 아주머니가 위로해주었다. 아리 아주머니와 라오동 할머니는 슬픔을 잊기 위해 A단체의 거리 시위에 계속 참여하는 한편, 다른 단체의 '생활성장반'에도 등록하여 대만어 臺語를 배웠다.

아리 아주머니와 라오동 할머니는 배우는 것을 좋아했다. 상하이에서는 시대의 아픔 때문에 제대로 학업을 이어갈 수 없었지만, '생활성장반'은 친구와 언어를 새롭게 만나는 계기를 제공했다. 특히 아리 아주머니는 어릴 때부터 혼자 조용히 공부하는 것을 좋아했다. 초등학교 때 문화대혁명을 만나지 않았다면 아주머니는 계속 공부하는 길을 선택했을 것이다. 문화대혁명 때 아주머니의 아버지가 과거 국민당원이었던 전력이 밝혀져 온 가족이 비판 대상이 되었다. 아주머니는 학교를 계속 다닐 수 없었고 상하이 교외로 쫓겨나 사상개조를 받았다. 그래서 아주머니는 상하이가 싫었고 얼른 떠나고 싶었다. 이렇게 늦게나마 대만에 와서 새로운 것을 배울 때의 기분이란 꼭 하지 못한 공부를 다시 시작하는 '보상'인 것 같았다.

거류권을 얻은 대륙배우자들에게 노동권이 보장되면서 아리 아주머니와 라오동 할머니는 간병 일을 배우기 시작했다. 간병 일은 전에 몰래 했던 공장 일이나 식당 일보다 사회적 인정을 받았다. 특히 대만 신분증을 받은 후에는 요양보호사 자격증 시험을 볼 수 있었다. 아주머니와 할머니는 요양보호사 자격증을 취득한 후 간병 일을 하며 생계를 꾸려갈 수 있었다. 간병 일 시급은 200~250신대만 달러(한화 약 8천~1만 원)로 비교적 수입이 좋은 편이었다.

이후 라오동 할머니는 네 번째 남편을 만났지만 결혼생활은 길지 않았다. 할머니는 '이런 인생은 더 이상 설명하고 싶지 않다'며 네 번째 남편에 대해선 말을 아꼈다. 다만 자신이 이렇게 여러 번 결혼하면서까지 대만에 남고 싶었던 이유는 상하이에 두고 온 딸에 대한 죄책감 때문이라고 말했다. 할머니가 보낸 돈으로 딸은 대학을 졸업해 교사가 되었고, 교사 남편을 만났다. 다시 혼자가 된 할머니는 간병 일에 대부분의 시간을 쏟았다. 남은 시간은 상하이 출신의 대륙배우자들을 만나거나 교회 활동을 하면서 보냈다.

"내가 돈만 보내고 제대로 키우지도 못했는데… 그 딸이 곧 애 엄마가 된대. 내가 할머니가 되는 거야. 얼마나 바라왔던 일인지! 이번 산후조리는 꼭 내 손으로 해주려고. 평생 다른 사람만 돌봤는데 돌봐주지 못한 게 너무 미안해서." (라오동 할머니)

할머니는 대만에서 딸의 학비를 버느라 성장 과정을 지켜보지 못했지만 딸이 결혼하고 난 뒤 적극적으로 만나기 시작했다. 여름에는 간병 일을 잠시 그만두고 상하이로 가서 맞벌이 딸의 살림을 도와주며 지냈다. 그것이 딸의 어린 시절을 함께하지 못한 죄의식과 미안함을 갚는 방법이라 생각했다.

아리 아주머니도 10여 년의 결혼생활을 마무리하며 더 자유롭게 상하이의 노모를 돌보러 갈 수 있게 되었다. 노모의 잔소리가 심해지면 라오동 할머니처럼 자신에게도 딸이 있었으면 어땠을까 생각해본다. 노모의 잔소리와 다른 형제만 편애하는 것 때문에 여름 한두 달만 상하이에서 지내고 대만으로 돌아와 다른 사람들을 돌보며 생계를 유지한다. 대만에서 남자친구를 사귀어보려고도 했지만, 그럴수록 '혼자가 좋다'는 생각이 강해졌다.

라오동 할머니와 아리 아주머니는 여가 시간에 휴대전화로 A단체와 상하이 동향회의 활동 소식을 확인한다. 2014~2015년 대만에서는 경제 협력을 이유로 중국과 가까워지려는 정부와 여당인 국민당에 반대하는 목소리가 거세졌다. 이러한 분위기는 '중국에서 왔다'는 이유만으로 부당한 대우를 받는 대륙배우자들을 더 불편하게 만들었다. 라오동 할머니는 남편들이 상하이 출신의 외성인이었기에 '하나의 중국'을 적극 지지했고, 아리 아주머니는 아버지가 국민당 군대에 있었다는 개인적인 이유로 국민당에 호감을 느꼈다. 다만 남편이 대만 출신의 본성인本省人이었기 때문에 라오동 할머니보다는 대만민족주의에 대해 더 잘 아는 편이었다.

라오동 할머니와 아리 아주머니 모두 대만에서 대륙배우자들에 대한 부당한 제도를 몸소 겪었던 사람들이다. '중국과 다른 대만', '대만인을 위한 대만'을 강조하면서 대륙배우자들의 신분증 획득 연한을 연장하는 데 동의하는 정치인들은 대개 민주진보당民主進步黨(이하 민진당)이었다. 이 제도로 힘든 시간을 보낸 대륙배우자들은 자신들이 이미 신분증을 받았음에도 A단체의 거리 시위에 동참했다. 거리 시위 덕분에 신분증 획득 연한은 당초 8년 이상에서 의친거류 2년, 장기거류 4년을 포함해 6년으로 줄어들었다. 그러나 여전히 대만 신분증을 얻기 위해서는 다른 나라 출신 결혼이주자들보다 2년을 더 기다려야 했다. 다른 국적의 결혼이주자들과 똑같이 4년으로 기한을 줄이는 일은 민진당의 반대로 더욱 요원해졌다.

복잡한 상황이었지만 어디서든 명절은 명절이었다. 아리 아주머니와 라오둥 할머니는 이번 설에 타이베이시 상하이 동향회에 나가기로 했다. 대만에는 1945~1949년 외성인들이 이주한 후부터 1987년까지 같은 출신지 사람들끼리 모이는 외성동향회가 있었다(문경연 2019). 특히 상하이 동향회의 경우 대만의 정당 중 하나인 신당新黨 주석인 유마오밍郁慕明이 상하이 태생이었기 때문에 동향회 활동이 활발한 편이었다. 대륙배우자들은 동향 남편을 따라 동향회에 나가거나, 라오둥 할머니나 아리 아주머니처럼 '상하이' 출신이라는 확인을 거쳐 회원으로 초대받았다. 이들은 동향회 활동을 통해 고향 사람들을 만나고 고향 소식을 들으면서 동향회를 친정처럼 여겼다.

또 동향회에서는 자신과 같은 경로를 밟은 상하이 출신 대륙배우자들의 모임 '상하이 자매들'(가명)을 만날 수 있었다. 두 분에 따르면 상하이 출신 대륙배우자들은 장쑤성이나 저장성의 대륙배우자와는 다른 '상하이인'이라는 정체성으로 모였다. '상하이 자매들'의 주요 회원들은 대만에서 홀로 생활하는 두 분과 달리 자녀를 키우고 살아가는 사람들이기 때문에 '상하이'에서 왔다는 점에서는 동질감을 느끼지만 대만 생활에서는 이질감을 느낀다고 덧붙였다.

이렇게 아리 아주머니나 라오둥 할머니의 대만 생활은 A단체로 대표되는 '중국 출신'을 만나는 장과 '상하이 출신'을 만나는 동향회로 구성되었다. 범주상 모순되지만, 두 분은 중국 출신과 상하이 출신을 구분했다. 그리고 상하이 출신을 다시 일반적인 외성인과 자신처럼 결혼으로 이주해온 여성으로 나누었다. '상하이 자매들'의 회원들과는 대만에서의 생

라오동 할머니와 함께 신
춘단배에서 먹은 음식들

활방식이 달라 거리를 두었지만, 동향회의 상하이 출신 외성인들이나 중
국 전 지역에서 온 A단체의 회원들과는 더 가까이 지내는 편이었다.

이후 나는 딸의 산후조리를 위해 상하이로 떠날 채비를 하고 있던 라
오동 할머니를 한 기독교 민간단체의 행사에서 만났다. 신앙심이 깊은
라오동 할머니는 종교 활동에 열심이어서 대만 사람들이나 다른 국적 출
신 결혼이주자들을 만날 기회가 아리 아주머니보다 더 많았다. 이 신춘
단배新春團拜는 국적을 불문하고 대만에 살고 있는 이주자라면 누구나 참
석할 수 있는 모임이었다. 라오동 할머니와 나는 같은 테이블에 앉아 안
부를 주고받았다. 할머니는 눈 수술을 받은 후 건강이 좋아졌다며 이번
에 상하이에 가면 꽤 오랫동안 지낼 계획이라고 알려주었다. 딸만 키워
본 할머니는 손자를 돌볼 생각에 '하나님의 영광'이라며 기대하고 있었
다. 이후 할머니를 몇 달 동안 보지 못했다.

'상하이 여성'의 또 다른 대만 정착기

　　　　　　　35만여 명의 대륙배우자들이 대만에서 30여 년을 보내는 동안 유사 친정은 계속 늘어났다. 양안결혼 초기의 대륙여성들이 동향인 남편을 따라 대만 북부 타이베이시를 중심으로 거주했다면, 이후 대만 상인이나 기업 간부와 결혼한 여성들은 남편의 고향을 따라 대만 전역에 정착하게 되었다. 아직도 대륙배우자들은 대만 북부에 많이 살지만, 동부와 중남부 지역 거주자도 점차 늘었다. 아리 아주머니와 인연이 닿았던 A단체도 설립 초기에는 타이베이시에서 출발했으나 대륙배우자의 규모가 커지면서 타이중臺中, 가오슝高雄, 화리엔花蓮에도 지부를 열었다. A단체 외에도 지역의 대륙배우자들이 단체나 모임을 직접 조직하기 시작했다.

　대륙배우자들의 단체가 많아지자 대만 정부와 중국 정부는 이들의 움직임에 관심을 갖기 시작했다. 역설적이게도 이 단체들이 모두 모일 수 있었던 것은 대만의 대륙위원회가 주최하는 대륙배우자 민간단체 워크숍과 중국의 해협양안가정서비스센터海峽兩岸婚姻服務中心가 주최하는 워크숍이었다. 이 워크숍들은 비공개로 열리기 때문에 외부인들은 참석할 수 없었다. 아리 아주머니와 라오둥 할머니가 활동하는 A단체는 대륙배우자들이 만든 주요 단체 중 하나로 두 워크숍에서 활발하게 활동하고 있었다.

　나는 외국인이라 이 단체들의 워크숍에는 직접 참여할 수 없었다. 대신 워크숍 밖에서 A단체와 A단체의 지부, 그리고 '상하이 자매들' 같은 단체들을 만나 워크숍에 대한 이야기를 들을 수 있었다. 2015년에 열린 한 워크숍에서 타이베이시에 사는 대륙배우자들뿐 아니라 대만 동부의 화리엔이나 남부의 가오슝에 사는 대륙배우자들이 대거 참석했다는 소식을 전해 들었다. 이 중 A단체의 지부 회원이자 대만 동부 산촌에 20년 넘게 살고 있는 샤오샤오 아주머니를 소개하고, 그의 생애가 타이베이에 살고 있는 상하이 여성들과 어떻게 다르며 그가 '상하이 자매들'과 만나게 된 계기를 이야기하려 한다.

60대 중반의 샤오샤오 아주머니는 내가 타이베이시에서 만난 어떤 상하이 여성들보다 대만의 지역사회에 활발하게 참여하고 있었다. 머리단장을 하고 치파오 형식의 원피스를 입고 빨간 립스틱을 바른 그분은, 아리 아주머니가 묘사한 전형적인 '상하이 여성'의 모습이었다. 아주머니는 5~6년 전 베이징 출신의 대륙배우자 친구 덕분에 A단체를 알게 된 후 지부 회원으로 활동 중이었다.

샤오샤오 아주머니는 상하이에서 유치원 교사를 했으며, 20년 전 재혼하면서 대만에 왔다고 했다. 아주머니의 대만 남편은 대만 본성인 중 객가인客家人으로서 중국과 교역을 하는 대만 상인이었다. 40대의 젊은 나이에 첫 번째 남편을 잃은 샤오샤오 아주머니는 소개로 남편을 만났고 남편 역시 재혼이라 대만에서 새로운 시작을 하기로 서로 다짐했다. 아주머니는 상하이에서 대만 작가 치옹야오瓊瑤의 소설을 읽으며 보물섬 천국 대만에 대한 상상을 키웠지만, 아주머니가 도착한 대만 동부의 산촌은 상하이 도심과 너무 달라서 '심심한' 첫인상을 남겼다. 하지만 이 대만의 촌락 환경이 아주머니에게 대만 사회 내부로 깊숙이 들어갈 수 있는 기회를 제공했다.

처음부터 샤오샤오 아주머니가 대만의 산촌 생활에 쉽게 적응한 것은 아니었다. 결혼 초 아주머니가 사는 마을에는 상하이에서 온 사람이 아주머니 혼자였다. 아주머니가 상하이에서 왔다고 하면 마을 사람들은 '대륙인이라 가난해서 왔다'고 말했는데, '우리 상하이인'이라는 자부심이 강했던 아주머니에게는 여간 상처가 아니었다. 하지만 중국 경제가 발전하고 상하이를 방문하는 대만 사람들이 늘면서 '상하이인'을 '대륙인'으로 통 치는 사람들도 줄었다고 한다. 중국에서 가장 발전한 상하이에서 왔다는 것은 아주머니에게 중요한 자아 정체성이고, 타인과 자신을 구분하는 방법이기도 했다.

객가인 집성촌의 유일한 상하이 여성. 아주머니 표현에 따르면 '상하이 여성의 우수함'을 보여주기 위해, 아주머니는 마을 근처 소방서에서 자원봉사를 시작했다. 10년이 훌쩍 지나 아주머니의 자원봉사는 마을 부녀회, 보건소 등으로 확대되었다. 취미로 역학을 공부하며 마을 사람들과 친해지기도 했다.

봉사활동 외에도 샤오샤오 아주머니는 '상하이 사람들'(가명)이라는 온라인 사이트에서도 활동했다. 이 '상하이 사람들'은 아리 아주머니와 라오둥 할머니가 활동하는 동향회와도 교류했기에 중복 회원이 많았다. 그러나 샤오샤오 아주머니에게 '상하이 사람들'은 고향이 같다는 연대감은

나의 사주팔자를 봐주는 샤오샤오
아주머니

있지만 온라인 커뮤니티라 실제로 만날 수 있는 환경이 제한되어 있었다. '좋은 친구'나 '좋은 자매'라기보다는 '고향을 공유하는 지인들'이라는 느낌이 강했다. 오히려 오랫동안 자원봉사를 함께한 촌락 사람들이 더 가족 같았다. 대만의 지역사회를 알게 되고 다양한 자원봉사 활동에 참여하면서 대만의 민주주의에 대해 호감을 갖게 되었다. 매년 아들과 손녀를 보러 상하이에 갈 때마다 상하이의 휘황찬란한 발전에 놀라고 '상하이인'이라는 정체성에 자부심을 느끼면서도, 아주머니 마음속에는 숲이 울창한 이 산촌과 자원봉사대가 항상 자리 잡고 있어 대만을 떠나지 못하고 있다.

　그러다 6년 전에 알게 된 A단체는 대륙배우자들을 실제로 만나는 장이 되었다. 아주머니는 A단체를 통해 대만 동부의 다른 마을에 사는 쓰촨성,

후난성, 장시성 출신의 대륙배우자들을 알게 되어 종종 모였고, 타이베이시에서 일어나는 대륙배우자들의 거리 시위에도 관심이 생겼다. 반면 이번 워크숍에서 친해진 '상하이 자매들' 회원들은 패션 스타일이 아주머니와 '코드'가 맞았다. '상하이 자매들'의 회원은 40~50대 여성이 제일 많고, 결혼 배경과 교육 수준도 다양하다고 했다. '상하이 자매들' 모임은 꼭 대만내 '상하이 여성의 우수함'이 결집한 정수처럼 느껴졌다.

워크숍 이후 아주머니는 타이베이시에 들르는 횟수가 더 많아졌다. A단체뿐 아니라 '상하이 자매들' 회원들과 만나기 위해서였다. 샤오샤오 아주머니의 사례처럼 워크숍은 타이베이시 이외 지역에 거주하는 대륙배우자들이 동향인을 만날 수 있는 기회를 제공하고, 출신 지역의 색채를 가진 대륙배우자 모임을 발전시킬 수 있는 계기가 되었다.

'상하이 자매들'을 타이베이에서 만나다

2015년 여름 우연히 타이베이 시내에서 라오동 할머니와 마주쳤다. 며칠 전 아리 아주머니께 안부 인사를 전하다 라오동 할머니가 산후조리를 마치고 돌아왔다는 소식을 전해 들은 터였다. 라오동 할머니의 눈은 매우 충혈되어 있었다. 안과에 다녀오는 길이라며, 산후조리를 하느라 너무 무리했다는 말을 덧붙였다. 그럼에도 갓 태어난 손자의 사진을 보여주며 들뜬 기색을 내비쳤다. 할머니는 내게

'상하이 자매들'의 모임 공간이 타이베이에 생겼다는 소식을 전했다.

'상하이 자매들' 회원들은 유명 대학을 나온 치우 아주머니를 중심으로 모였다. 치우 아주머니는 50대 후반으로, 라오동 할머니와 비슷한 시기인 1993년에 대만인 남편과 결혼해 대만으로 이주했다. 남편은 1949년 어머니 품에 안겨 장쑤성에서 대만으로 이주한 외성인 2세였다. 그는 상하이에 친척을 만나러 왔다가 치우 아주머니를 소개받았다. 외국 유학을 원했던 치우 아주머니가 남편에게 도움을 청하면서 인연이 이어졌다고 한다. 치우 아주머니도 샤오샤오 아주머니처럼 치옹야오의 드라마를 떠올리며 대만을 지상천국으로 상상했지만 대만 생활은 만만치 않았다. 남편에게는 친자로 입양한 조카 남매가 있었고, 아주머니에게는 유학 대신 이들을 돌봐야 할 가정주부의 삶이 기다리고 있었다.

대만에서 딸을 낳은 뒤 치우 아주머니의 생활은 안정되기 시작했다. 상하이 출신 대륙배우자들과의 만남도 빈번해졌다. 그러던 어느 날, 치우 아주머니는 딸이 자신을 '대만인'으로, 엄마를 '중국인'으로 표현하는 것을 보고 충격을 받았다. 남편의 고향은 장쑤성이었고, 자신의 고향인 상하이에도 매년 데려갔으며 정체성을 알려주기 위해 상하이 방언까지 가르쳐왔기 때문이다. 그 후 치우 아주머니는 '상하이 자매들' 회원들을 통해 많은 양안결혼가정의 자녀들이 어머니의 정체성을 부인한다는 것을 알게 되었다. 치우 아주머니는 아이들의 정체성 문제가 중요하다고 생각해 회원들과 함께 '상하이 외가 탐방', '예술로 접하는 중국 문화' 등의 과정을 개설해 양안결혼가정 자녀들을 모집했다. 한편으로는 대륙배우자들의 시어머니 중 희망자를 모아 상하이 탐방길에 동행하기도 했다.

'상하이 자매들' 회원들은 주로 집에서 자녀를 양육하기 때문에 출퇴근이 자유로운 직업을 골랐다. 치우 아주머니는 부업으로 보험설계를 했고, 다른 상하이 자매들은 화장품 방문판매업이나 건강보조식품 판매업 등에 종사했다. 라이프스타일이 다른 아리 아주머니와 라오둥 할머니는 이들의 대화에 끼지 못하는 경우가 많았다. 두 분은 큰 모임의 행사 외에는 참석을 꺼렸고, '상하이 자매들'과 거리를 두었다. 꾸미기 좋아하고 화려하고 세련된 이들의 모습과 달리 자신들은 너무 소박하고, 그들이야말로 전형적인 '상하이 여성들'이라 생각했던 것이다.

이후 이 '상하이 자매들' 회원들은 A단체와 협력하여 대륙배우자들의 신분증 획득 연한 단축을 요구하는 거리 시위에 참여하는 한편, 양안결혼가정 자녀를 위한 예술 교육과 정체성 교육에도 힘을 쏟았다. 처음에는 상하이 출신의 대륙배우자들만 모이다가 점점 규모가 커져 중국에서 무용, 악기, 창극, 노래 등 예술 교육에 종사했던 대륙배우자들을 선생님으로 모셨다. A단체가 주로 대만의 대륙배우자들에 대한 법–제도나 정책을 바꾸기 위한 투쟁에 집중한다면, '상하이 자매들'은 특정 지역색을 중심으로 하고 자녀 양육을 하는 여성들이 모여 양안결혼가정 자녀들의 교육을 통한 의식 변화에 관심을 갖는다. 이는 여러 가지로 분석해볼 수 있는데, 앞서 살펴본 대만의 대륙배우자에 대한 법–제도가 자녀를 양육하는 대륙배우자에게 상대적으로 유리한 점, 상하이 출신의 대륙배우자들이 중국 경제가 발전하면서 상대적으로 경제적 부담에서 벗어났다는 점 등을 들 수 있다. 대만의 법-제도 현실에서 상대적으로 덜 불리한 '상하이 자매들'이 A단체에 비해 온건한 방식을 취했다고도 볼 수 있다.

2019년 상하이시에서 만난 '상하이 자매들'

2016년 이후 대륙배우자들이 대만에서 살면서 겪는 어려움은 더 커졌다. 대만 신분증을 획득하기 위한 연한을 6년에서 4년으로 줄여달라는 시위는 결국 실패했고, 대륙배우자들은 일상으로 돌아갔다. '상하이 자매들'은 주로 자녀들을 위한 예술 교육이나 요리나 바리스타 등 실생활에 관련된 교육에 집중하게 되었다. 그 와중에도 대륙배우자들은 여름이면 가족을 만나러 중국의 고향으로 떠났다. 아리 아주머니와 라오둥 할머니, '상하이 자매들' 회원들도 상하이로 향했다.

2019년 여름, 나는 '다른' 양안관계를 탐험하기 위해 상하이와 샤먼廈門에 머물렀다. 위챗으로 상하이 출신인 아리 아주머니에게 현지조사의 고충을 토로했는데, 마침 아주머니가 노모를 만나러 상하이에 온다고 해서 낯선 곳에서 재회할 생각에 잔뜩 기대를 품고 있었다. 그러나 아리 아주머니는 대만에서 급한 일이 생겨 오지 못했고, 대신 라오둥 할머니가 딸을 만나러 상하이에 왔다고 해서 연락이 닿았다. 또 상하이의 친정을 방문 중이던 대륙배우자 샤오징을 소개해줘서 함께 라오둥 할머니 집으로 향했다.

라오동 할머니의 아파트 단지에 있는
한국 떡집

　라오동 할머니는 상하이 홍차오 공항에서 멀지 않은 한 아파트 단지
에서 여름을 보내고 있었다. 이 아파트는 할머니가 대만에서 번 돈으로
2002년 딸에게 사준 선물이었다. 10여 평 남짓한 아파트는 손자 물건
들로 가득했다. 음악 전문 유치원에 다니는 손자는 엄격한 엄마보다는
뭐든 잘 들어주는 외할머니를 더 좋아했다. 늦은 나이에 본 사랑스러운
손자에게 할머니는 뭐든지 다 해주고 싶었다. 샤오징 역시 라오동 할머
니의 손자와 비슷한 나이의 딸을 키우고 있는 터라 할머니와 아이들 교
육에 대한 이야기를 나누면서 점점 말문이 트였다. 샤오징과 라오동 할
머니는 치우 아주머니의 '상하이 자매들' 모임에서 한 번 만난 적이 있
었고, 둘 다 아리 아주머니의 친구였기에 안면이 있는 정도였다. 그러나

상하이에도 대만처럼 뷔페 형식의 식당이 있다. 대륙배우자들은 대만에서의 경험을 살려 이 식당에서 자주 밥을 사 먹는다.

'상하이 출신'이라는 공통분모로 원래 알고 지내던 자매들처럼 금방 친해졌다.

샤오징은 40대의 상하이 출신 대륙배우자로서 개혁개방 전후의 계획생육 정책에 따라 외동딸로 태어났다. 10여 년 전 상하이에 파견 왔던 대만 간부臺幹이자 외성인 2세 연하 남성과 결혼해서 현재는 남편의 직장이 있는 가오슝시에서 살고 있다. 결혼한 지 10년이 넘었지만 부부 모두 아이 양육에 관심이 없어 딩크족으로 살다 친정 부모의 설득으로 2014년에 딸을 낳았다. 마흔이 다 되어 아이를 낳은 탓에 출산 후 몸이 안 좋아진 샤오징은 여름이 되면 아이를 데리고 상하이의 친정집에 와서 부모의 도움을 받았다. 2019년 여름에도 상하이에서 친정부모와 함께 딸을 돌보고 있었다. 개학하면 대만으로 돌아가 공립 유치원에 아이를 보내고 자신도 갤러리의 사무 보조 아르바이트를 다시 시작할 계획이라고 했다.

샤오징의 딸은 상하이의 유치원에 잠시 다니고 있었는데 다행히 아직 어려서 중국과 대만의 유치원에 모두 잘 적응했다. 샤오징과 라오동 할머니 모두 중국의 교육이 대만보다 엄격하다고 말했다. 라오동 할머니는 딸이든 유치원 선생님이든 자기 손자에게 무섭게 대한다고 걱정이 많았다. 샤오징은 딸이 중국과 대만의 교육을 모두 경험해보는 것이 좋다고 생각했고, 연로하신 친정 부모님을 몇 시간만이라도 육아에서 벗어나게 해드리고 싶어 딸을 유치원을 보내게 되었다.

"우리 중국인한테는 이런 말이 있어. 내가 내 뱃속으로 딸을 낳았지. 그리고 딸이 또 뱃속으로 이 손자를 낳았지. 바로 육리육肉裡肉라는 말이야. 아무래도 남자들은 이런 말을 이해 못하지. 손자들한테 제일 잘 해주는 건 외할머니야. 내 딸이 배 아파서 낳은 자식이니까. 친할머니는 조금 덜해. 아들이 배 아파서 낳은 아이가 아니니까." (라오동 할머니)

라오동 할머니는 비슷한 나이의 외손자를 돌보고 있는 샤오징의 친정 부모에게 동질감을 느꼈다. 샤오징의 친정어머니가 딸이 힘들게 낳은 외손자를 제일 사랑할 것이라고 생각해서다. 샤오징은 이에 십분 동의했다. 대만에서 맞벌이를 하면서 남편과 힘겹게 육아를 해왔는데, 가끔 시

어머니에게 도움을 청하면 자신은 둘도 키웠다며 도리어 눈치를 주었다. 상하이의 부모님은 외동딸인 샤오징이 힘들까 봐 정성을 다해 손자를 키워주기 때문에 샤오징 자신은 상하이에서 마음껏 쉬며 친구들을 만날 수 있었다.

라오동 할머니가 상하이에 와서 딸의 산후조리를 도왔다는 이야기를 듣고, 샤오징은 자신이 출산할 때 친정어머니를 일찍 상하이로 돌려보낸 것을 후회했다. 샤오징은 아직 대만 신분증을 획득하지 않은 장기거류 단계였기 때문에 산후조리를 목적으로 어머니를 3개월 동안 모셔올 수 있었지만, 어머니가 힘들까 봐 한 달만 머무르게 하고 출산 직전에 어머니를 돌려보냈다. 샤오징은 열세 시간의 진통 끝에 제왕절개로 딸을 출산했다. 남편이 조리원에서 산후조리를 도왔다. 하지만 대만의 산후조리 음식麻油雞이 너무 기름져서 입에 맞지 않았고, 신생아의 울음소리 때문에 밤낮이 바뀌어 산후조리를 제대로 하지 못했다. 결국 아기가 백일이 될 무렵 샤오징은 상하이로 돌아가 상하이식 산후조리 음식魚湯을 마음껏 먹고 밀린 잠도 실컷 자며 몇 달을 쉬다가 돌아왔다.

샤오징과 라오동 할머니가 들려준 대륙배우자들의 출산 경험은 다양했다. 남편의 가족 배경에 따라, 그리고 대륙배우자 자신의 성장 배경에 따라 출산과 양육의 경험이 달라진다는 것이다. 예컨대 대만 본성인 가정은 아들을 귀하게 여기는重男輕女 경향이 강하다. 양안결혼 부부가 첫 딸을 낳으면 시가에서 아들을 낳으라는 압력이 들어오기 일쑤다. 이런 경향은 특히 농어촌 가정에서 강한 편이다. 대륙배우자들이 대만의 농어촌으로 결혼이주를 하게 되면 미디어로만 중국을 접해온 시가 사람들로부터 "상하이에서 왔는데 농사도 못 지어? 농사를 못 지으면 아들을 낳던지!"라는 말을 종종 듣기도 한다. 대도시 상하이 출신이라 농사를 지어본 경험이 없는데도 중국이 가난하다고 생각해서 농사짓는 걸 당연하게 여기는 것이다.

장시성이나 쓰촨성 농촌 출신 대륙배우자들은 남아선호 경향이 강한 친정 부모가 결혼한 딸에게 용돈을 요구해 어려움을 겪기도 한다. 반면 상하이의 부모들은 딸이 타지에서 고생을 한다고 생각해서 딸 부부가 중국에 오면 모든 부담을 다 질 뿐 아니라 대만으로 돌아갈 때 용돈(훙바오)를 주기도 한다. 지역이나 대륙배우자의 성장 배경, 시가의 형편에 따라 대륙배우자들의 결혼생활 모습도 다양한 것이다.

샤오징의 부모도 딸이 상하이에 올 때마다 모든 부담을 떠안았다. 샤오징은 시간이 지날수록 노쇠해지는 부모가 걱정되어 '아이 양육'을 핑계 삼아 상하이와 가오슝을 왕래하고 있었다. 남편이 대만에서 근무 중이라 아이는 대만에서 계속 교육받게 할 생각이지만, 샤오징은 나중에 부모를 돌보기 위해 상하이 호구를 포기하지 않고 대만 신분증을 받지 않은 채 장기거류 자격으로 남아 있다. 반면 라오동 할머니는 이미 대만 신분증을 받았고, 번잡한 상하이보다 대만에서 혼자 자유롭게 신앙생활을 하며 살고 싶어 했다. 그러나 고령으로 간병 일을 계속하기 어려워지고, 딸은 어머니가 상하이로 돌아와 함께 지내길 바라고 있어 고민 중이다.

이렇게 라오동 할머니의 상하이 아파트는 매년 여름마다 상하이를 방문하는 대륙배우자들의 고민 상담소이자 쉼터가 되었다. 매년 여름 노모를 돌보러 오는 아리 아주머니도 친정에 묵지 않고 라오동 할머니의 아파트에서 지냈다. 아들들에게만 다정하고 자신에겐 폭언을 일삼는 노모로부터 상처 받은 아리 아주머니는 라오동 할머니의 아파트에서 머물며 위안을 받곤 했다. 타이베이에서 '상하이 출신'이라는 공통점으로 이어졌던 이들의 진한 유대감은 상하이에서도 계속되고 있었다. 코로나19가 시작되기 전까지 말이다.

코로나19 이후의
'상하이 자매들'

매년 상하이를 방문해 가족을 만났던 '상하이 자매들' 회원들은 2019년 12월 이후 중국의 코로나19 상황이 엄중해지면서 상하이에 갈 수 없었다. 중국에 비해 대만의 상황은 비교적 안정적이었고, 회원들은 설 명절에 친정을 방문했다가 대만에 들어오지 못한 다른 대륙배우자들을 보며 상하이행을 포기했다. 오히려 대만에서 자매들끼리 모여 상하이 음식을 먹으며 설을 보냈다.

샤오징은 곧 학교에 들어가는 딸을 위해 가족이 함께 대만 섬을 일주하는 여행을 계획했다. 대만 곳곳의 어린이 박물관이나 유적지 등을 다니며 남편과도 정을 쌓고, 아이에게 자연을 널리 알리고자 하는 마음에서였다. 라오동 할머니는 간병 일을 그만두고 종교생활에 더욱 매달렸다. 매일 더 하나님과 가까워진다는 마음으로 성경을 읽고 근처 공원에서 운동을 하거나 아리 아주머니를 만나는 등 개인 생활을 즐겼다. 아리 아주머니는 책을 읽고 조용히 지내고 싶다는 어릴 적 바람대로 잠시 간병 일을 그만두고 독서와 글쓰기에 열중했다. 치우 아주머니는 딸과 함께 대만 전역을 여행하면서 향후 모임 계획을 구상 중이고, 샤오샤오 아주머니는 코로나19의 영향이 상대적으로 적은 촌락에서 자원봉사를 하며 남편과 한가롭게 지내고 있다.

이 글에서는 5명의 대륙배우자들의 양안결혼과 관련된 생애사를 다루었다. 대만 배우자를 만나게 된 계기나 이주 시기, 연령은 각기 달라도 '상하이' 출신이라는 공통점은 대륙배우자들이 타지에서 유사 가족을 만드는 데 영향을 미쳤다. 어떤 여성에게 상하이는 아픈 유년의 기억을 떠올리게 하는 상처였지만, 대부분의 대륙배우자들에게 '상하이에서 왔다'는 사실은 우월감을 제공했고, 대만에서 경험하는 편견을 이겨내게 하는 원동력이 되기도 했다. '상하이에서 왔다'는 공통점 속에서 라오둥 할머니는 딸과 나이가 비슷한 샤오징을 만나 대만 생활에 대한 노하우나 자녀 양육 방식을 공유했으며, 아리 아주머니에게는 친모를 대신해 따뜻한 보금자리를 제공하기도 했다.

그러나 '상하이에서 왔다'는 공통점은 상황에 따라서 '상하이 자매들' 단체 내부에 균열을 일으킬 수 있는 약한 고리이기도 했다. 예컨대 '상하이 자매들'을 이끄는 치우 아주머니의 경우 전형적으로 묘사되는 '상하이 여성'처럼 화려한 차림으로 선입견을 재생산하기도 했고, 대만에서 대륙배우자가 처한 현실을 개선하기 위한 거리 시위 투쟁보다 자녀의 정체성 문제에 더 관심을 가졌다. 이 '상하이 여성'의 이미지에 부합하는 샤오샤오 아주머니는 쉽게 '상하이 자매들' 모임에 섞여 활발하게 참여했지만, 이런 이미지와 거리가 있는 라오둥 할머니와 아리 아주머니는 모임을 꺼렸다. 두 분처럼 거리 시위 방식에 익숙한 상하이 출신 여성들의 경우 '상하이 자매들'보다는 중국 대륙 출신들이 모인 A단체에서 더 적극적으로 활동하기도 했다.

통상의 '양안관계'는 중화권을 통일하여 새로운 패권을 장악하려는 중국과, 중국의 영향력에서 벗어나 '새로운 대만'을 꿈꾸는 대만 사이의 외교관계나 국제정치의 흐름 속에서 조망된다. 하지만 대륙배우자들의 '아래로부터의' 양안관계는 '양안'이 평범한 사람들의 '일상'이기도 하다는 점을 보여준다(문경연 2019). 대륙배우자들이 결국 모국을 선택할 것이라는 중국 정부의 생각이나 공산 중국의 때를 아직 벗지 못했다는 대만 정부의 시각과 달리, 대륙배우자들은 모국 가족과의 연결이나 유대감을 유지하면서도 그 시계추의 방향이나 무게는 좀 더 대만으로 기울어져 있다. 상하이 출신 대륙배우자들의 사례에서 보듯, 상하이는 눈부신 조국의 발전을 상징하는 자랑스러운 고향이지만 잠시 가족을 만나기 위해 방문하는 장소로 남았고, 생활의 주 터전은 대만이 된 지 오래다. 그 생활 터전을 더 살 만한 곳으로 만들기 위해 어떤 상하이 여성들은 거리 투쟁을 선택하고, 어떤 상하이 여성들은 자녀 교육에 더 시간을 쏟는다. 상하이 출신임을 자랑스럽게 여기지만, '중국'에 대한 인식은 남편의 출신지나 자녀 양육 여부에 따라 다양하다. 이들에게 '양안'이란 패권, 통일의 문제이기 이전에 매일매일의 삶이다.

참고문헌

문경연, 2019, 〈아래로부터의 양안(兩岸)관계: 대만 내 중국 출신 결혼이주자의 시민권의 정치〉, 서울대학교 박사학위 논문.

문경연, 2020, 〈양안결혼(兩岸結婚)과 대륙배우자의 등장: 이주시기별 분화를 중심으로〉, 《아시아리뷰》 10(1), 123~154.

임춘성, 2006, 〈이민과 타자화: 상하이 영화를 통해 본 상하이인의 정체성〉, 《중국현대문학》 37, 287~313.

Honig, Emily, 1992, *Creating Chinese Ethnicity: Subei People in Shanghai, 1850–1980*, New Haven: Yale University Press.

'한국 장사'와 '한족 장사' 사이 —
사드 사태가 보여준 중국 안의 '한국'들

박형진

식약국 조사관들이
들이닥치다

2017년 3월 15일 천천식품(가명)은 여느 때와 다름없었다. 나는 최 공장장의 사무실에 커피를 갖다 놓으면서 아침 인사를 하고, 공장장이 아침마다 시식하는 김치를 같이 맛보았다. 창고 주임이 사무실에 와서 직원과 한바탕 싸움을 하고 갔지만, 그것조차 늘 있는 일이었다. 나는 창고 문 앞에서 씩씩거리는 창고 주임의 한탄을 좀 듣다가 최근에 최 사장이 마련해준 사무실 내 책상으로 돌아갔다. 공장 사무실에서 가장 '막내'인 나는 출입문 가장 가까운 자리에 앉았다. 내 책상 바로 옆에는 싱크대가 있었고, 싱크대 너머로는 큰 창문이 있어 공장 정문이 잘 보였다.

그렇게 내 자리에 앉아 한숨을 돌리던 차에, 갑자기 사무실이 웅성웅성하기 시작했다. 다른 직원들과 함께 창문 바깥을 내다보니, 못 보던 하얀색 낡은 세단 하나가 공장 정문에 도착했다. 화물을 실어 나르는 트럭이나 사장의 출퇴근 자동차를 제외하고는 외부 차량의 출입을 관리실에서 철저히 통제하는데, 어찌된 일인지 공장 정문의 차단기가 열리고 하얀색 세단이 공장 안으로 빠르게 들어왔다. 이내 차에서 제복을 입은 세 사람이 내리더니 사무실로 들어왔다. 가까이서 확인한 이 하얀색 세단에는 '칭다오시 식품약품관리국'이라는 기관명이 적혀 있었다. 흔히 '식약국'이라고 부르는 기관에서 나온 조사관들이었다.

이들은 자신들이 누구라던가 방문 목적을 설명하지도 않고 다짜고짜 공장 책임자를 불러 창고로 안내할 것을 요구했다. 최 사장은 마침 사무실에 없었고, 사무실 업무를 관장하는 쉬 총감독이 이들을 창고로 안내했다. 창고 주임은 이들을 위해 냉장창고 문을 열어주었고, 창고 주임과 쉬 총감독이 이들 식약국 직원과 함께 냉장창고로 들어갔다. 나는 자연스럽게 이들의 뒤를 따라 함께 창고로 들어갔다.

식약국 조사관들은 재빨리 창고 안에 있는 물건들 중 케이푸드(가명) 제품을 찾아냈다. 케이푸드는 한국에서도 손꼽히는 식품 업체로, 중국 시장에 진출하기 위해 2010년경 중국 내 법인을 설립했다. 케이푸드는 현지

직영 공장을 세워 자신들의 주력 상품을 생산하는 한편, 중국 내 제조업체에 레시피와 포장재를 제공하면서 주문 생산 방식으로 다양한 한국 식품을 생산·판매하고 있었다. 이 중 천천식품은 케이푸드가 중국 내 대형 마트에서 판매하는 김치를 생산하는 업체였다. 천천식품은 칭다오에 소재하고 있으며 2000년대 중반 한국 수출용 김치 생산을 위해 조선족 사업가들이 설립한 업체였다. 칭다오 소재 김치업체 중 손꼽히는 한국 수출 실적을 자랑하던 천천식품은, 2010년을 전후로 중국 내 김치 시장의 잠재력을 보고 내수 시장용 김치의 생산·판매에 뛰어들었다. 천천식품의 김치는 각 지역 대리상을 통해 식당이나 소규모 한국 식료품 취급 업체를 통해 판매되고 있었기에, 대형 마트에서 김치를 판매하는 케이푸드와의 협력은 두 업체 모두에게 도움이 되었다. 특히 천천식품의 입장에서 이러한 협력관계는 오랫동안 한국 시장에서 입지를 다져온 케이푸드의 마케팅 노하우를 간접적으로 배우는 기회가 되었다.

식약국 직원은 창고 주임에게 케이푸드 제품 상자를 열어볼 것을 지시했다. 창고 주임이 쭈뼛거리며 포장 김치를 하나 건네자, 그들은 제품 포장을 꼼꼼히 뜯어보기 시작했다. 이내 그들은 쉬 총감독과 창고 주임에게 제품 포장의 문제를 지적하기 시작했다. 가장 큰 문제는 포장지에 적힌 '웨이징味精(미원) 무첨가'라는 문구였다. 웨이징은 MSG 계열의 식품 첨가물을 가리키는 말로 흔히 사용되지만, 관련 법률상 정확한 학명谷氨酸鈉으로 표기해야만 했다. 식약국 조사관들은 준비해온 압류증을 케이푸드 제품 상자들에 붙이고, 정밀조사가 끝날 때까지 제품을 반출해서는

압류증이 붙은 케이푸드의 김치 제품 상자 | 제품의 표기 사항 문제를 설명하고 있는 칭다오시 식
약국 조사관

안 된다고 경고했다. 그리고 창고를 나가려던 찰나, 한 식약국 직원이 천
천식품 자체 브랜드 제품 상자를 발견했고, 다시 창고 주임에게 상자를
열어보라고 지시했다. 그러더니 천천식품 포장 김치에서도 유사한 문구
를 발견했다. 천천식품이 포장지 디자인을 바꿀 때, 케이푸드 김치를 참
고해 추가한 문구였다. 식약국 조사관은 말없이 천천식품 제품 상자에도
압류증을 붙이면서, 같은 경고를 반복했다.

천천식품이 처음 공장을 세울 때부터 일한 창고 주임이나 공장장은
물론 공장에 있던 누구도 이 같은 갑작스러운 조사를 경험해보지 못했
다. 식품의 표기 사항을 문제 삼는 것은 새삼스러운 일이 아니었다. 한국
의 '식파라치'처럼 중국에도 시중 제품의 불량이나 위법 사항을 관련 기

관에 신고해 포상금을 받고자 하는 소비자들이 있다. 이런 전문 신고업 자들은 유통 기간이 지난 제품, 표기 사항에 문제가 있는 제품을 발견하면 다량 구매한 다음, 업체에 연락해 신고를 하지 않는 조건으로 보상금을 요구한다(신고는 직접 구매를 해서 피해를 입은 소비자만 할 수 있고, 정부가 정한 포상금은 구매로 인한 피해 금액에 비례하기 때문에 이들은 문제가 될 상품을 고의로 다량 구매한다). 이 같은 신고는 중국 시장에서 상품을 판매하는 기업이라면 한 번쯤 겪는 흔한 일이었고, 케이푸드나 천천식품도 예외는 아니었다. 케이푸드와 천천식품은 이런 종류의 신고나 협박이 들어올 때마다 적당한 보상금을 지급하거나, 정부기관 내 인맥을 동원해 위기를 넘겨왔다. 그러나 단 한 번도 식약국이나 다른 정부기관에서 기습적으로 공장을 방문해 실사를 하고, 창고에 들어가 제품을 압류하는 일은 없었다.

전례 없는 조사와 위협적인 식약국 직원들의 언사 때문에 얼어붙어 있던 공장 분위기는 최 사장의 등장과 함께 누그러졌다. 최 사장은 식약국에서 근무한 적이 있는 지인과 함께 공장에 도착해 인사를 나누고, 특유의 친화력을 발휘하며 식약국 조사관들의 경계심을 누그러뜨렸다(나중에 들은 얘기지만, 그녀는 사무실에서 연락을 받고 도움이 될 만한 사람을 급히 찾아 함께 오느라 늦었다고 한다). 결국 화기애애한 분위기 속에서 식약국 직원들은 낡은 하얀색 세단을 타고 공장을 떠났다.

그날 하루 내내 최 사장은 케이푸드 중국법인장, 식약국 지인 등과 통화하며 사태의 해결을 모색했다. 이 떠들썩한 사태도 결국은 포상금을 노린 전문적인 업자의 신고로 시작된 것이었다. 케이푸드 쪽에서 신고자와 합의해 신고를 취하하고, 케이푸드와 천천식품 모두 문제가 된 문구가 적힌 포장을 바꾸기로 하면서, 사태는 일단락되었다. 새로운 문구가 적힌 새 포장지가 도착할 때까지 기존의 문구를 가리기 위해 스티커를 붙이느라 사무실 직원이 총동원된 것을 제외하면 말이다.

기묘한 타이밍

이 전례 없는 식약국 직원들의 방문과 조사는 두 가지 의미에서 기묘한 타이밍에 이루어졌다.

우선, 2017년 3월은 중국 내에서 한반도 사드THAAD(고고도미사일방어체계) 배치에 관한 논쟁과 그로 인한 반한감정이 유달리 고조되던 시기였다. 2016년 7월, 한국과 미국 정부가 한반도 사드 배치를 공식화하고 중국 정부가 이를 안보상의 중대한 위협으로 규정하고 항의하면서, 중국과 미국, 그리고 중국과 한국 정부 사이의 갈등이 본격적으로 표면화되었다. 그러나 이러한 정부 간의 갈등이 사회적·문화적·경제적 영역에서의 갈등으로 확대된 데에는 양국 언론의 역할이 컸다.

일부 중국 언론은 사드 배치를 결정한 한국 정부를 강한 논조로 비판하면서 한국 정부는 물론 기업과 민간 영역에 대해서도 강력한 제재가 필요하다고 주장했다. 그리고 한국 언론은 이러한 중국 언론의 자극적인 보도를 경쟁적으로 인용하면서, '중국'이 한국 기업과 제품에 불공정한 경제 제재를 거론하며 사드 배치를 추진하는 한국 정부를 압박하고 있다고 보도했다. 사드 논쟁이 본격화된 이후 중국에서 활동하는 한국 연예인들의 갑작스러운 공연 취소나 활동 제한은 사드 배치에 대응한 중국 정부의 보복 조치, 즉 한한령限韓令의 증거로 소개되었다. 이 같은 한국 언론의 '한한령' 보도는 다시 중국 언론에 의해 인용·보도되었다. 중국 언론들은 한국 언론과 기업계가 '한한령'에 대한 소문과 추측만으로도 움츠러들 만큼 한국 경제가 대외 의존적, 특히 중국 의존적임을 강조하고, 한국이 중국과의 경제적 협력관계를 유지하고자 한다면 중국에 군사적·안보적 위협이 되는 선택을 해서는 안 된다는 주장을 지면을 통해 계속 설파했다. 이처럼 양국 언론은 상업적인 고려 속에 서로의 기사를 인용하며 자국의 민족주의적 정서를 자극했고, 이는 중국 내 반한 정서와 한국 내 반중 정서를 점점 고조시키는 결과를 가져왔다. 이러한 분위기 속에서 사드 한반도 배치가 본격화되자, 이에 대한 항의의 표시로 한국 제품에 대한 불매운동이 중국 전역에서 벌어졌다.

중국 정부는 불매운동이 어디까지나 중국 소비자들의 자발적인 행동이며, 중국에서 활동하는 한국 기업을 비롯한 외국 기업들은 중국 소비자들의 '민의'를 파악하고 존중할 필요가 있다는 입장을 피력해왔다. 즉 불매운동을 정부가 주도하거나 조장한다는 의혹을 분명히 부정하면서도, 자발적인 의사 표현을 존중한다는 수사를 취하며 불매운동이나 집단행동을 비난하지도 않았다. 다른 한편으로는 중국 정부가 한국 기업과 제품에 대한 제재 조치를 취한다고 볼 수 있는 몇몇 사례들이 언론의 주목을 받았다. 앞서 언급한 한국 연예인들의 중국 내 활동 제한이나 한중 합작 드라마의 갑작스러운 제작 중단, 한국인에 대한 상용 비자 발급 절차가 까다로워진다거나 여행사의 단체 한국 관광 상품 판매를 금지하는 등의 조치는 중국 정부의 비공식적인 경제 제재이자 사드 배치에 대한 보복 조치로 한국 언론에 의해 소개되었다.

민족주의적 정서를 자극하는 양국 언론과 이를 정치적으로 묶인 혹은 이용하려는 정부가 불매운동의 조장에 상당히 기여한 것은 사실이지만, 불매운동의 전국적 확산을 가능하게 한 것은 중국인, 특히 많은 젊은 중국인들의 자발적 행동이었다. 온라인에서의 의견 교환과 조직적인 행동에 누구보다 적극적인 중국의 젊은 세대들은 개혁개방 이후 중국이 성취한 경제적 발전에 자긍심을 느끼는 동시에, 이러한 성과를 폄하하거나 중국의 정치적·문화적 현실을 비하하는 외국 기업 혹은 정부의 발언에 민감하게 반응한다. 프랑스에서 티베트 독립을 지지하는 시민운동가들이 2008년 베이징 올림픽 성화 봉송을 방해하자 프랑스 제품에 대한 불매운동이 전국적으로 확산되고, 프랑스계 슈퍼마켓 체인 까르푸는 불매운동의 집중 타깃이 되었다(Nyíri 2008). 홍콩과 대만을 독립된 국가로 표시한 제품이나 기업은 집단적인 항의와 불매운동의 대상이 되었고, 중국 문화를 조롱하는 뉘앙스의 광고를 내보냈던 한 럭셔리 패션 기업은 집중포화를 받다가 결국 기업 회장이 고개를 숙이며 중국어로 사과를 하기도 했다. 선수와 구단 관련자가 중국의 인권 문제를 언급했다는 이유로 NBA와 EPL 중계방송이 중단되고, 팬들이 경기 시청을 보이콧하기도 했다. 이와 같은 불매운동은 자국의 국제적 위상을 보호하기 위한 집단행동인 동시에, 중국인들로 하여금 자신들의 구매력, 즉 중국 시장의 국제적 위상과 중요성을 확인하게끔 하는 계기로 작동했다. 즉 불매운동의 압박을 받은 외국 기업이나 정부가 중국 시장을 놓치지 않기 위해 사과하거나 중국인이 요구하는 정치적 표현을 수용하는 과정을 경험함으로써, 중국의 소비자/민중은 자국의 달라진 경제적·정치적 위상을 체감하고 국가에 대한 자긍심과 애국심을 확인할 수 있었다.

2017년 한국 제품 불매운동 역시 이러한 애국주의적 정서와 행동의 연장선상에 있었다. 중국 언론의 사드 배치 보도는 "군사적, 안보적으로 중국에 위협을 가하면서 중국 시장에서 돈만 벌려는 한국"에 대한 중국 대중의 감정을 악화시켰고, 중국에 경제적으로 의존하는 "작은 나라 한국"에 중국의 힘, 특히 시장의 힘을 보여줄 방편으로 불매운동이 동원되었다. 불매운동은 단순히 개별 소비자가 한국 제품을 구매하지 않는 실천에 한정되지 않았다. 중국인들은 집단행동으로 롯데 등 한국 제품을 판매하는 온라인 쇼핑몰에 한국 제품을 내릴 것을 요구했고, 롯데그룹에 항의하고 한국 제품 불매를 권장하는 문구가 적힌 현수막을 제작해 롯데마트 앞에 걸기도 했다. 중국 언론은 앞다투어 썰렁해진 각지의 롯데마트와 다른 상점 내 한국 제품 진열대를 보여주었고, 이런 보도들이 나가자 롯데마트는 물론 다른 한국 제품을 파는 상점과 식당을 찾는 중국인 소비자들의 발길은 더욱 뜸해졌다. 중국 정부가 불매운동을 "민의의 표현"이라 에둘러 표현한 것은 집단행동에 대한 묵인 혹은 지지로 해석되면서, 불매운동이 전국적으로 확산되는 데 힘을 보태주었다. 이와 같은 정부, 언론, 그리고 국민감정이 얽히고 소란스럽게 분출되며 불매운동이라는 형태를 갖추기 시작한 것이 바로 2017년 3월 즈음이었다.

또 하나 기묘한 것은 이 식약국 조사가 있던 3월 15일이 바로 '소비자의 날'이었다는 점이다. 매년 소비자의 날 저녁이면 중국 국영방송사인 CCTV는 소비자의 권익을 침해하는 악성 기업에 대한 고발성 프로그램을 방영한다. 이 프로그램에서 소개되는 기업이나 업종은 전국적인 관심과 비난을 받으며 상당한 타격을 입었기 때문에, 중국 기업은 물론 중국에 진출한 외국 기업들은 소비자의 날 프로그램에 많은 관심을 기울인다. 그런데 한국 기업이나 한국 관련 기업이 2017년 소비자의 날에 특히 촉각을 곤두세웠던 이유는, 다름 아닌 사드 사태 때문이었다. 한국 언론들은 물론 많은 중국 진출 한국 기업들이 사드 사태의 여파로 2017년 소비자의 날 프로그램에 한국 제품 혹은 기업이 소개되고, 이로 인해 급격한 매출 하락이나 강도 높은 조사가 이루어질 것을 염려하고 있었다.

물론 상식적으로 식약국의 실사가 소비자의 날 프로그램과 관련될 여지는 없었다. 소비자의 날에 방영되려면 그보다 훨씬 전에 조사가 이루어져야 했고, 식약국 직원과 동행한 방송국 카메라도 없었다. CCTV 프로그램에 소개되는 악성 기업들은 훨씬 더 규모가 크고, 좀 더 직접적으로 소비자에게 피해를 주는 제품들이 조망되기 마련이었다. 그리고 한국 기업과 언론의 우려와 달리, 2017년 소비자의 날 프로그램에 소개된 악성 기업과 불량상품의 사례에 한국 기업이나 제품은 포함되지 않았다.

그러나 중국 내 많은 한국 기업 혹은 한국 관련 업종이 유달리 긴장하고 있던 날에 터진 전례 없는 식약국 조사는 그 '진의'에 대한 여러 추측을 불러일으킬 수밖에 없었다. 왜 식약국에 신고를 한 소비자(혹은 전문업자)는 더 손쉽게 때로는 더 많은 보상금을 받기 위해 업체에 먼저 연락하지 않고 곧바로 식약국에 신고했을까? 왜 식약국은 비교적 경미한 문제인 표기 사항을 점검하기 위해 사전 통보도 없이, 그것도 칭다오시 소속 식약국 직원을 파견해 실사를 한 것일까? 누가 뭐라고 할 것도 없이, 천천식품의 사장과 직원들 모두 이 이상하고도 유례없는 사태가 사드 때문이라고 생각했다. 사드가 아니었다면, 사드 배치로 인해 한국 기업에 대한 인식이 나빠지지 않았더라면, 과연 잘못된 문구를 발견한 소비자가 곧바로 신고를 했을까? 사드가 아니었다면, 식약국이 표기 사항의 문제를 점검하기 위해 시 소속 조사관을 시내에서 한 시간 반 떨어진 공장에 보내 불시에 조사를 하게 했을까? 이렇게 천천식품의 공장에도 사드의 그림자가 드리워지기 시작했다.

조선족 '한족 장사'의 명암

천천식품은 배추김치를 비롯한 각종 김치를 만들어 다양한 포장 단위로 판매하고 있다. 여전히 주력은 김치, 그중에서도 배추김치이지만, 중국 소매시장에 진출하면서 점차 품목을 늘려가 삼계탕이나 순대 등 육가공 제품을 생산하기도 하고 냉면 같은 제품을 한국에서 수입해 판매하기도 한다. 품목이 과거에 비해 늘었지만 기본적으로 천천식품의 제품은 '한국 식품'의 범주를 크게 벗어나지 않는다. 해외무역 담당 정부기관에서 근무하며 식품 생산과 무역 노하우를 쌓은 송 회장, 한국 무역 관련 업무에 종사한 경험을 바탕으로 송 사장과 함께 천천식품을 이끄는 최 사장, 그리고 조리와 공장 관리 경험이 풍부한 최 공장장은 모두 지린성과 헤이룽장성 출신의 조선족으로, 자신들이 이해하고 즐기는 '한국 식품'을 상품화하는 데 많은 노력을 쏟고 있다.

이렇게 구색을 갖춘 천천식품의 '한국 식품'은 본사와 계약을 맺은 지역 대리상을 통해 판매된다. 중국 대도시들에 기반을 둔 천천식품의 대리상들도 대부분 조선족이다. 이들은 학업 혹은 사업을 이유로 정착한 도시에서 독립된 기업을 설립하고, 천천식품의 제품을 자기 지역에 유통하는 동시에 다른 한국 관련 사업을 전개하고 있다. 많은 지역 대리상들은 천천식품의 제품 외에 천천식품이 생산하지 않는 다른 한국 식품을 함께 유통하며, 지역 내 한국 식당과 한국 슈퍼마켓 영업을 하고 있다. 그러나 한국 브랜드 밥솥의 중국 시장 유통이나 한국 물류 중개업 등 식품 사업과 동떨어진 사업을 겸하는 지역 대리상도 적지 않다. 이런 경우에도 이들은 한국어와 중국어를 모두 구사하고 양국 사회와 문화에 정통하다는 이점을 십분 활용하며, 중국 내에서 다양한 한국 관련 사업에 종사하고 있다.

식약국 조사의 여운이 채 가시기도 전에, 각지의 조선족 대리상들로부터 본사에 연락이 오기 시작했다. 도시별·대리상별 차이는 있지만, 모두가 사드 사태와 불매운동의 여파를 걱정하며 칭다오를 비롯한 다른 곳의 상황을 묻기 위해서였다. 공장과 지척에 있는 칭다오 대리상은 아예 공장으로 찾아와 하소연을 하기 시작했다. 대리상과 공장이 위치한 칭다오시 청양구城陽區는 저렴한 집값과 공장 부지, 공항과의 접근성 등에 매력을 느낀 한국인과 조선족이 많이 모여 사는 곳으로, 전성기에 비해 줄기는 했지만 여전히 한국인과 조선족이 많이 거주하며 이 지역 한국 슈퍼와 식당의 주 고객층을 이루고 있었다. 그래서 적어도 이 지역에서는 언론에서 얘기하는 사드 사태로 인한 불매운동의 심각성을 쉽게 체감하지 못했다. 그러나 한국인이 많이 거주하지 않는 칭다오시 중심에 있는 한국 슈퍼와 식당은 달랐다. 이미 대부분의 한인들이 청양구로 이주한 상황에서 도심의 한국 슈퍼와 식당은 '한국 음식'에 흥미를 갖는 한족 소비자들에게 의존하고 있었고, 이 때문에 사드 사태의 영향도 클 수밖에 없다는 것이 칭다오 지역 대리상의 설명이었다. 그는 어두운 얼굴로 뜨거운 커피를 연거푸 들이켜며, 도심의 한국 가게에서는 김치가 한 봉지도 팔리지 않는 날이 많아지고 있으며, 이 사태가 지속될 경우 김치를 납품할 한국 식당이나 슈퍼들이 문을 닫게 될 것 같다며 지역 사정을 공장에 알려주었다.

칭다오 안에서도 한국인 혹은 조선족을 상대로 하는 사업장과 한족 소비자를 주 고객으로 하는 사업장 사이에 분명한 차이가 있었듯이, 천천식품의 제품이 판매되는 지역들 간에도 불매운동의 규모와 여파는 차이가 있었다. 조선족자치구인 옌지延吉처럼 조선족 인구가 압도적으로 많고 주 고객층이 일상적으로 김치를 구매하고 소비하는 조선족이나 한국 주재원일 경우, 사드 사태가 기존 매출에 큰 지장을 주지는 않았다. 그러나 인구 구성상 한국인과 조선족 고객에만 의존할 수 없는 도시이거나 한족 소비자를 겨냥한 유통망을 개척해온 대리상의 경우, 사드 사태는 수년 동안 일구어온 사업 기반을 송두리째 위협할 수 있는 대형 악재였다.

조선족과 한국인 사업가들은 이를 흔히 '한국 장사'와 '한족 장사'로 구분했다. 천천식품의 시안 대리상은 처음부터 '한족 장사'에 집중했던 사례다. 시안 대리점은 가장 먼저 생긴 천천식품의 대리상이자 가장 오랫동안 유지되고 있는 대리상이었다. 시안에 있는 대학을 졸업하고 이 지역에 정착하게 된 장 사장은 사업 초기부터 한국 슈퍼나 식당이 아닌 시안 지역의 대형 상점을 공략했다. 배송 비용이 적게 드는 신 김치를 시안 지역 한족 소비자들에게 적극적으로 소개하면서, 장 사장은 한국인이 비교적 적은 도시에서 10년 넘게 한국 식품을 성공적으로 유통·판매해왔다. 그러나 이 같은 사업 기반은 사드 사태 이후 벌어진 불매운동의 여파에 취약할 수밖에 없었다. 반한감정이 고조되면서 김치나 한국 식품에 호기심을 갖고 구매하던 한족 고객들이 철저하게 외면하기 시작했다. 장 사장의 업체가 입점한 대형 마트들도 한국 식품을 전문으로 취급하는 장 사장 회사의 매대를 유지하는 것에 부담감을 느꼈다. 장 사장은 석 달 넘게 매출을 전혀 올리지 못하는 상황에서도 직원들에게 월급을 주어가며 버텨보려고 했지만, 결국 해를 넘기지 못하고 시안 내 대부분의 대형마

광저우의 한 '한국' 식
당 메뉴

트에서 매대를 철수했다. 대신 그녀는 시안 지역에 들어온 삼성반도체 및 관련 업체의 구내식당과 한국 주재원들이 자주 가는 슈퍼와 식당을 상대로 하는 '한국 장사'로 사업 방향을 수정하는 과정에 있다.

광저우에서 천천식품 김치를 유통하는 박 사장은 한국과 중국 간의 물류 중개업으로 크게 성공한 젊은 조선족 사업가다. 그는 물류 중개업을 주축으로 하면서 물류 창고의 공간과 인력을 이용해 천천식품의 김치 유통도 하고 있다. 김치 사업과 물류업에 주력하면서, 조선족 협회나 무역인 협회 등에서 만난 사업가들과 함께 끊임없이 새로운 사업 기회를 모색한다. 그렇게 해서 박 사장이 야심차게 준비한 사업이 한국 떡볶이 체인업체와의 협력 사업이었다. 한류 드라마나 예능 프로그램을 통해 소개된 특색 있는 한국 음식 중 떡볶이는 가격도 저렴하고 젊은 중국인 소비자들이 호감을 가질 만한 아이템이라는 것이 박 사장의 분석이었다. 실제로 한국을 방문하는 중국인들이 찾는 음식 중 하나가 떡볶이였고, 냄비 가득 푸짐하게 나오는 즉석떡볶이는 중국인들이 즐겨 먹는 훠궈와 비슷해 친숙하게 접할 수 있는 음식이다. 이 때문에 상하이 같은 도시에서는 떡볶이를 주력으로 하는 한국 식당들이 제법 인기를 끌고 있었다. 이러한 계산으로 야심하게 시작한 떡볶이 사업은, 사업 개시 시점에 불어닥친 사드 사태의 직격탄을 맞았다. 광저우의 젊은이들이 많이 찾는 쇼핑몰과 길거리에 입점한 가게들은 고조된 반한감정과 전국적으로 확산된 한국 제품 불매운동으로 인해 차가운 외면을 받았다. 소비자의 '기호'가 정치적·사회적 환경에 의해 얼마나 쉽게 바뀔 수 있는지를 뼈저리게 경험한 박 사장은 재빨리 떡볶이 사업을 정리하고, 떡볶이 사업에 동원된 인력과 자원을 김치 사업과 물류업에 재배치하는 과정에 있다.

박 사장과 장 사장의 사례는 조선족 사업가가 한국과 중국 양국의 사정과 언어에 모두 능통한 점을 십분 활용해 '한국' 상품을 '한족' 시장에 판매하려는 시도였다. 이들 조선족 사업가들은 부모가 축적한 자본을 이용하거나 노동집약적 해외수출 사업에 종사하며 모은 자산을 활용해 잠재성이 큰 '중국 시장'에서의 성공을 꿈꾼다. 이들은 한계가 뚜렷한 한국인 혹은 조선족을 상대로 하는 장사보다는 규모도 크고 구매력이 높은 한족 시장을 타깃으로 하는 한편, 한국인 혹은 조선족 네트워크를 활용해 다른 중국 기업이나 사업가들이 쉽게 취급하지 못하는 '한국' 상품을 판매한다. 이러한 전략은 박 사장이나 장 사장 같은 조선족 사업가가 젊은 나이에 성공을 거두는 데 큰 도움이 되었다. 하지만 사드 사태가 닥쳤을 때 가장 빨리, 가장 큰 타격을 받은 것도 이들의 '한족 장사'였다.

사드가 겨냥한 재중 한국인의 '차이나 드림'

중국에 거주하며 사업 혹은 직장생활을 하는 한국인들의 스펙트럼은 생각보다 다양하다. 대기업 중국 지사에 파견되어 몇 년 동안 '주재원'으로 지내는 사람들은 주로 베이징, 상하이 같은 대도시에 거주한다. 이들 안에서도 차이는 있지만 괜찮은 대우를 받는 주재원들은 회사에서 마련해준 아파트와 차량을 이용하며, 자녀를 국제학교에 보내고, 한인 혹은 조선족이 밀집한 지역에서 한국산 생필품과 음식을 어렵지 않게 구한다. 작은 도시는 아니지만 한국계 대기업이 많지 않은 칭다오 같은 도시에는 한국 본사에서 파견 나온 주재원보다는 자기 사업을 하는 한국인이 더 많다. 칭다오는 귀걸이나 팔찌 등 귀금속을 전문으로 제조하는 한국 회사들이 인건비와 재료비를 절감하기 위해 대거 이주하면서 한국인 거주 인구가 크게 늘었다. 한국인이 늘면서 자연스럽게 이들이 많이 거주하는 지역에 한국 음식을 파는 식당, 한국 식자재와 생필품을 취급하는 슈퍼마켓, 노래방, 술집, 골프장 등이 들어서기 시작했다. 이러한 서비스업은 한국인이 직접 투자하는 경우도 있었지만, 동북지역에서 칭다오로 이주해온 조선족과 합작하거나 조선족 직원을 고용해서 하는 경우도 많았다(구지영 2013).

현재 칭다오는 한국에서 들어온 귀금속 공장 및 노동집약형 제조업체 상당수가 도산하거나 한국으로 돌아가면서, 한국인 거주자 인구도 크게 감소했다. 오랫동안 칭다오에서 생활하며 안정적인 사업 기반을 다진 사람들도 있지만, 그런 한국인 사업가들에게도 '좋은 시절'은 지나간 지 오래다. 많은 칭다오 거주 한국인들은 고국에서 실현하지 못한 성공의 기회를 찾기 위해 중국으로 건너와 새로운 사업을 끊임없이 모색하면서, 다른 한국인이나 조선족을 상대로 하는 영세한 규모의 서비스업에 종사하고 있었다. 이들 중에는 신용불량이나 세금 체납 등 껄끄러운 이유로 한국을 떠나, 여러 일자리와 숙소를 전전하며 사실상 '노숙자'처럼 지내는 한국인들도 있었다. 현지 한국인들은 자조적으로 "칭다오에 사는 한국인은 사기꾼 아니면 거지"라고 자신들의 상황을 묘사하는데, 이는 다소 과장되었지만 이들의 열악한 경제 사정을 집약적으로 보여준다.

　　1990년대나 2000년대 초 중국에 진출한 기업이나 사업가들은 대부분 중국의 저렴한 인력과 원자재를 활용해 한국 혹은 다른 선진국에 수출할 제품을 생산할 목적으로 중국에 들어왔다. 그리고 이들 중 상당수는 2008년 금융위기를 전후해 경쟁력을 잃고 사업을 정리하거나 한국으로 들어갔다(구지영 2013; 장수현 2012). 남아 있는 한국 기업이나 사업가들은 빠르게 성장하는 중국 시장에 희망을 걸었고, 특히 중국의 젊은 중산층 소비자들에게 인기 있는 한국 제품과 음식의 판매에 주력했다. 즉 한류 드라마와 대중음악 등의 인기에 힘입은 한국의 긍정적인 이미지와 화장품·가전제품 등 한국 기업 제품의 인지도 및 신뢰는 한국인

사업가들이 가진 '차이나 드림'의 핵심 조건이었다. 아직 중국인들에게 잘 알려지지 않았지만 중국 소비자들이 좋아할 만한 한국 제품을 성공적으로 홍보해서 '대박'을 터뜨리는 것이 이들의 사업 전략이었고, 이들과 함께하는 술자리에서 늘 나오는 레퍼토리였다. 중국인들에게 잘 알려진 드라마 주인공 배우를 광고 모델로 내세워 크게 성공한 주서기라던가, 중국 밥솥보다 밥맛이 훨씬 좋아서 입소문으로 성공한 한국산 밥솥의 사례는 늘 회자되는 성공 사례였다. 중국에는 백만장자가 한국 인구만큼 있다느니, 중국인 모두가 하나씩만 구매해도 얼마를 벌 수 있다느니 하는 농담조의 이야기는 중국 시장의 규모와 잠재성을 설명하는 데 늘 동원되었다.

다양한 업종에 종사하는 중국 내 한인 사업가들에게 사드 사태의 여파와 양상은 각자 처한 상황에 따라 다를 수밖에 없었다. 한국의 식자재나 화장품 등을 수입해 판매하는 무역상의 경우, 이전과 다르다고 느끼는 건 까다로워진 통관 절차였다. 화장품 등 규모가 큰 수출 물자의 통관 거부 사례는 언론을 통해서도 소개된 적이 있지만, 대부분의 한국인 무역상들이 통관이 거부되지는 않더라도 통관 과정이 사드 사태 이전보다 더 까다롭고 복잡해졌다고 느꼈다.

내가 천천식품에서 현지조사를 하는 데 많은 도움을 준 김 사장은 일본과 한국에서 중국 식자재를 오랫동안 수입해온 한국인 무역업 종사자였다. 그는 2016년 한국의 한 막걸리 회사의 중국 총판으로 임명되면서 가족을 서울에 두고 혼자 칭다오로 이주해왔다. 그가 한국 본사에 수입

오더를 넣으면, 중국 내 통관 대리업체가 통관에 필요한 서류를 중국 세관에 대신 제출해 통관을 받은 다음 칭다오에 있는 김 사장의 창고까지 배송해주는데, 그렇게 받은 막걸리를 칭다오를 비롯한 전국 시장에 유통하는 것이 그의 사업이었다. 한 종류의 물건을 반복적으로 같은 회사로부터 같은 통관 대리업체를 통해 받는 것이었기에 통관이 비교적 단순하고 순조로워야 했지만, 현실은 결코 그렇지 않았다. 매번 서류상의 작은 착오가 발견되어 한국 본사로부터 새로 서류를 발급받거나, 필요한 서류나 정보가 제때 제공되지 않아 통관이 늦어지거나, 통관 대리업체의 차량에 문제가 생기거나 도로 사정이 바뀌어 창고까지 물건을 배달하지 못한다거나 하는 문제가 발생하기 일쑤였다. 김 사장은 이러한 통상적인 어려움과 문제들이 사드 사태가 본격화되면서 더 까다롭고 해결하기 어렵게 되었다고 토로했다. 지난번과 똑같은 통관 서류인데도 주소 표기가 잘못되었다며 수정 요구를 한다거나, 예전 같으면 통관 대리업체 선에서 처리됐을 문제인데도 자신이 나서서 해결해야 하는 등의 소소한 '차이'들이 모두 사드로 인해 경색된 양국 간 분위기와 반한감정의 결과로 해석되었다.

김 사장의 막걸리 판매량은 단기적으로 사드 사태로 타격을 받긴 했지만, 사업을 접을 정도로 치명적인 것은 아니었다. 김 사장의 막걸리 사업은 비교적 초기 단계였고, 아직은 중국 전역에 유통망을 갖추지 못한 상태였다. 그렇기에 그가 수입한 막걸리의 상당량은 칭다오와 인근 도시 한국 식당과 슈퍼에 막걸리를 영업하는 또 다른 한국인 사업가 이씨를

상하이의 한 한국 슈퍼에 진열된 '한국' 막걸리

통해서 판매되고 있었다. 이씨가 영업하는 식당이나 슈퍼는 대부분 한국인 혹은 조선족이 운영하고 있었고, 이들 상점들의 손님도 대부분 칭다오에 거주하는 한국인과 조선족이었다. 특히 칭다오 지역 맥주보다 거의 세 배나 비싼 막걸리를 마시는 손님은 거의 한국인이었고, 이들이 소비하는 막걸리의 양은 사드 사태 이후에도 별다른 변화가 없었다.

약간의 차이라면, 한족 주류 유통 사업가를 통해 상하이에 보내던 막걸리의 양이 감소한 것이었다. 이 주류 사업가 왕 사장은 하루가 멀다 하고 김 사장에게 전화를 걸어 "보는 눈이 무서워서 함부로 한국 식당에 발도 못 들이는" 상하이의 분위기를 전달했다. 그러면서 한국에서 사드 배치가 철회되거나 지연될 기미가 보이는지, 박근혜 대통령이 탄핵당하는 게 맞는지 등을 열심히 물어보았다. 그러나 왕 사장이 상하이에서 판매하는 막걸리의 양은 이씨가 칭다오에서 한국인들에게 판매하는 양에 미치지 못했고, 그만큼 상하이에서의 부진이 미치는 파장도 적었다.

김 사장의 막걸리 사업에서 상하이 시장이 중요하지 않은 건 아니었다. 거꾸로 상하이 시장은 그의 사업의 성패를 좌우할 수 있는 중요한 곳이었다. 상하이를 비롯한 남방 지역의 중국인들은 쌀로 만든 탁주나 음료와 친숙하고, 한국식 막걸리의 단맛을 더 잘 받아들일 뿐만 아니라 새롭고 이국적인 제품을 적극적으로 포용하는 편이라는 것이 김 사장을 비롯한 중국 막걸리 시장을 분석하는 사업가들의 견해였다. 이미 다른 브랜드의 한국 막걸리는 상하이 시장을 집중적으로 공략해서 괄목할 만한 성과를 냈고, 그들의 막걸리는 중국에 거주하는 한국인뿐만 아니라 현지 한족 소비자들의 사랑을 받고 있었다. 그렇기에 왕 사장과 상하이는 김 사장이 '좁은 한인 사회 바닥' 장사가 아닌 '13억 중국인'을 상대로 한 사업을 꾸려가는 데 중요한 교두보가 될 터였다. 즉 이씨를 통해 칭다오 한국 식당에 판매하는 막걸리가 김 사장 사업의 '현재'라면, 상하이에서 왕 사장을 통해 현지 한족 소비자들에게 판매하게 될 막걸리는 그의 사업의 '미래'이자, 말도 안 통하고 가족과 떨어져 낯선 타지에서 고생을 하면서 사업을 개척하는 이유였다. 그러나 사드 사태로 인한 불매운동의 확산과 한국 제품에 대한 부정적인 인식은, 왕 사장을 통해 상하이 시장을 개척하려는 김 사장의 계획에 적지 않은 타격을 주었다. 왕 사장은 "시장 반응을 살펴볼 목적으로" 몇 차례 소량의 막걸리를 주문했고 김 사장 측과도 많은 얘기를 나누었지만, 결국 본격적인 거래는 이루어지지 않았다.

물론 통관상의 사소한 어려움이나 초기 단계에서 좌절된 파트너십을 사드 사태로 인한 피해로 규정하기는 어렵다. 즉 사드 사태의 영향력을 부정할 수는 없지만, 동시에 사드 사태 말고도 김 사장의 막걸리 사업에 장애가 되는 요소는 많았다. 이는 김 사장에게만 해당하는 얘기는 아니었다. 중국 소비자의 마음을 사로잡는 데 성공한 한국 가전제품, 화장품, 자동차 회사 등이 있지만, 이는 중국에서 사업을 꾸리는 많은 한국인들에게 너무나 먼 세상 얘기였다. 많은 한국인 사업가들은 다른 한국인 혹은 조선족을 상대로 한 영세한 서비스업에 종사하며. 사드 사태가 있기 전에도 불황 등 여러 가지 이유로 어려움을 겪고 있었다. 이들 중 많은 사람들은 중국에서의 꿈을 접고 한국으로 돌아가기도 했으며, 어떤 사람들은 한국으로 돌아갈 여건조차 되지 않아 불법체류자가 되어 '노숙자처럼' 지내기도 했다. 이런 어려움들과 비교했을 때 사드 사태는 분명 전례 없는 위기임은 분명했지만, 결정적인 타격은 또 아니었다. 오히려 영세한 서비스업에 종사하는 많은 한국인 사업가들이 다른 한국인들이나 조선족을 상대로 사업을 하고 있음을 감안한다면(구지영 2013), 반한감정이나 중국인들의 한국 제품 불매운동이 이들에게 큰 타격을 입혔다고 볼 수만은 없다.

그러나 김 사장의 막걸리 사업이 보여주는 것처럼, 타격을 받은 것은 이들 한국인들의 현재가 아니라 꿈과 미래였다. 이들이 언어도 문화도 다른 외국에서 고생을 하며 새로운 사업을 모색하게 했던 동력은, 바로 '한국'에서 만든 제품과 한국 특유의 음식 혹은 문화가 중국인들을 사로

잡을 것이라는 믿음이었다. 그러나 사드 사태로 촉발된 불매운동은, 한국인 사업가들의 '차이나 드림'을 지탱하던 이 믿음을 송두리째 흔드는 사건이었다.

중국 시장에서의 '한국'

천천식품이 중국 시장에서 파는 김치에는 꼭 한국어 제품명이 함께 들어간다. 어떤 제품에는 한국어와 함께 일본어, 영어 표기가 들어가지만, 한국어 표기가 빠지는 경우는 없다. 천천식품 김치만이 아니다. 중국 내에서 유통되는 김치 제품에는 반드시 한국어 제품명이 함께 표기된다. 한국인의 입장에서는 "김치는 한국 식품이니까 한국어 표기가 들어가는 게 당연하지 않나?"라고 생각할 수 있지만, 문제는 그리 단순하지 않다. 중국 내에서 유통되는 제품 포장지에는 제품 정보가 중국어로 표기되어야 한다. 중국어가 아닌 언어를 넣을 경우, 외국어 표기는 중국어 표기와 반드시 함께 대응되어야 하며, 그 크기는 중국어보다 작아야 한다. 이런 규정을 어길 경우 앞서 소개한 것처럼 신고한 소비자에게 거액의 보상금을 지급하거나 관련 기관에 벌금을 납부해야 하고, 적지 않은 비용을 들여 포장지를 다시 디자인하고 인쇄해야 한다. 이러한 표기 규정을 준수해 천천식품은 한국어 표기를 비교적 작게 했지만, 다른 업체의 경우 한국어 제품명을 최대한 크고 도드라져 보이게끔 배치하거나 아예 규정을 어기면서까지 한국어 제품명만 기재하기도 한다.

중국에서 판매되는 김치 제품에 한국어 제품명을 표시하는 이유는 무엇보다도 주 소비자가 한국인과 조선족이기 때문이다. 중국 시장에서 유통되는 김치는 배추김치를 비롯해 깍두기, 총각김치, 백김치 등 다양한 종류가 있는데, 이들을 가리키는 중국어 제품명이 한국어 사용자들에게는 좀처럼 와닿지 않는 경우가 많다. 또한 중국어를 잘 모르는 한국인이나 일부 조선족은 한국어가 병기되어야지만 정확한 제품 정보를 알 수 있다.

그러나 김치를 비롯한 다른 한국 제품과 상점의 간판, 식당 메뉴 등에 한국어 표기가 포함되는 데는 마케팅적인 고려가 있다. 이는 한국어를 읽을 줄 아는 한국인 혹은 조선족 소비자에게 제품 정보를 제공하기 위한 목적보다는, 한국어를 읽을 수 없는 고객들에게 제품의 생산자, 유통 경로, 혹은 문화적 정체성에 대한 상상을 불러일으키기 위한 것이다 (Nakassis 2016). 즉 김치 포장지에 적힌 한국어 제품명은 이를 제품 포장에 포함시킨 제조사 및 이를 읽고 제품을 고를 한국인 혹은 조선족 소비자에 대한 상상을 불러일으킴으로써, 한국 언어와 음식, 문화를 이해하는 사람들이 김치를 잘 알고 즐기는 한국인 및 조선족을 위해 만든 '한국' 김치라는 이미지를 구성하는 데 이바지한다. 포장의 한국어 표기 외에도, 천천식품은 여러 경로를 통해 정통 '한국' 김치의 이미지를 구축하고자 노력해왔다. 중국 내수 시장에 집중하기 전에 천천식품의 우수한 한국 수출 실적은 그들의 김치가 한국인들의 사랑과 인정을 받았음을 보여주는 자료로 온라인 광고와 전단지에 제시되었다. 한복을 입은 송 회장의 어머니가 정성스럽게 작은 김치 독을 보자기로 싸는 영상 광고는 한국 문화와 전통을 잘 이해하고 지키는 기업의 정체성을 드러내는 데 활용되었다.

이처럼 '한국'의 정체성을 포장과 광고를 통해 강조하는 건 단순히 천천식품이 김치 등 한국 식품을 판매하는 회사여서만은 아니었다. 중국에서 생활하다 보면 꼭 한국과 연관된 제품이나 상점이 아니어도 한국어 표기를 병기하는 것을 흔히 볼 수 있다. 번역기로 돌린 것이 분명한 한국어 문구가 한국과 전혀 상관없는 업종의 상점 간판, 식당 메뉴, 혹은 제품 포장에 종종 등장한다. 이처럼 한국과 상관없는 제품과 상점들이 한국어 표기를 통해 소비자에게 각인하려는 이미지는, 한국 특유의 문화 혹은 전통보다는 '외국'으로서의 한국의 이미지에 가깝다(김광억 1994). 중국인들에게 한국은 선망의 대상이거나 우러러봐야 하는 선진국은 아니지만, 한류 드라마나 예능 프로그램을 통해 친숙해진 "가까우면서도 잘 아는 외국", "쇼핑이나 관광을 위해 방문했거나 방문하고 싶은 나라"로 자리 잡았다(왕샤오링 2016). 메뉴 하단이나 제품 포장 한 켠에 작게 추가한 한국어 표기는, 제조사나 상점의 입장에서 큰 노력을 들이지 않고도 이국적이고 차별화된 제품(서비스)의 이미지를 구축하는 전략이었다. 그리고 여러 외국어 중 한국어가 이러한 이미지를 구축하는 데 차용된 데에는, 한류 드라마와 예능 프로그램들이 오랫동안 중국인들의 사랑을 받으

상하이의 한 한국 슈퍼
에 진열된 '한국' 김치

며 형성해온 친숙한 외국의 이미지, 한국 가전제품과 화장품 등이 구축
해온 한국 제품에 대한 신뢰 등이 일정 부분 영향을 미쳤다. 이 같은 긍정
적인 '한국'의 이미지는 중국에 거주하는 한국인 사업가들이 중국 시장
개척의 원동력으로 삼아왔던 것이기도 하다.

　그러나 사드는 이 같은 '한국적인' 이미지가 제품의 판매에 도움이 될
것이라는 기대와 전략에 찬물을 끼얹은 사건이었다. 물론 사드 사태 이
전에도 단오절 등 문화유산에 대한 종주국 논쟁, 한국 역사 드라마를 통
해 불거진 역사 왜곡 논쟁 등은 중국인들 사이에서 한국에 대한 부정적
인 이미지가 형성되는 데 일조한 바 있다. 그러나 사드 사태는 한국 정부
에 대한 중국인들의 불만이 한국 제품 불매운동으로 확산되면서, 한국에
서 직접 생산된 제품이나 한국 기업의 제품 및 상점뿐만 아니라 한국과
관련된 상점과 제품 전반에 영향을 미쳤다. 중국 기업에 의해 중국에 있
는 공장에서 중국산 재료와 중국인 노동자들의 손으로 만든 천천식품의

김치 역시 오랫동안 조심스럽게 구축해온 '한국 식품'의 이미지 때문에 광범위한 불매운동의 대상에 들어갔고, 이들의 주요 유통망인 한국 슈퍼와 식당까지 불매운동의 대상이 되면서 판매에 어려움을 겪을 수밖에 없었다.

그렇기에 사드 사태로 인한 반한감정이 격해지고 장기화될 조짐마저 보이자 천천식품이 취한 조치는 바로 이 '한국적인' 이미지와 거리를 두는 것이었다. 물론 김치를 비롯한 한국 식품을 생산하는 천천식품이 생산 품목을 완전히 바꾸거나 한국 식품 전문업체라는 정체성을 버릴 수는 없었다. 대신 천천식품은 새로 출시하는 온라인 판매용 소포장 김치 제품에서 한국어 제품명을 빼고, 한국에서 수입해 판매하는 냉면 제품에도 "한국 생산 완제품"이라는 문구를 넣지 않기로 결정했다. 온라인 판매 웹사이트에 게시된 김치에 대한 설명에도 "한국식 김치"라는 표현이 "동북지역 조선족식 김치"라는 표현으로 대체되고, 한국 수출과 관련된 내용도 캐나다·일본 수출 실적을 소개하는 내용으로 바뀌었다. 이처럼 한국어 표기나 한국과 관련된 내용을 최대한 줄이는 결정은, 갑작스럽게 증폭된 반한감정과 불매운동의 포화로부터 조금이나마 벗어나기 위한 선택이자 노력이었다.

그러나 어떻게 들끓는 반한감정에 대처하면서 '한국 식품'인 김치를 중국 시장에 판매할 것인가는 여러 차원에서 어려운 결정이었다. 2017년 3월 23일, 사드 배치에 관한 불만의 목소리가 고조되고 여러 지역에서 불매운동이 확산되던 시점에, 한국과 중국 남자 축구대표팀 월드컵 예선경

기가 있었다. 양국 간의 정치적·군사
적 갈등이 고조된 시점에 모두가 주
목하는 한중전이 열리면서, 경기 결
과는 물론 그 결과가 가져다줄 사회
적 여파에도 모두의 관심이 쏠렸다.
창사에서 열린 이날 경기에서는 1 대
0으로 중국 대표팀이 이겼다. 이날
경기는 '공한증恐韓症'을 극복하고 중
국 대표팀이 모처럼 거둔 승리이기

한국어 표기를 삭제한 천천식품의 포장
김치

도 했지만, 사드 배치 문제로 중국인들로부터 지탄과 비난의 대상이 된
한국에게 '본때'를 보여주었다는 카타르시스를 많은 중국인들에게 안겨
주었다.

경기 다음 날, 천천식품 사무실에도 승리에 도취된 사무실 직원들의
흥겨운 분위기가 느껴졌다(한국 대표팀이 이기면 어떻게 출근을 할지 걱정했던
나는, 아쉬운 마음을 달래면서도 한편으론 안도의 한숨을 내쉬고 있었다). 톈마오,
징둥 등 온라인 쇼핑몰은 벌써부터 여러 업체들이 한중전 승리를 축하
하며 다양한 할인 행사를 경쟁적으로 벌이고 있었다. 천천식품의 온라인
판매 홍보를 전담하는 에이전시 업체도, 이런 트렌드에 뒤지지 않게 행
사하자며 홍보 문구와 도안을 만들어 사무실에 보내왔다. 넘어진 한국
선수를 제치고 멋지게 드리블을 하는 중국 선수의 사진을 배경으로 "한
국에게 매운맛을 보여준" 중국 대표팀에게 감사의 마음을 전한다는 내

용이었다. 그러나 쉬 총감독과 온라인 판매를 감독하는 직원들은 고민 끝에 이 행사 제안을 받아들이지 않기로 했다. 비록 천천식품은 중국 기업이고 사장을 비롯한 직원들 모두가 중국인이지만, 천천식품의 소비자 중 적지 않은 수가 조선족 혹은 한국인임을 감안할 때, 한국인의 정서를 지나치게 자극하는 광고나 행사를 하는 것은 옳지 않다는 것이 오랜 고민 끝에 내린 결정이었다.

시장 안의 국경'들'과 사드 사태

2017년 봄, 칭다오 소재 김치 제조업체 천천식품의 사무실 한 켠에 앉은 나는 많은 사람들의 '사드 경험담'을 접했다. 사무실에 앉아 천천식품 사장과 함께 커피를 마시며 상황을 공유하는 사업가들, 전화로 하소연을 하는 중국 각지의 조선족 김치 대리상들, 칭다오 맥주에 코다리찜을 앞에 두고 자기 경험을 털어놓는 한국인 사장님들, 그리고 사드 사태가 자기 직장에 어떤 영향을 미칠지 걱정하는 천천식품의 직원들. 그들은 자신이 듣고 경험한 바를 바탕으로 빠르게 전개되는 '사드 사태'의 영향과 파장을 파악하기 위해 안간힘을 쓰고 있었다. 그들에게 사드 사태는 언론이 보도하는 것처럼, "사드 배치에 불만을 가진 중국인들의 반한감정과 불매운동"으로 단순하게 정의할 수 있는 문제가 아니었다. 각자의 생활환경에 따라, 취급하는 제품의 유통 경로와 시장 환경에 따라, 그들이 체감하는 '사드 사태'의 여파와 영향은 각기 달랐다. 무엇보다 각기 '중국'과 '한국'의 현재와 미래를 바라보는 관점에 따라, 양국 간의 관계에 거는 기대와 희망에 따라, 중국과 한국 사이에 끼인 자신의 위치와 상황을 이해하는 방식에 따라, 사드 사태는 다른 양상과 의미로 다가왔다.

한국과 중국을 오가는, 혹은 한국과 중국을 오가는 상품을 취급하고 관리하는 이들 사업가들에게 국경은 단순히 두 나라 사이의 황해 가운데 그어진 경계선이 아니다. 이들에게 국경은 한국인과 조선족이 모여 사는 한인촌과 그렇지 않은 지역 사이에, 중국인들이 주로 찾는 상점과 한국인·조선족이 주로 가는 상점이나 식당 사이에, '한국' 제품을 주로 진열한 진열대와 그렇지 않은 진열대 사이에, 한국에서 수입한 제품, 한국 기업이 중국에서 생산한 제품, 중국 기업이 만든 한국인의 문화적 정체성을 강조하는 제품 사이에 다층적으로 존재한다. 이들은 다양한 생활 영역에서 국경을 만들고 또는 뛰어넘으면서, 자신들이 가진 언어·문화·사회적 연결망을 경제적 자본으로 치환하려 분주하게 노력한다 (Mezzadra & Neilson 2013; 강주원 2013). 이러한 실천들 속에서 한국인과 조선족 사업가들은 중국 내 한국인과 조선족을 상대로 한 '한국 장사' 시장을 형성하는 동시에, 중국인들의 '한국'에 대한 긍정적 이미지에 의존한 '한족 장사'를 도모해왔다.

그렇기에 이들에게 사드 사태는 단순히 한국과 중국, 두 국가 사이의 경제적 교류에서 생긴 마찰과 어려움이 아니었다. 더 큰 어려움은 중국

안에서 '한국' 제품이 만들어지고, 홍보되고, 가치를 형성하며, '한국 시장'과 '한족 시장'으로 흘러 들어가는 과정에서 생겨났다. 한반도 사드 배치에 실망하고 분노한 중국 대중은, 중국 안에 다층적으로 형성되었던 '한국'과 '중국' 사이의 국경에 벽을 쌓아올렸다. 소비자들은 '한국' 식당과 슈퍼에 가는 발길을 끊고, '한국' 제품 진열대를 일부러 외면하고, '한국' 제품을 파는 온라인 쇼핑몰에 항의하고, '한국' 기업과 상점, 브랜드를 확인하며 소비를 거부했다. 한국 제품에 대한 긍정적 이미지와 평가에 의존해 13억 중국 시장을 사로잡아보겠다는 조선족 및 한국인 사업가들의 원대한 꿈은 좀 더 먼 미래로 미루어지거나, 혹은 원점에서 재고될 수밖에 없었다.

어느덧 3년이 지난 지금, 사드 사태는 과거형인 동시에 여전히 진행형이다. 천천식품은 온라인으로 판매하는 김치에 다시 '한국식'이라는 문구를 쓰기 시작했지만, 소포장 김치는 여전히 한국어 표기를 삭제한 채 판매하고 있다. 김 사장은 오랜 고민 끝에 막걸리 사업을 접고 칭다오 지역에서 생산된 고춧가루와 여타 식자재 수출을 추진하고 있다. 한국 영화와 게임은 사드 사태 이후 중국 진출에 여러 어려움을 겪고 있지만, 여전히 많은 중국인들은 한국 드라마와 예능 프로그램을 다양한 경로로 접하고 있다. 그리고 오늘도 많은 한국인, 조선족 사업가들이 13억 중국 시장을 '점령'할 수 있는 새로운 제품과 사업 아이템을 찾고 있다.

'한국' 제품의 '한국적' 정체성과 특징이 중국인 소비자들에게 주는 이미지는 분명 사드 사태 이전과 같지 않다. 그러나 이러한 변화는 중국의 빠른 경제 발전과 도시 중산층의 생활수준 향상을 감안했을 때, 사드 사태가 아니더라도 언젠가는 일어났을 변화일지 모른다. 그럼에도 여전히 중국과 한국을 오가며, 두 나라의 시장 안에서 다층적인 국경을 만들고 뛰어넘는 시도들은, 급격한 정치경제적 변화 속에서도 멈추지 않고 있다.

참고문헌

강주원, 2013, 《나는 오늘도 국경을 만들고 허문다》, 글항아리.

김광억, 1994, 〈음식과 현대 한국사회: 음식의 생산과 문화의 소비: 총론〉, 《한국문화인류학》 26, 7~50.

구지영, 2013, 〈동북아시아 이주와 장소구성에 관한 사례연구 – 중국 청도(靑島) 한인 집거지를 통해〉, 《동북아문화연구》 37, 269~289.

왕샤오링, 2016, 〈한류에 비친 한국의 이미지〉, 《성균차이나브리프》 4(3), 118~125.

장수현, 2012, 〈중국 청도 한국인 교민사회에 대한 연구 – 지구화시대 초국적 이동의 구조적 유동성〉, 《중국학연구》 62, 337~360.

Mezzadra, Sandro, and Brett Neilson, 2013, *Border as Method, or, the Multiplication of Labor*, Durham: Duke University Press.

Nakassis, Constantine, 2016, *Doing Style*, Chicago: The University of Chicago Press.

Nyíri, Pál, 2008, "From Starbucks to Carrefour: Consumer Boycotts, Nationalism and Taste in Contemporary China," *PORTAL Journal of Multidisciplinary International Studies* 6(2), 1~25.

필진 소개

조문영
연세대 문화인류학과 교수. 중국과 한국을 오가며 빈곤의 지형을 탐색하고 복수의 세계들을 연결하는 작업에 관심이 많다. 저서로 《The Specter of "The People": Urban Poverty in Northeast China》, 편서로 《헬조선 인 앤 아웃》, 《우리는 가난을 어떻게 외면해왔는가》, 역서로 《분배정치의 시대》가 있다.

장정아
인천대 중어중국학과 교수. 국가와 국경의 의미에 관심을 가지고 중국 본토와 홍콩을 오가며 연구하고 있다. 공저서로 《Intangible Cultural Heritage in Contemporary China》, 《여성연구자, 선을 넘다》, 《경독(耕讀): 중국 촌락의 쇠퇴와 재건》, 《도시로 읽는 현대중국 2》 등이 있다.

왕위에핑王越平
중국 윈난대 민족학·사회학 학원 부교수. 중국 서남부 변경지역의 공간 구성과 민족문제, 중국-베트남 변경지역 난민문제를 연구하고 있다. 저서로 《全球地方性: 中國西南的社群流动與空間建構》(편저), 주요 논문으로 〈越南儂族靈魂觀念與取名制度研究〉, 〈生計選擇與社會建構: 滇越邊境難民村的個案〉이 있다.

박우
한성대 기초교양학부 조교수. 동아시아의 이동하는 사람들에 관심이 많고, 시민권 연구를 하고 있다. 저서로 《Chaoxianzu Entrepreneurs in Korea: Searching for Citizenship in the Ethnic Homeland》, 역서로 《중국 동북지역 도시사 연구: 근대화와 식민지 경험》이 있다.

공원국
작가. 중국 푸단대 인류학과 박사과정. 저서로 《춘추전국이야기》(전11권), 《여행하는 인문학자》 등이 있으며, 역서로 《중국의 서진》, 《조로아스터교의 역사》 등이 있다. 현재는 유라시아 유목인류사를 집필하고 있다. .

이현정
서울대 인류학과 부교수. 중국과 한국에서 사회적 고통 및 국가와 전문가들의 개입, 가족과 젠더 문제에 관해 연구하고 있다. 저서로 《펑롱현 사람들》, 편서로 《개혁중국: 변화와 지속》, 《의료, 아시아의 근대성을 읽는 창》이 있다.

김기호

경희대 국제대학 겸임교수. 경제인류학의 관점에서 중국의 계층 구조 및 소유권에 대한 연구를 진행하고 있다. 주요 논문으로 〈중국 사회변동 연구에 있어서 신자유주의 이론틀의 재고찰: 산둥성 포도주산업의 사례를 중심으로〉가 있다.

김유익

프로젝트 和&同 코디네이터. 중국 광저우의 오래된 마을에 거주하며, 국경을 넘어 마을, 부족, 사람을 이어주는 '중매쟁이' 역할을 하고 있다. 동아시아의 전환기 청(소)년들을 위한 작은 학교 만들기를 꿈꾼다. 역서로 《적게 일하고 더 행복하기》가 있다.

김미란

성공회대 대학원 국제문화연구학과 부교수. 동아시아의 근대와 탈근대 여성의 삶을 제도와 일상을 중심으로 공부하고 있다. 저서로 《현대 중국여성의 삶을 찾아서》, 편서로 《한중 여성 트랜스내셔널하게 읽기: 지식, 인구, 노동》, 역서로 《내가 안개마을에 있을 때》가 있다.

윤종석

서울대 아시아연구소 HK+메가아시아연구사업단 HK+연구교수. 중국과 동아시아에서 이주와 모빌리티와 관련된 사회 변동과 시민권(성) 작업에 관심이 많다. 주요 논문으로 〈The Local State and Mingong Citizenship〉, 〈중국 개혁개방 이후 농민공 개념의 형성과 변용〉, 〈중국 신형도시화의 전환적 함의: 사람의 도시화와 모빌리티 패러다임〉이 있다.

김도담

미국 시카고대 인류학과 박사과정. 일상세계에서 법과 행정을 경험하는 방식과 그 경험을 가능하게 하는 매개에 관심이 많다. 현재는 중국 남방 지역에서 각종 증서에 관한 연구를 진행하고 있다.

문경연

서울대 비교문화연구소 객원연구원. 한국과 대만으로 결혼이주한 중국 여성들의 생애사에 관심이 많고, 한국, 대만, 중국을 오가며 다(원)문화교육 활동을 하고 있다. 주요 논문으로 〈脱离"韩国人外籍配偶"身份的女人: 中国汉族女性在韩国离婚的个案研究〉, 〈대륙배우자는 말한다: 대만내셔널리즘과 중국 출신 결혼이주자의 정치운동〉 등이 있다.

박형진

미국 시카고대 인류학과 박사과정. 중국 시장에서 '한국' 김치의 유통과 이를 중심으로 국가, 민족, 문화 간에 형성되는 네트워크에 대해 박사 논문을 쓰고 있다. 세계에 대한 상상이 경제적 실천과 어떻게 맞물리는가에 관해 연구하고 있다.

민간중국

21세기 중국인의 조각보

1판 1쇄 2020년 12월 30일

지은이 | 조문영, 장정아, 왕위에핑, 박우, 공원국, 이현정,
　　　　김기호, 김유익, 김미란, 윤종석, 김도담, 문경연, 박형진

펴낸이 | 류종필
편집 | 이정우
마케팅 | 이건호, 김연일, 김유리
표지·본문 디자인 | 석운디자인
교정교열 | 오효순

펴낸곳 | (주) 도서출판 책과함께
　　　　주소 (04022) 서울시 마포구 동교로 70 소와소빌딩 2층
　　　　전화 (02) 335-1982
　　　　팩스 (02) 335-1316
　　　　전자우편 prpub@hanmail.net
　　　　블로그 blog.naver.com/prpub
　　　　등록 2003년 4월 3일 제25100-2003-392호

ISBN 979-11-88990-15-3　03300